"互联网 +"融媒体系列教材

U0954889

税务会计学习指导书

（第二版）

朱淑梅 迟甜甜／主编
孔令一 刘 璐／副主编

立信会计出版社
LIXIN ACCOUNTING PUBLISHING HOUSE

图书在版编目(CIP)数据

税务会计学习指导书 / 朱淑梅，迟甜甜主编. —2版. —上海 ：立信会计出版社，2022.8(2024.2 重印)
ISBN 978 - 7 - 5429 - 7138 - 8

Ⅰ. ①税… Ⅱ. ①朱… ②迟… Ⅲ. ①税务会计—高等学校—教学参考资料 Ⅳ. ①F810.62

中国版本图书馆 CIP 数据核字(2022)第 144665 号

策划编辑　郭　光
责任编辑　郭　光

税务会计学习指导书(第二版)
SHUIWU KUAIJI XUEXI ZHIDAOSHU

出版发行	立信会计出版社		
地　　址	上海市中山西路 2230 号	邮政编码	200235
电　　话	(021)64411389	传　　真	(021)64411325
网　　址	www.lixinaph.com	电子邮箱	lixinaph2019@126.com
网上书店	http://lixin.jd.com		http://lxkjcbs.tmall.com
经　　销	各地新华书店		
印　　刷	上海华业装璜印刷有限公司		
开　　本	787 毫米×1092 毫米	1/16	
印　　张	11.75		
字　　数	278 千字		
版　　次	2022 年 8 月第 2 版		
印　　次	2024 年 2 月第 3 次		
书　　号	ISBN 978 - 7 - 5429 - 7138 - 8/F		
定　　价	36.00 元		

前　言

税务会计是高等学校会计学、财务管理和审计等专业的核心课程之一。在企业会计准则不断调整、税制改革如火如荼的当下，为了帮助学生尽快地熟悉税务会计的最新内容，更好地理解税务会计的基本概论、各税种的税款计算方法、会计核算等，我们在《税务会计》教材的基础上，编写了这本《税务会计学习指导书》。

《税务会计学习指导书（第二版）》在保持第一版内容体系的基础上，根据企业会计准则和税收法律法规的最新规定，对部分内容进行了修订。本书突出应用型人才培养目标，主要有以下几个特点：

1. 重视基础、强调重点。本书按照《税务会计》教材的章节对应编写了七章内容，每章节分为内容概要、练习题和参考答案三个部分。练习题部分分为单项选择题、多项选择题、判断题、业务题等。各类习题都是基于"重视基础概念理解、着重进行税款计算与核算能力培养"的原则编写，有利于让学生抓住重点内容，加深对税务会计基本理论和基本方法的理解。

2. 突出应用性，简明实用。练习题的设计侧重税务会计的实务应用、税款计算、会计核算，突出应用性。参考答案部分给出详细的解答过程，力求通俗易懂，简明扼要，易于学生学习。

3. 采用最新企业会计准则和税收法律法规编写，时效性强。本书中的练习题均按照最新的税收、会计法律法规编写，之后也会按照新规定不断进行调整，保证习题的时效性，本书适用的税收法律政策时限截至2022年6月。

本书由朱淑梅、迟甜甜、孔令一、刘璐、宿怡、王婷婷、刘燕、童春香、李满林、孔祥敏等几位老师编写，在编写过程中，参考和借鉴了大量相关教材成果，得到了立信会计出版社郭光老师的大力支持，在此表示诚挚谢意！

由于税收法律变化较快，本书在内容上如有疏漏之处，恳请读者提出改进意见，以便我们进一步修订和完善。

编　者

2022年6月

目　录

第一章　税收基础知识与税务会计概述

第一部分　内 容 概 要

一、税收基础知识

（一）税收的概念

税收是政府为了满足社会公共需要，凭借政治权力，强制、无偿地取得财政收入的一种方式。对税收的含义可以从三个方面理解：税收的本质是分配；征税的主体是国家；征税的基本目的是满足社会公共需要。

税收具有区别于其他财政收入形式独有的“三性”，即强制性、无偿性和固定性。

（二）税收的分类

税收的分类如表 1-1 所示。

表 1-1　税收的分类

分类标志	内　容
征税对象	流转税：以商品、劳务、服务、无形资产或不动产的流转额为征税对象征收的一种税。此税种主要在生产、流通和服务领域中发挥调节作用，包括增值税、消费税和关税
	所得税：以所得额为征税对象征收的一种税。此税种主要对生产经营者的利润和个人的纯收入发挥调节作用，包括企业所得税和个人所得税
	财产税：以纳税人所拥有或支配的财产为征税对象征收的一种税。此税种主要对特定财产发挥调节作用，包括房产税和车船税等
	资源税：对开发、利用和占有国有自然资源的单位和个人征收的一种税。此税种主要对因开发和利用自然资源而形成的级差收入发挥调节作用，包括资源税、土地增值税和城镇土地使用税等
	行为税：为了调节某些行为，以这些行为为征税对象征收的一种税。此税种主要对特定行为发挥调节作用，包括印花税、城市维护建设税、车辆购置税、船舶吨税等
税负能否转嫁	直接税：税负不能转嫁，只能由纳税人承担的一种税，如所得税类、财产税类等
	间接税：纳税人能将税负全部或部分转嫁给他人的一种税，如流转税类
计税依据	从量税：以征税对象的自然实物量（重量、容积等）为标准，采用固定单位税额征收的一种税，如啤酒的消费税
	从价税：以征税对象的价值量为标准，按比例税率征收的一种税，如高档化妆品的消费税
	复合税：同时以征税对象的自然实物量和价值量为标准征收的一种税，如白酒的消费税

（续表）

分类标志	内　　容
税收管理与使用权限	中央税：管理权限归中央，税收收入归中央支配和使用的一种税，如关税、消费税、车辆购置税等
	地方税：管理权限归地方，税收收入归地方支配和使用的一种税，如车船税、房产税、土地增值税等
	中央地方共享税：主要管理权限归中央，税收收入由中央和地方按一定比例分享的一种税，如增值税、资源税、企业所得税、印花税等
税收与价格的关系	价内税：商品税金包含在商品价格之中，商品价格由“成本＋利润＋税金”构成的一种税
	价外税：商品价格中不包含商品税金，商品价格仅由“成本＋利润”构成的一种税
会计核算中使用的会计科目	销售税金在销售过程中实现，会计上在“税金及附加”科目核算，如消费税、资源税、土地增值税、城市维护建设税、房产税、印花税、车船税、城镇土地使用税等
	资本性税金在投资活动中发生，会计上计入资产价值，如契税、耕地占用税等
	所得税也是费用性税金，它通过“所得税费用”科目核算，影响净利润
	增值税会计上直接记入“应交税费”科目，一般不影响损益

（三）税制构成要素

税制构成要素是指构成一个完整税制的基本要素，主要内容如表 1-2 所示。

表 1-2　　税制构成要素

要　　素	内　　容
纳税人	纳税人也称纳税主体，是指税法规定的直接负有纳税义务的单位和个人。纳税人有两种基本形式：法人和自然人
征税对象	征税对象又叫课税对象，是征税的客体，是征纳税双方权利义务共同指向的客体或标的物，是区别一种税与另一种税的重要标志。与征税对象相关的概念有税目和计税依据，税目是反映征税对象具体的征税项目，是对征税对象质的界定。计税依据是征税对象的数量化，是对课税对象的量的规定
税率	税率是对征税对象的征收比例或征收程度。税率是计算税额的尺度，也是衡量税负轻重的重要标志。我国现行的税率主要有：比例税率、定额税率、累进税率
纳税环节	纳税环节是指税法规定的征税对象在从生产到消费的流转过程中应当缴纳税款的环节
纳税期限	纳税期限是指税法规定的关于税款缴纳时间即纳税时限方面的限定。与纳税期限相关的概念有纳税义务发生时间和缴库期限，纳税义务发生时间是指应税行为发生的时间。缴库期限是指税法规定的纳税期满后，纳税人将应纳税款缴入国库的期限
纳税地点	纳税地点是指根据各个税种纳税对象的纳税环节和有利于对税款的源泉控制而规定的纳税人（包括代征、代扣、代缴义务人）的具体申报缴纳税收的地点
减税免税	减税免税是指对某些纳税人和征税对象采取减少征税或者免予征税的特殊规定。减税是对应纳税额少征一部分税款，而免税是对应纳税额全部免征税款。减税免税可以分为税基式减免、税率式减免、税额式减免三种形式
附加与加成	附加也称地方附加，是指地方政府按照国家规定的比例随同正税一起征收的列入地方预算外收入的一种款项，如教育费附加 加成是指在应纳税额的基础上额外征收的一定比例的税额。加成其实是税率的一种延伸，增强了税制的灵活性与适应性

(四) 税收征收管理

1. 税务管理

税务管理主要包括税务登记管理、账簿和凭证管理、纳税申报管理等。

(1) 税务登记管理。税务登记又称纳税登记，是税务机关对纳税人实施税收管理的首要环节和基础工作。税务登记包括设立税务登记，变更税务登记，停业、复业登记，注销税务登记，外出经营报验登记。

(2) 账簿和凭证管理。账簿和凭证是纳税人进行生产经营活动和核算财务收支的重要资料，也是税务机关对纳税人进行征税、管理、核查的重要依据。账簿和凭证管理是税收管理的基础性工作。加强账簿和凭证管理，目的在于促使纳税人如实反映生产、经营情况，保证国家税收的正确计征，预防和打击偷税等违法行为。

(3) 纳税申报管理。一切负有纳税义务以及扣缴义务的单位和个人，都是办理纳税申报的对象。纳税人在纳税期内没有应纳税款的，也应按照规定办理纳税申报。纳税人享有减免税待遇的，在减免税期间应按照规定办理纳税申报。我国目前比较常用的纳税申报的方式有直接申报、电子申报、邮寄申报、简易申报、简并征期。

2. 税款征收

税款征收是税务机关依照税收法律、法规的规定，将纳税人依法应当缴纳的税款组织入库的一系列活动的总称。它是税收征收管理工作的中心环节，是全部税收征管工作的目的和归宿。主要内容如表 1-3 所示。

表 1-3　　税款征收基本内容

项　目	内　容
税款征收方式	查账征收、查定征收、查验征收、定期定额征收
税款征收的保障措施	责令缴纳、责令提供纳税担保、税收保全措施、税收强制执行措施、税款的退还与追征

3. 税务检查

税务检查是指税务机关根据税收法律、行政法规的规定，对纳税人、扣缴义务人履行纳税义务、扣缴义务及其他有关税务事项进行审查、核实、监督活动的总称。税务检查的形式主要有重点检查、分类计划检查、集中性检查、临时性检查和专项检查。

二、税务会计概述

税务会计是以税法为准绳，以货币为主要计量单位，运用会计的专门理论和方法，对会计主体发生的涉税事项进行核算与监督的一门专业会计。

税务会计的基本知识如表 1-4 所示。

表 1-4　　税务会计的基本知识

项　目	内　容
税务会计的基本前提	纳税主体、持续经营、货币时间价值、纳税期限
税务会计的核算原则	合法性原则、及时性原则、筹划性原则、收付实现制与权责发生制相结合的原则

（续表）

项　　目	内　　容
税务会计的目标	依法纳税，履行纳税人应尽的义务；正确进行纳税处理，维护纳税人的合法权益；向税务会计信息使用者提供具有决策相关性的税务信息；合理地选择纳税方案，科学地进行纳税筹划；依照法律规定，严格控制涉税风险
税务会计与财务会计的联系与区别	联系：税务会计的信息以财务会计的信息为基础；税务会计与财务会计之间的协调性同时反映在企业对外编制的财务报告上
	区别：会计目标不同；会计对象不同；会计核算法律依据不同；提供的信息不同；会计核算基础不同

第二部分　练　习　题

一、单项选择题

1. 有关税收的概念，下列表述中正确的是（　　）。

A. 税收是民众自愿缴纳，政府取得财政收入的形式

B. 税收是政府为了满足社会公共需要，强制、无偿地取得财政收入的一种形式

C. 税收是政府为了政权需要，强制、无偿地取得财政收入的一种形式

D. 税收是政府取得财政收入的唯一形式

2. 行为税是指为了调节某些行为，以这些行为为征税对象征收的一种税。下列属于行为税的是（　　）。

A. 消费税　　B. 增值税

C. 印花税　　D. 房产税

3. 税法上规定的纳税人是指直接（　　）的单位和个人。

A. 负有纳税义务　　B. 最终负担税款

C. 代收代缴税款　　D. 承担纳税担保

4. 我国现行税法体系中，采用多次课征的税种是（　　）。

A. 增值税　　B. 消费税

C. 关税　　D. 资源税

5. 某纳税人某月取得收入 1 000 元，税率为 20%，假定起征点和免征额均为 800 元，则按起征点和免征额办法计算，分别应纳税（　　）。

A. 200 元和 40 元　　B. 200 元和 160 元

C. 160 元和 40 元　　D. 40 元和 0 元

6. （　　）的特点是不受价格变动影响，适用于从量税。

A. 比例税率　　B. 定额税率

C. 累进税率　　D. 边际税率

7. 减免税是对某些纳税人的鼓励或照顾措施，通过直接缩小计税依据的方式实现的减免税是（　　）。

A. 法定式减免　　B. 税基式减免

C. 税额式减免　　D. 税率式减免

8. 税法的3个最基本的要素是（　　）。

A. 纳税义务人、税率、纳税地点　　B. 纳税义务人、税目、税率

C. 纳税义务人、征税对象、税率　　D. 征税对象、税率、纳税期限

9. 体现征税深度的税制要素是（　　）。

A. 纳税义务人　　B. 征税对象

C. 税率　　D. 纳税环节

10. 下列有关税法和税收的表述，不正确的是（　　）。

A. 税收的征税主体是国家，除了国家之外，任何机构和团体都无权征税

B. 税法的调整对象是税收分配中形成的权利义务关系

C. 从税收的本质来看，税收是国家与纳税人之间形成的以国家为主体的社会剩余产品分配关系

D. 从形式特征来看，税收具有强制性、无偿性和固定性的特点，其中强制性是其核心

11. 我国现行税制中的土地增值税采用的税率是（　　）。

A. 超额累进税率　　B. 超率累进税率

C. 全额累进税率　　D. 超倍累进税率

12. 下列各项中，（　　）是构成税收实体法要素中的基础性要素，是一种税区别于另一种税的最主要标志。

A. 征税对象　　B. 税目

C. 计税依据　　D. 税率

13. 下列减免税中，属于税率式减免的是（　　）。

A. 起征点　　B. 免征额

C. 抵免税额　　D. 零税率

14. 领取"一照一码"营业执照的企业，其生产经营地、财务负责人、核算方式信息发生变化时，应当依法向税务机关办理（　　）。

A. 注销税务登记　　B. 变更税务登记

C. 开业税务登记　　D. 停业税务登记

15. 根据税收征收管理法律制度相关规定，从事生产、经营的纳税人应当自领取营业执照或者发生纳税义务之日起（　　）日内，按照国家有关规定设置账簿。

A. 10　　B. 15

C. 7　　D. 30

16. 扣缴义务人应当自税收法律、行政法规规定的扣缴义务发生之日起（　　）日内，按照所代扣、代收的税种，分别设置代扣代缴、代收代缴税款账簿。

A. 10　　B. 15

C. 60　　D. 30

17. 根据税收征收管理法律制度的规定，下列关于纳税申报方式的说法不正确的是（　　）。

A. 邮寄申报以税务机关收到的日期为实际申报日期

B. 数据电文申报方式的申报日期以税务机关计算机网络系统收到数据电文的时间为准

C. 实行定期定额缴纳税款的纳税人,可以实行简易申报、简并征期等方式申报纳税

D. 自行申报是指纳税人、扣缴义务人按照规定的期限自行直接到主管税务机关办理纳税申报手续

18. 发票的存放和保管应按税务机关的规定办理,不得丢失和擅自损毁。已经开具的发票存根联和发票等登记簿,应当保存(　　)年。

A. 1　　B. 3

C. 5　　D. 10

19. 纳税人有特殊困难,不能按期缴纳税款的,经省、自治区、直辖市税务局批准,可以延期缴纳税款,但最长不得超过(　　)个月。

A. 1　　B. 3

C. 6　　D. 12

20. 对账簿、凭证、会计等核算制度比较健全的纳税人应采取的税款征收方式是(　　)。

A. 查账征收　　B. 查定征收

C. 查验征收　　D. 委托代征税款

21. 对于因纳税人、扣缴义务人计算错误造成的未缴或者少缴税款,一般情况下,税务机关的追征期是(　　)年;特殊情况下,追征期是(　　)年。

A. 3，5　　B. 3，10

C. 5，10　　D. 2，5

22. 下列各项中,不属于税务机关作出的税收保全措施的是(　　)。

A. 书面通知纳税人的开户银行冻结纳税人的相当于应纳税款的存款

B. 依法拍卖纳税人相当于应纳税款的商品

C. 查封纳税人的价值相当于应纳税款的商品

D. 扣押纳税人的价值相当于应纳税款的货物

23. 根据税收征管法的规定,税收保全措施的适用范围是(　　)。

A. 从事生产经营的纳税人　　B. 非从事生产经营的纳税人

C. 扣缴义务人　　D. 纳税担保人

24. 税务机关依法采取税收保全措施时,(　　)不在保全措施的范围之内。

A. 豪华住宅　　B. 机动车辆

C. 古玩字画　　D. 单价 5 000 元以下的其他生活用品

25. 根据税收征收管理法律制度相关规定,纳税人同税务机关在纳税上发生争议而未缴清税款,需要申请行政复议的,税务机关可以采取的措施是(　　)。

A. 责令提供纳税担保

B. 查封纳税人价值相当于应纳税款的商品

C. 书面通知其开户银行或其他金融机构从其存款中扣缴税款

D. 依法拍卖或变卖其价值相当于应纳税款的商品

26. 根据税收征收管理法律制度相关规定，税务机关在进行税务检查时，不可以采取的行为是（　　）。

A. 检查纳税人的账簿、记账凭证、报表和有关资料

B. 到纳税人的生活场所进行检查

C. 到车站、码头、机场、邮政企业及其分支机构检查纳税人托运、邮寄应纳税商品、货物或者其他财产的有关单据、凭证或有关资料

D. 询问纳税人、扣缴义务人与纳税或者代扣代缴、代收代缴税款有关的问题和情况

二、多项选择题

1. 税收的基本特征包括（　　）。

A. 固定性　　B. 强制性

C. 机动性　　D. 无偿性

2. 中国现行税制中，采用的累进税率有（　　）。

A. 全额累进税率　　B. 超率累进税率

C. 超额累进税率　　D. 超倍累进税率

3. 按计税依据分类，税收分为（　　）。

A. 从价税　　B. 从量税

C. 复合税　　D. 流转税

4. 下列税种中，属于流转税类的有（　　）。

A. 增值税　　B. 消费税

C. 关税　　D. 房产税

5. 比例税率是指对同一征税对象不分数额大小规定相同的征收比例。以下有关比例税率的说法，正确的有（　　）。

A. 计算简便，符合税收效率原则

B. 对同一征税对象的不同纳税人税负相同

C. 不分纳税人实际环境差异按同一税率征税与纳税人的实际负担能力不完全相符

D. 难以体现税收的公平原则

6. 下列关于税法要素的说法中，正确的有（　　）。

A. 纳税人就是负税人

B. 计税依据是从量的方面对征税所作的规定，是课税对象量的表现

C. 税目是课税对象的具体化，反映具体的征税范围，代表征税的广度

D. 税率是计算税额的尺度，代表课税的深度

7. 下列各项中，属于减免税基本形式中的税额式减免的有（　　）。

A. 跨期结转　　B. 减半征收

C. 核定减免率　　D. 抵免税额

8. 下列关于减免税的说法中，正确的有（　　）。

A. 起征点属于税基式减免

B. 零税率属于税率式减免

C. 将以前纳税年度的经营亏损在本纳税年度经营利润中扣除，直接减少了本年度应纳税款，属于税额式减免

D. 跨期结转属于税基式减免

9. 税务检查权是税务机关在检查活动中依法享受的权利，税收征管法规定税务机关有权（　　）。

A. 检查纳税人的账簿、记账凭证、报表和有关资料

B. 责成纳税人提供与纳税有关的文件、评审材料和有关资料

C. 到纳税人的生产、经营场所和货物存放地检查纳税人应纳税的商品、货物或者其他财产

D. 对纳税人的住宅及其他生活场所进行检查

10. 纳税申报方式主要有（　　）。

A. 直接申报　　B. 邮寄申报

C. 电子申报　　D. 简易申报

11. 下列关于纳税申报的表述中，正确的有（　　）。

A. 纳税人享受减税、免税待遇的，在减税、免税期间可以不办理纳税申报

B. 纳税人享受减税、免税待遇的，在减税、免税期间应按规定办理纳税申报

C. 一切负有纳税义务以及扣缴义务的单位和个人，都是办理纳税申报的对象

D. 纳税人在纳税期内没有应纳税款的，也应当按照规定办理纳税申报

12. 根据税收征收管理法律制度相关规定，纳税人存在下列情形中的（　　），税务机关有权核定其应纳税额。

A. 依照法律、行政法规的规定可以不设置账簿的

B. 依照法律、行政法规的规定应当设置账簿但未设置的

C. 擅自销毁账簿或拒不提供纳税资料的

D. 申报的计税依据明显偏低，又无正当理由的

13. 目前，我国税款征收的方式主要有（　　）。

A. 查账征收　　B. 查定征收

C. 查验征收　　D. 定期定额征收

14. 税收强制执行措施的条件有（　　）。

A. 超过纳税期限　　B. 告诫在先

C. 超过告诫期　　D. 转移、隐匿商品、货物或者其他财产

15. 根据税收征收管理法相关规定，下列各项中，属于税收保全措施的有（　　）。

A. 书面通知纳税人开户银行从其存款中直接扣缴税款

B. 依法拍卖纳税人的价值相当于应纳税款的商品、货物或者其他财产

C. 书面通知纳税人开户银行冻结纳税人的金额相当于应纳税款的存款

D. 扣押、查封纳税人的价值相当于应纳税款的商品、货物或者其他财产

16. 税务会计的基本前提有（　　）。

A. 纳税主体　　B. 持续经营

C. 货币时间价值　　D. 纳税期限

17. 税务会计的核算原则有(　　)。

A. 合法性原则

B. 及时性原则

C. 筹划性原则

D. 收付实现制与权责发生制相结合的原则

18. 税务会计的目标有(　　)。

A. 依法纳税,履行纳税人应尽的义务

B. 正确进行纳税处理,维护纳税人的合法权益

C. 向税务会计信息使用者提供具有决策相关性的税务信息

D. 合理选择纳税方案,科学进行纳税筹划

三、判断题

1. 税收分配凭借政治权力为主,财产权利为辅。(　　)

2. 税收的“三性”是不同社会制度下税收的共性,是税收区别于其他财政收入形式的标志。(　　)

3. 累进税率的基本特点是税率等级与征税对象的数额等级同方向变动,所以在级距临界点附近会出现税负增加超过征税对象数额增加的不合理现象。(　　)

4. 对同一征税对象,不论数额多少,均按同一比例征税的税率称为定额税率。(　　)

5. 税目是征税对象在应税内容上的具体化,它体现了征税的深度。(　　)

6. 税率是应纳税额占征税对象数额的比例,也是衡量税负轻重的重要标志。(　　)

7. 起征点是指达到或超过的收入金额就其全部数额征税,达不到的不征税;而免征额是指达到和超过的收入金额,可按扣除其该数额后的余额计税。(　　)

8. 区别一种财政收入是税还是非税,不仅要看它的名称,还要看它是否具有无偿性。(　　)

9. 通过直接减少应纳税额的方式实现的减免税形式叫税基式减免。(　　)

10. 直接税是由纳税人直接负担、不易转嫁的税种,如所得税、财产税、消费税。(　　)

11. 定额税率适用于从价计征的税种。(　　)

12. 纳税人到外县(市)临时从事生产经营活动的,应当在外出生产经营以前,向主管税务机关申请开具《外出经营活动税收管理证明》。(　　)

13. 对有逃避纳税义务的从事生产、经营的纳税人适用税收保全措施的程序为:纳税担保在先,税收保全居中,责令限期缴纳断后。(　　)

14. 由海关负责征收的关税以及海关代征的进口环节的增值税、消费税,适用《中华人民共和国税收征收管理法》。(　　)

15. 从事生产、经营的纳税人、扣缴义务人必须按照国务院财政、税务主管部门规定的保管期限保管账簿、记账凭证、完税凭证及其他有关资料。(　　)

16. 税务会计作为一项实质性工作是独立存在的,它要求企业在财务会计凭证、账簿、报表之外再设一套会计账表。(　　)

17. 纳税人在纳税申报期内若有收入,应按规定的期限办理纳税申报;若申报期内无收

入或在减免税期间，可以不办理纳税申报。 ( )

18. 税务会计是以税法为准绳，以货币为主要计量单位，运用会计的专门理论和方法，对会计主体发生的涉税事项进行核算与监督的一门专业会计。 ( )

19. 税务会计的对象是核算和监督纳税人的纳税活动所引起的资金运动和变化。 ( )

20. 税务会计是财务会计在纳税活动中的特殊运用，要兼顾会计制度和税法，综合考虑纳税主体的现实货币支付能力。因此，税务会计核算基础是权责发生制和收付实现制及两者的有机结合。 ( )

第三部分 参考答案

一、单项选择题

1. **【答案】**B

【解析】税收是政府为了满足社会公共需要，凭借政治权力，强制、无偿地取得财政收入的一种方式。税收是国家取得财政收入的一种主要方式，但不是唯一的方式。

2. **【答案】**C

【解析】行为税，主要对特定行为发挥调节作用，包括印花税、契税、船舶吨税等。选项 A 和 B 属于流转税。选项 D 属于财产税。

3. **【答案】**A

【解析】纳税人是指税法规定的直接负有纳税义务的单位和个人。

4. **【答案】**A

【解析】增值税实行在生产、批发、零售等多个环节征税。

5. **【答案】**A

【解析】起征点是指征税对象达到一定数额开始征税的起点，对征税对象数额未达到起征点的不征税，达到起征点的按全部数额征税。免征额是在征税对象的全部数额中免予征税的数额，对免征额的部分不征税，仅对超过免征额的部分征税。

800 元如果为起征点，则应纳税额＝1 000×20%＝200(元)。

800 元如果是免征额，则应纳税额＝(1 000－800)×20%＝40(元)。

6. **【答案】**B

【解析】定额税率不受价格变动影响，适用于从量税的征收。

7. **【答案】**B

【解析】税基式减免是指通过直接缩小计税依据的方式来实现的减税免税。

8. **【答案】**C

【解析】税法的 3 个最基本的要素是纳税义务人、征税对象、税率。

9. **【答案】**C

【解析】税率是对征税对象的征收比例或征收程度，体现征税的深度。

10. **【答案】**D

【解析】从形式特征来看，税收具有强制性、无偿性和固定性的特点，其中无偿性是其核心。

11. 【答案】B

【解析】我国现行税制中的土地增值税采用的税率是超率累进税率。

12. 【答案】A

【解析】征税对象是构成税收实体法要素中的基础性要素，是一种税区别于另一种税的最主要标志。

13. 【答案】D

【解析】税率式减免是指通过直接降低税率的方式实现的减税免税，其涉及的概念包括重新确定税率、选用其他税率、零税率。选项 A 和 B 属于税基式减免。选项 C 属于税额式减免。

14. 【答案】B

【解析】纳税人在办理税务登记后因登记内容发生变化需要对原登记内容进行变更时，需要向税务机关申报办理变更税务登记。

15. 【答案】B

【解析】从事生产、经营活动的纳税人应当自领取营业执照或者发生纳税义务之日起 15 日内，按照国家有关规定设置账簿。

16. 【答案】A

【解析】扣缴义务人应当自税收法律、行政法规规定的扣缴义务发生之日起 10 日内，按照所代扣、代收的税种，分别设置代扣代缴、代收代缴税款账簿。

17. 【答案】A

【解析】邮寄申报以寄出的邮戳日期为实际申报日期。

18. 【答案】C

【解析】开具发票的单位和个人应当按照税务机关的规定存放和保管发票，不得擅自损毁。已经开具的发票存根联和发票登记簿，应当保存 5 年，保存期满，报经税务机关查验后销毁。

19. 【答案】B

【解析】所有纳税人都应按照税法的规定如期缴纳税款。纳税人有特殊困难，不能按期缴纳税款的，经省、自治区、直辖市税务局批准，可以延期缴纳税款，但最长不得超过 3 个月，同一笔税款不得滚动审批。特殊困难主要指两种情况：①因不可抗力，导致纳税人发生较大损失，正常生产经营受到较大影响的；②当期货币资金在扣除应付职工工资、社会保险费后，不足以缴纳税款的。

20. 【答案】A

【解析】选项 B，查定征收适用于生产规模小，账册不健全，但能够控制原材料或进销货的纳税人。选项 C，查验征收适用于经营品种比较单一，经营地点、时间和商品来源不固定的纳税单位。选项 D，委托代征税款一般适用于小额、零散税源的征收。

21. 【答案】A

【解析】对于因纳税人、扣缴义务人计算错误等失误造成的未缴或者少缴税款，一般情况下，税务机关的追征期是 3 年；特殊情况下，追征期是 5 年。

22.【答案】B

【解析】选项B属于税务机关作出的税收强制执行措施。

23.【答案】A

【解析】可以采取税收保全措施的纳税人仅限于从事生产、经营的纳税人，不包括非从事生产、经营的纳税人，也不包括扣缴义务人和纳税担保人。

24.【答案】D

【解析】个人及其所扶养家属维持生活必需的住房和用品，不在税收保全的范围之内。生活必需的住房和用品不包括机动车辆、金银首饰、古玩字画、豪华住宅或者一处以外的住房。税务机关对单位价值在5 000元以下的其他生活用品，不采取税收保全措施。

25.【答案】A

【解析】选项B属于税收保全措施。选项CD属于税收强制执行措施。

26.【答案】B

【解析】税务机关不能到纳税人的生活场所进行检查。

二、多项选择题

1.【答案】ABD

【解析】税收具有区别于其他财政收入形式独有的“三性”，即无偿性、强制性和固定性。

2.【答案】BC

【解析】累进税率按照其累进依据和累进方式不同，有全额累进税率、超额累进税率、超率累进税率三种形式。我国现行税制中采用的有超额累进税率和超率累进税率。

3.【答案】ABC

【解析】按照计税依据，税收可分为从量税、从价税和复合税。

4.【答案】ABC

【解析】流转税是指以商品或劳务的流转为对象征收的一种税。此税种主要在生产、流通和服务领域中发挥调节作用，包括增值税、消费税和关税。

5.【答案】ABCD

【解析】比例税率是指对同一征税对象，不分数额大小，规定相同的征收比例。我国现行的增值税、企业所得税等税种均采用比例税率。采用该税率形式，计算简便，符合税收效率原则，对同一征税对象的不同纳税人税负相同，但不分纳税人实际环境差异按同一税率征税，这与纳税人的实际负担能力不完全相符，难以体现税收的公平原则。

6.【答案】BCD

【解析】选项A，纳税人是直接向税务机关缴纳税款的单位和个人，而负税人是实际负担税款的单位和个人。纳税人如果能通过一定途径把税款转嫁或转移出去，纳税人就不是负税人。

7.【答案】BCD

【解析】选项A属于税基式减免的形式。

8.【答案】ABD

【解析】选项C，将以前纳税年度的经营亏损在本纳税年度经营利润中扣除，直接减少了本年度应纳税款，属于税基式减免。

9.【答案】ABC

【解析】税务机关不能对纳税人的住宅及其他生活场所进行检查。

10.【答案】ABCD

【解析】纳税申报主要有直接申报、邮寄申报、电子申报，简易申报及简并征期几种方式。

11.【答案】BCD

【解析】选项 A，纳税人享受减税、免税待遇的，在减税、免税期间应按规定办理纳税申报。

12.【答案】ABCD

【解析】纳税人有下列情形之一的，税务机关有权核定其应纳税额：①依照法律、行政法规的规定可以不设置账簿的；②依照法律、行政法规的规定应当设置账簿但未设置的；③擅自销毁账簿或拒不提供纳税资料的；④虽设置账簿，但账目混乱或成本资料、收入凭证、费用凭证残缺不全，难以查账的；⑤发生纳税义务，未按照规定的期限办理纳税申报，经税务机关责令限期申报，逾期仍不申报的；⑥纳税人申报的计税依据明显偏低，又无正当理由的。

13.【答案】ABCD

【解析】税款征收方式是指税务机关根据各税种的不同特点和纳税人的具体情况而确定的计算、征收税款的形式和方法。目前，我国税款征收的方式主要有查账征收、查定征收、查验征收、定期定额征收、委托代征税款、邮寄纳税以及其他方式。

14.【答案】ABC

【解析】强制执行措施的条件有：①超过纳税期限；②告诫在先；③超过告诫期。选项 D 是税收保全措施的条件。

15.【答案】CD

【解析】选项 AB 属于税收强制执行措施。

16.【答案】ABCD

17.【答案】ABCD

18.【答案】ABCD

【解析】税务会计有五个目标，除了选项 ABCD，第五个目标是依照法律规定，严格控制涉税风险。

三、判断题

1.【答案】×

【解析】税收是政府为了满足社会公共需要，凭借政治权力，强制、无偿地取得财政收入的一种方式。税收分配凭借的是政治权力。

2.【答案】√

3.【答案】×

【解析】累进税率按照其累进依据和累进方式不同，有全额累进税率、超额累进税率、超率累进税率三种形式。其中，全额累进税率计算简便，但累进程度急剧，特别是在两个等级的临界处，会出现应纳税额增加超过计税依据增加的不合理现象；超额累进税率考虑了纳税人的不同负担能力，累进程度比较缓和，是一种比较理想的税率形式。

4. **【答案】**×

【解析】对同一征税对象，不论数额多少，均按同一比例征税的税率称为比例税率，而非定额税率。

5. **【答案】**×

【解析】税目是征税对象在应税内容上的具体化，它体现了征税的广度。

6. **【答案】**√

7. **【答案】**√

8. **【答案】**×

【解析】税收的"三性"是税收本质的具体表现，是税收区别于其他财政收入形式的标志。区分一种财政收入是税还是非税，主要看其是否同时具备税收"三性"的形式特征。

9. **【答案】**×

【解析】通过直接减少应纳税额的方式实现的减免税形式叫税额式减免。

10. **【答案】**×

【解析】直接税是指税负不能转嫁，只能由纳税人承担的一种税，如所得税类、财产税类等。消费税的税负能够转嫁，属于间接税。

11. **【答案】**×

【解析】定额税率计税简便，适用于从量计征的税种。

12. **【答案】**√

13. **【答案】**×

【解析】税务机关有根据认为从事生产、经营的纳税人有逃避纳税义务行为的，可以在规定的纳税期限之前，责令限期缴纳税款；在限期内发现纳税人有明显转移、隐匿其应纳税商品、货物以及其他财产或应纳税收入迹象的，税务机关应责令其提供纳税担保。如果纳税人不能提供纳税担保，经县以上税务局(分局)局长批准，税务机关可以采取税收保全措施。

14. **【答案】**×

【解析】凡依法由税务机关征收的各种税收的征收管理，均适用《中华人民共和国税收征收管理法》。由海关负责征收的关税、船舶吨税以及海关代征的进口环节的增值税、消费税，适用其他法律、行政法规的有关规定。

15. **【答案】**√

16. **【答案】**×

【解析】税务会计所有的数据都来源于财务会计。

17. **【答案】**×

【解析】纳税人在申报期内无收入或在减免税期间，也应当按规定办理纳税申报。

18. **【答案】**√

19. **【答案】**√

20. **【答案】**√

第二章 增值税会计

第一部分 内容概要

一、增值税认知

（一）增值税的概念

增值税是对在我国境内销售货物、提供加工修理修配劳务、销售服务、无形资产、不动产以及进口货物的单位和个人，就其应税销售额计算税款，并实行税款抵扣制度的一种流转税。

增值税按对外购固定资产处理方式的不同，可划分为生产型增值税、收入型增值税和消费型增值税。我国自 2009 年 1 月 1 日起采用的是消费型增值税。

（二）增值税的纳税人

在中华人民共和国境内销售货物或者提供加工、修理修配劳务，销售服务、无形资产或者不动产以及进口货物的单位和个人，为增值税的纳税人。增值税纳税人按照经营规模及会计核算健全与否两个标准，分为一般纳税人和小规模纳税人。

（1）增值税小规模纳税人是指年应税销售额在规定标准（500 万元）以下，并且会计核算不健全，不能按规定报送有关税务资料的增值税纳税人。

（2）增值税一般纳税人是指年应税销售额超过小规模纳税人标准的增值税纳税人，另有规定的除外。

需要特别注意：年应税销售额超过小规模纳税人标准的其他个人按小规模纳税人纳税；年应税销售额超过小规模纳税人规定标准但不经常发生应税行为的单位和个体工商户，以及非企业性单位、不经常发生应税行为的企业，可选择按照小规模纳税人纳税。

（三）增值税的征税范围

1. 增值税征税范围的一般规定

（1）销售货物。货物是指有形动产，包括电力、热力和气体在内。

（2）提供加工、修理修配劳务。加工即通常所说的委托加工业务，是指由委托方提供原料及主要材料，受托方按照委托方的要求制造货物并收取加工费的业务。修理修配是指受托方对损伤和丧失功能的货物进行修复，使其恢复原状和功能的业务。

（3）销售服务是指提供交通运输服务、邮政服务、电信服务、建筑服务、金融服务、现代服务和生活服务。

（4）销售无形资产是指有权转让无形资产所有权或者使用权的业务活动。

（5）销售不动产是指有偿转让不动产所有权的业务活动。

（6）进口货物是指申报进入我国海关境内的货物。

2. 增值税征税范围的特殊行为

(1) 视同销售行为。①将货物交付其他单位或个人代销;②销售代销货物;③设有两个以上机构并实行统一核算的纳税人,将货物从一个机构移送至其他机构用于销售,但相关机构设在同一县(市)的除外;④将自产或者委托加工的货物用于免税项目或简易计税项目;⑤将自产、委托加工的货物用于集体福利或个人消费;⑥将自产、委托加工或购进的货物作为投资,提供给其他单位或个体工商户;⑦将自产、委托加工或购进的货物分配给股东或投资者;⑧将自产、委托加工或购进的货物无偿赠送给其他单位或个人;⑨单位或者个体工商户向其他单位或者个人无偿提供服务、转让无形资产或者不动产,但用于公益事业或者以社会公众为对象的除外。

(2) 混合销售行为。一项销售行为如果既涉及货物又涉及服务,为混合销售行为。从事货物的生产、批发或者零售的单位和个体工商户的混合销售行为,按照销售货物缴纳增值税;其他单位和个体工商户的混合销售行为,按照销售服务缴纳增值税。

(3) 兼营行为是指纳税人的经营范围既包括销售货物和加工修理修配劳务,又包括销售服务、无形资产或者不动产。但是,各项业务不同时发生在同一项销售行为中。纳税人销售货物、加工修理修配劳务、服务、无形资产或不动产,适用不同税率或者征收率的,应当分别核算适用不同税率或者征收率的销售额;未分别核算销售额的,从高适用税率或者征收率。

(四) 增值税的税率和征收率

(1) 增值税的适用税率如表 2-1 所示。

表 2-1　　增值税适用税率汇总表

税率	适用范围
13%	销售或者进口货物(9%低税率的除外)、提供应税劳务、提供有形动产租赁服务
9%	销售或进口暂行条例列举的货物
	提供交通运输服务、邮政服务、基础电信服务、建筑服务、不动产租赁服务、销售不动产、转让土地使用权
6%	提供增值电信服务、金融服务、现代服务(租赁除外)、生活服务、销售无形资产(转让土地使用权除外)
零税率	出口货物、劳务或者境内单位和个人发生的跨境应税行为

(2) 增值税的征收率如表 2-2 所示。

表 2-2　　增值税征收率汇总表

征收率	适用范围
3%征收率	一般情形
5%征收率	(1) 不动产销售:①小规模纳税人销售不动产;②一般纳税人销售不动产,选择简易计税;③房地产企业一般纳税人销售老项目,选择简易计税 (2) 不动产租赁:①一般纳税人出租 2016 年 4 月 30 日前取得的不动产;②小规模纳税人出租不动产
3%征收率减按 2%	①小规模纳税人销售自己使用过的固定资产;②一般纳税人销售自己使用过未抵扣进项税额的固定资产;③小规模纳税人或一般纳税人销售旧货
5%征收率减按 1.5%	个人出租住房

二、增值税应纳税额的计算

(一) 一般计税方法应纳税额的计算

我国采用的一般计税方法是间接计算法,其计算公式如下:

当期应纳税额 = 当期销项税额 - 当期进项税额

当期销项税额的计算公式如下:

销项税额 = 不含税销售额 × 税率

不含税销售额的确定与销售方式及行为密切相关,具体如表 2-3 所示。

表 2-3　不含税销售额的确定

销售方式		具体内容
一般销售方式		向购买方收取的全部价款和价外费用,若为含税金额,则换算公式为:不含税销售额=含税销售额÷(1+税率/征收率)
视同销售方式		按照下列顺序核定销售额:①按照纳税人最近时期发生同类应税销售行为的平均价格确定;②按照其他纳税人最近时期发生同类应税销售行为的平均价格确定;③按照组成计税价格确定,组成计税价格的公式为:组成计税价格=成本×(1+成本利润率)
特殊销售	折扣方式	①折扣销售方式下,如果销售额和折扣额在同一张发票上的"金额"栏中分别注明,可扣除折扣额,否则不得扣除;②销售折扣不得从销售额中扣除;③销售折让额可从折让当期的销售额中扣除
	以旧换新	①除金银首饰外的货物以旧换新销售,应按新货物的同期销售价格确定销售额,不得扣减旧货物的收购价格;②金银首饰以旧换新业务,按销售方实际收取的不含增值税的价款确认计税销售额
	还本销售	以货物的销售价格作为销售额,不得从销售额中扣除还本支出
	以物易物	双方均应作购销处理,以各自发出的应税销售行为核算销售额并计算销项税额,以各自收到的货物、劳务等按规定核算购进金额并计算进项税额
	包装物押金	①包装物押金单独记账核算,且时间为 1 年以内又未逾期,不计税;②超过 1 年或已经逾期,押金应计税;③对销售除啤酒、黄酒外的其他酒类产品收取的包装物押金,无论是否返还以及会计上如何核算,均应并入当期销售额征税
"营改增"行业销售服务、无形资产和不动产	按全额确定	包括贷款服务和直接收款金融服务
	按差额确定	包括金融商品转让、经纪代理服务、融资租赁和融资性售后回租业务、航空运输企业、客运场站服务、旅游服务等

当期进项税额的计算。

(1) 可抵扣的进项税额。符合税法规定,准予抵扣的进项税额如表 2-4 所示。

表 2-4　准予从销项税额中抵扣的进项税额

抵扣方法	具体内容	
以票抵扣	①从销售方取得的增值税专用发票(含税控机动车销售统一发票);②从海关取得的海关进口增值税专用缴款书;③从境外单位或个人处购进劳务、服务、无形资产和不动产,取得的完税凭证	
计算抵扣	购进农产品	进项税额=买价×9%(或 10%)
	购进国内旅客运输服务	自 2019 年 4 月 1 日起,一般纳税人购进国内旅客运输服务,其进项税额允许从销项税额中抵扣

(2) 不得抵扣的进项税额及进项税额转出。纳税人购进应税行为，取得的扣税凭证不符合有关规定的，其进项税额不得从销项税额中抵扣，具体内容如表 2-5 所示。

表 2-5　　不得从销项税额中抵扣的进项税额

<table>
<tr><th>不得抵扣项目</th><th>税务处理</th></tr>
<tr><td>用于简易计税方法计税项目、免征增值税项目、集体福利或者个人消费的购进货物、劳务、服务、无形资产和不动产</td><td rowspan="6">购进时已明确属于不得抵扣事项，不做进项税额处理；已抵扣进项税额，事后发生不得抵扣事项，在发生当期做进项税额转出，转出方法有：
① 直接计算法：按照原来抵扣的进项税额计算转出；无法确定原抵扣进项税额的，按照当期实际成本计算应转出的进项税额
② 还原计算法
③ 净值折算法</td></tr>
<tr><td>非正常损失的购进货物，以及相关的劳务和交通运输服务</td></tr>
<tr><td>非正常损失的在产品、产成品所耗用的购进货物(不包括固定资产)、劳务和交通运输服务</td></tr>
<tr><td>非正常损失的不动产，以及该不动产所耗用的购进货物、设计服务和建筑服务</td></tr>
<tr><td>非正常损失的不动产在建工程所耗用的购进货物、设计服务和建筑服务</td></tr>
<tr><td>购进的贷款服务、餐饮服务、居民日常服务和娱乐服务</td></tr>
</table>

(二) 简易计税方法应纳税额的计算

小规模纳税人按简易计税方法计算应纳税额，即按销售额和规定征收率计算应纳税额，不得抵扣进项税额，应纳税额计算公式为：

$$\begin{aligned}\text{应纳税额} &= \text{不含税销售额} \times \text{征收率}\\ &= \text{含税销售额} \div (1 + \text{征收率}) \times \text{征收率}\end{aligned}$$

一般纳税人适用简易计税方法的，应纳税额计算公式与小规模纳税人相同。

(三) 进口货物应纳税额的计算

一般纳税人或小规模纳税人进口货物，均需按照组成计税价格和适用税率计算应纳税额，不得抵扣任何税额，计算公式为：

$$\text{应纳税额} = \text{组成计税价格} \times \text{税率}$$

组成计税价格的确定有以下两种情况：

(1) 进口货物不征收消费税，其组成计税价格为：

$$\text{组成计税价格} = \text{关税完税价格} + \text{关税} = \text{关税完税价格} \times (1 + \text{关税税率})$$

(2) 进口货物同时征收消费税，其组成计税价格为：

$$\text{组成计税价格} = \text{关税完税价格} + \text{关税} + \text{消费税}$$

三、增值税的会计核算

(一) 增值税会计科目设置

增值税一般纳税人应当在“应交税费”科目下设置“应交增值税”“未交增值税”“预交增

值税”“待抵扣进项税额”“待认证进项税额”“待转销项税额”“简易计税”“转让金融商品应交增值税”“代扣代交增值税”等二级明细科目。在“应交增值税”明细账内应设置“进项税额”“销项税额抵减”“已交税金”“转出未交增值税”“减免税款”“出口抵减内销产品应纳税额”“销项税额”“出口退税”“进项税额转出”“转出多交增值税”等专栏。

小规模纳税人一般只需在“应交税费”科目下设置“应交增值税”明细科目。

(二)一般纳税人增值税的会计核算

1. 销售业务增值税的会计核算

一般纳税人销售货物、加工修理修配劳务、服务、无形资产或不动产，应当按应收或已收的金额，借记“应收账款”“应收票据”“银行存款”等科目；按取得的收入金额，贷记“主营业务收入”“其他业务收入”“固定资产清理”等科目；按现行增值税制度规定计算的销项税额(或采用简易计税方法计算的应纳增值税额)，贷记“应交税费——应交增值税(销项税额)”或“应交税费——简易计税”科目。发生销售退回的，应根据按规定开具的红字增值税专用发票做冲销的会计分录。

2. 购进业务增值税的会计核算

一般纳税人购进货物、加工修理修配劳务、服务、无形资产或不动产可以抵扣时，按应计入相关成本费用或资产的金额，借记“在途物资”“原材料”“库存商品”“固定资产”“无形资产”“管理费用”“委托加工物资”等科目；按当月已认证的可抵扣增值税额，借记“应交税费——应交增值税(进项税额)”科目；按当月未认证的可抵扣增值税额，借记“应交税费——待认证进项税额”科目；按应付或实际支付的金额，贷记“应付账款”“应付票据”“银行存款”等科目。

3. 缴纳增值税的会计核算

企业缴纳当月应交的增值税，应借记“应交税费——应交增值税(已交税金)”科目，贷记“银行存款”科目。企业缴纳以前期间未交的增值税，借记“应交税费——未交增值税”或“应交税费——简易计税”科目，贷记“银行存款”科目。

四、增值税的征收管理

(1) 增值税的纳税义务发生时间。销售货物或应税劳务、服务，为收讫销售款或者取得索取销售款凭据的当天；先开具发票的，为开具发票的当天。进口货物，为报关进口的当天。增值税扣缴义务发生时间为纳税人增值税纳税义务发生的当天。

(2) 增值税的纳税期限。增值税的纳税期限规定为1日、3日、5日、10日、15日、1个月或1个季度。纳税人以1个月或1个季度为纳税期限的，自期满之日起15日内申报纳税；以1日、3日、5日、10日或15日为一期纳税的，自期满之日起5日内预交税款，于次月1日起15日内申报纳税并结清上月应纳税款。进口货物，应当自海关填发海关增值税专用缴款书之日起15日内缴纳税款。

(3) 增值税的纳税地点。固定业户应当向其机构所在地主管税务机关申报纳税；非固定业户应当向销售地或者劳务和应税行为发生地主管税务机关申报纳税，未向销售地或者劳务和应税行为发生地主管税务机关申报的，由其机构所在地或居住地主管税务机关补征；进口货物，应当由进口人或代理人向报关地海关申报纳税。

第二部分 练 习 题

一、单项选择题

1. 生产型增值税的特点是(　　)。

A. 将当期购入固定资产价款一次性全部扣除

B. 不允许扣除任何外购固定资产的价款

C. 只允许扣除当期应计入产品价值的折旧部分

D. 只允许扣除当期应计入产品价值的流动资产和折旧费

2. 下列关于增值税纳税人的表述,不正确的是(　　)。

A. 单位租赁或承包给其他单位或者个人经营的,以承租人或承包人为纳税人

B. 资管产品运营过程中发生的增值税应税行为,以资管产品管理人为增值税纳税人

C. 对代理进口货物,以海关开具的完税凭证上的纳税人为增值税纳税人

D. 建筑企业与发包方签订建筑合同后,以内部授权或者三方协议等方式,授权集团内其他纳税人(以下称“第三方”)为发包方提供建筑服务,并由第三方直接与发包方结算工程款的,由与发包方签订建筑合同的建筑企业缴纳增值税

3. 下列选项中,关于增值税一般纳税人的登记管理表述正确的是(　　)。

A. 个体工商户不得办理一般纳税人资格登记

B. 未按规定时限办理一般纳税人登记手续的,主管税务机关应当在规定时限结束后5日内制作《税务事项通知书》,告知纳税人应当在15日内向主管税务机关办理相关手续

C. 登记一般纳税人的经营期是指在纳税人存续期内的连续经营期间,不含未取得销售收入的月份

D. 纳税人登记为一般纳税人后,不得转为小规模纳税人,国家税务总局另有规定的除外

4. 下列各项中,不属于混合销售行为的是(　　)。

A. 电脑制造公司在销售电脑的同时又为该客户提供运输服务

B. 建材商店在销售建材的同时又为其他客户提供装饰服务

C. 邮政企业销售集邮商品的同时又为该客户提供邮政服务

D. 塑钢门窗销售商店在销售外购塑钢门窗的同时又为该客户提供安装服务

5. 下列关于增值税征收率的表述,不正确的是(　　)。

A. 对于一般纳税人生产销售的特定货物和应税服务,可以选择适用简易计税方法计税,增值税征收率为3%

B. 一般纳税人销售不动产,选择适用简易计税方法,征收率为5%

C. 小规模纳税人销售不动产(不含个人住房),适用3%征收率

D. 个人出租住房,按照5%的征收率减按1.5%计算纳税

6. 下列货物目前允许按9%税率抵扣进项税额的是(　　)。

A. 购进免税农产品　　　　B. 购进废旧物资

C. 购进固定资产　　D. 购进原材料

7. 下列业务中，免征增值税的是（　　）。

A. 残疾人福利企业销售自产产品

B. 民办职业培训机构的培训业务

C. 残疾人福利机构提供的育养服务

D. 单位销售自建自用住房

8. 下列业务不属于增值税视同销售的是（　　）。

A. 单位无偿向其他企业提供建筑服务

B. 单位无偿为公益事业提供建筑服务

C. 单位无偿为关联企业提供建筑服务

D. 单位以自产的建筑材料对外投资

9. 在增值税法规中，"出口货物零税率"具体是指（　　）。

A. 出口货物免税　　B. 该货物的增值税率为零

C. 出口货物的整体税负为零　　D. 以上都正确

10. 一般纳税人下列应税行为，适用13%的增值税税率的是（　　）。

A. 提供有形动产租赁服务　　B. 提供基础电信服务

C. 提供增值电信服务　　D. 提供不动产租赁服务

11. 以下项目中，不属于营业税改征增值税的是（　　）。

A. 餐饮服务　　B. 金融服务

C. 运输服务　　D. 加工服务

12. 根据"营改增"的相关规定，下列单位提供的服务中，属于应税服务的是（　　）。

A. 动漫设计公司为其他单位提供动漫设计服务

B. 广告公司聘用广告制作人才为本公司设计广告

C. 运输企业为洪水灾区无偿提供汽车运输服务

D. 单位聘用的员工为本单位负责人提供专车驾驶服务

13. 以下关于小规模纳税人增值税的税务处理中，说法错误的是（　　）。

A. 小规模纳税人应纳增值税按简易办法计算确定，公式为"应纳税额＝销售额×征收率"

B. 小规模纳税人增值税征收率只有3%

C. 除另有规定外，小规模纳税人一般不得抵扣进项税额

D. 非企业性单位、不经常发生应税行为的企业，可以选择按小规模纳税人纳税

14. 以下属于增值税境内销售服务行为的是（　　）。

A. 境内单位向境外单位购买的咨询服务

B. 境外单位向境内单位提供完全发生在境外的会展服务

C. 境外单位向境内销售完全在境外使用的专利和非专利服务

D. 境外单位向境内单位或者个人出租完全在境外使用的有形动产

15. 某零售企业为增值税一般纳税人，月销售收入为28 250元，该企业当月计税销售额为（　　）元。

A. 25 000　　B. 25 884

C. 27 594　　D. 35 240

16. 某服装厂将自产的服装作为福利发给本厂职工，该批产品制造成本共计 10 万元，利润率为 10%，当月同类产品的平均售价为 18 万元(不含税)，计征增值税的销售额为(　　)万元。

A. 10　　B. 9

C. 11　　D. 18

17. 汽车销售公司销售小汽车时一并向购买方收取的下列款项中，应作为价外费用计算增值税销项税额的是(　　)。

A. 收取的小汽车改装费

B. 因代办保险收取的保险费

C. 因代办牌照收取的车辆牌照费

D. 因代办缴税收取的车辆购置税税款

18. 某商场实行还本销售家具，家具现售价 16 500 元(不含税)，5 年后还本，该商场增值税的计税销售额是(　　)元。

A. 16 500　　B. 3 300

C. 1 650　　D. 不征税

19. 某商场为增值税一般纳税人，因管理不善发生火灾，上月外购的冰箱 10 台遭受损毁，每台零售价 1 440 元，每台进价 1 000 元(不含税)，应转出的进项税额为(　　)元。

A. 1 300　　B. 1 600

C. 12 307.69　　D. 8 547

20. 下列各项中，应作进项税额转出的是(　　)。

A. 将外购的货物用于给股东分配股利

B. 自然灾害造成一般纳税人购进应税货物的损失

C. 纳税人将外购的已抵扣进项税的货物用于发放职工福利

D. 一般纳税人发生购货退回

21. 下列项目所包含的进项税额，不得从销项税额中抵扣的是(　　)。

A. 生产过程中出现的正常报废产品

B. 用于返修产品修理的易损零配件

C. 生产企业用于经营管理的办公用品

D. 用于免税项目的购进货物

22. 一般纳税人发生的下列业务中，允许扣除进项税额的项目是(　　)。

A. 材料在运输途中合理损耗的部分

B. 因管理不善腐烂变质的原材料部分

C. 购进免税项目用货物的运输费用

D. 某生产企业购入的个人使用的小汽车

23. 下列关于以旧换新销售方式的增值税税务处理中，错误的是(　　)。

A. 电器商场以旧换新方式销售彩电业务，应按新彩电的同期销售价格计征增值税

B. 金银首饰以旧换新业务，应按可扣除金银首饰回收价格的价格计征增值税

C. 银楼采取以旧换新方式销售金项链业务，应按新项链同期全新价格计征增值税

D. 银楼采取以旧换新方式销售金项链业务，应按实际收取的不含税价格计征增值税

24. 下列关于纳税人出租出借包装物收取押金的税务处理中，正确的是（ ）。

A. 出租出借包装物收取的押金，凡单独记账核算又未逾期的，一律不征增值税

B. 销售除啤酒、黄酒外的其他酒类产品收取的包装物押金，一律应在收取押金当期计征增值税

C. 销售酒类产品收取的包装物押金，一律应在收取押金当期计征增值税

D. 收取押金与收取租金的税务处理相同，一律应按价外收费计征增值税

25. 某啤酒生产企业为增值税一般纳税人，某月向小规模纳税人销售啤酒，收取价税合计 93 600 元；同时收取包装物押金 2 000 元，双方约定返还期限为 3 个月。当月此项业务的增值税销项税额为（ ）元。

A. 15 912.00　　B. 10 768.14

C. 13 890.60　　D. 16 252.00

26. 某食品加工厂上月收购的免税农产品因管理不善腐烂变质，经查其账面成本为 81 000 元，则本月对上述农产品的税务处理正确的是（ ）。

A. 进项税额转出 81 000 元

B. 进项税额转出 10 530 元

C. 进项税额转出 8 010.99 元

D. 进项税额不处理

27. 某银楼为增值税一般纳税人。有一顾客拿来一条旧项链要求改成新款项链，银楼实收 4 000 元加工费，则银楼此项业务的增值税销项税额为（ ）元。

A. 520.00　　B. 680.00

C. 581.20　　D. 460.18

28. 某图书销售中心为增值税一般纳税人，批发图书一批，每册标价 20 元（不含税价），共计 1 000 册。由于购买数量多，按七折优惠价格成交，并将折扣额与销售额开具在同一张发票上，同时约定 10 日内付款享受 2%折扣。购买方如期付款，则销项税额为（ ）元。

A. 2 034.18　　B. 1 610.62

C. 1 260.00　　D. 2 380.00

29. 万隆超市为增值税小规模纳税人，6 月购进货物取得普通发票，共计支付货款 90 000元；当月销售货物取得含税收入 167 800 元；销售废旧物品取得含税收入 80 元，假定不享受税收优惠政策，该超市 6 月份应缴纳增值税为（ ）元。

A. 4 889.71　　B. 4 887.38

C. 5 036.40　　D. 5 034.00

30. 某生活服务企业为增值税一般纳税人，2022 年 5 月销项税额为 86 万元，进项税额为 32 万元，全部属于允许抵扣的进项税额，上期末加计抵减额余额 5 万元。该企业当月实际缴纳的增值税为（ ）万元。

A. 50.80　　B. 44.20

C. 54.00　　D. 49.00

31. 增值税一般纳税人将自产的货物无偿赠送他人，应视同销售货物计算应缴增值税，借记“营业外支出”科目，贷记“库存商品”和(　　)科目。

A. “应交税费——应交增值税(销项税额)”

B. “应交税费——应交增值税(进项税额转出)”

C. “应交税费——应交增值税(进项税额)”

D. “应交税费——应交增值税(转出未交增值税)”

32. 下列关于增值税纳税义务发生时间和纳税地点的表述，不正确的是(　　)。

A. 纳税人从事金融商品转让的，纳税义务发生时间为金融商品所有权转移的当天

B. 纳税人提供不动产租赁服务采取预收款方式的，纳税义务发生时间为出租不动产的当天

C. 其他个人销售不动产，应向不动产所在地主管税务机关申报纳税

D. 按照现行规定应在建筑服务发生地预缴增值税的项目，纳税人收到预收款时在建筑服务发生地预缴增值税

33. 进口货物的增值税由(　　)征收。

A. 进口地税务机关　　B. 海关

C. 交货地税务机关　　D. 进口方所在地税务机关

34. 下列各项中，适用增值税出口“免退税”办法的是(　　)。

A. 受托代理出口货物的外贸企业

B. 收购货物出口的外贸企业

C. 自营出口自产货物的生产企业

D. 委托出口自产货物的生产企业

35. 关于转让金融商品征收增值税的规定，下列说法正确的是(　　)。

A. 可以开具增值税专用发票

B. 按照卖出价扣除买入价后的余额为计税销售额

C. 转让金融商品出现的负差可结转到下一个会计年度的金融商品销售中抵扣

D. 以卖出价为计税销售额

36. 某设计公司为增值税小规模纳税人，2022 年 1 月提供设计服务，取得含税收入 3 万元，销售自己使用过的固定资产，取得含税收入 1 万元。该公司当月上述业务应纳增值税(　　)万元。

A. 0.09　　B. 0.12

C. 0.20　　D. 0

37. 增值税小规模纳税人购入原材料的账务处理不会涉及的会计科目是(　　)。

A. “原材料”　　B. “银行存款”

C. “应交税费——应交增值税(进项税额)”　D. “在途物资”

38. 下列关于增值税退(免)税的计税依据，表述不正确的是(　　)。

A. 生产企业出口货物劳务(包括进料加工复出口货物)增值税退(免)税的计税依据，为出口货物劳务的实际离岸价

B. 以铁路运输方式载运旅客的，增值税退(免)税的计税依据为按照铁路合作组织清算

规则清算后的实际运输收入

C. 实行免退税办法的退(免)税计税依据为购进应税服务的增值税专用发票或解缴税款的《中华人民共和国税收缴款凭证》上注明的金额

D. 以航空运输方式载运货物或旅客的,如果国际运输或港澳台运输各航段由多个承运人承运的,为中国航空结算有限责任公司清算后的实际收入

39. 增值税一般纳税人接受修理修配劳务,应根据增值税专用发票上注明的修理修配费用,借记"制造费用""管理费用"等科目,按增值税专用发票上注明的进项税额,借记(　　)科目,贷记"银行存款"等科目。

A. "应交税费——应交增值税(进项税额)"

B. "应交税费——应交增值税(进项税额转出)"

C. "应交税费——应交增值税(销项税额)"

D. "应交税费——应交增值税"

40. 甲工厂为增值税一般纳税人,委托乙木器厂加工产品包装用木箱,发出材料价值15 000元,支付加工费3 500元和增值税455元,取得增值税专用发票并已通过认证。甲工厂支付加工费和增值税额时,正确的会计分录为(　　)。

A. 借:委托加工物资　3 500
　　应交税费——应交增值税(进项税额)　455
　　贷:银行存款　3 955

B. 借:在途物资　3 500
　　应交税费——应交增值税(进项税额)　455
　　贷:银行存款　3 955

C. 借:周转材料　3 500
　　应交税费——应交增值税(进项税额)　455
　　贷:银行存款　3 955

D. 借:委托加工物资　3 955
　　贷:应交税费——应交增值税(进项税额转出)　455
　　　　银行存款　3 500

二、多项选择题

1. 我国增值税的征收范围包括(　　)。

A. 在中国境内销售货物　　B. 在中国境内提供应税劳务

C. 进口货物　　D. 过境货物

2. 下列纳税人中,年应税销售额超过规定标准但可以选择按照小规模纳税人纳税的有(　　)。

A. 会计核算健全的单位　　B. 非企业性单位

C. 不经常发生应税行为的企业　　D. 不经常发生应税行为的个体工商户

3. 划分一般纳税人和小规模纳税人的标准有(　　)。

A. 销售额达到规定标准　　B. 经营效益好

C. 会计核算健全　　D. 有上级主管部门

4. 下列应税行为中，应该按照6%的税率征收增值税的有（　　）。

A. 会议展览服务　　B. 餐饮服务

C. 水路运输的光租业务　　D. 转让土地使用权

5. 下列关于2019年4月1日后增值税进项税额抵扣的规定，表述不正确的有（　　）。

A. 纳税人购进国内旅客运输服务，取得注明旅客身份信息的航空运输电子客票行程单的，航空旅客运输进项税额＝（票价＋燃油附加费＋机场建设费）÷（1＋9%）×9%

B. 纳税人购进国内旅客运输服务，取得注明旅客身份信息的铁路车票的，铁路旅客运输进项税额＝票面金额÷（1＋9%）×9%

C. 纳税人购进国内旅客运输服务，取得注明旅客身份信息的公路、水路等其他客票的，公路、水路等其他旅客运输进项税额＝票面金额÷（1＋3%）×3%

D. 纳税人购进用于生产或者委托加工13%税率货物的农产品，按照9%的扣除率计算进项税额

6. 下列关于增值税特殊销售方式的说法中，表述正确的有（　　）。

A. 纳税人采取折扣方式销售货物，如果销售额和折扣额在同一张发票上的"金额"栏分别注明，可以按折扣后的销售额征收增值税

B. 纳税人采取现金折扣方式销售货物，计征增值税时不可以扣除折扣额

C. 纳税人为销售货物而出租出借包装物收取的押金，单独记账的、时间在1年内又未过期的，不并入销售额征税

D. 包装物租金不并入销售额征税

7. 下列进口货物，需缴纳增值税的有（　　）。

A. 国外企业捐赠的货物　　B. 进口购进后自用的办公设备

C. 国内出口转内销货物　　D. 直接用于教学、科研的进口设备、仪器

8. 下列行为属于视同销售货物，应征收增值税的有（　　）。

A. 商店为服装厂代销儿童服装

B. 批发部门将外购的部分饮料用于职工福利

C. 企业将自产的卷烟用于个人消费

D. 企业将自产的办公桌用于财务部门办公使用

9. 下列项目，属于免征增值税的有（　　）。

A. 农业生产者销售自产的粮食　　B. 药厂销售避孕药品

C. 个人销售自己使用过的物品　　D. 机械厂销售农业机具

10. 下列应按照"有形动产租赁服务"缴纳增值税的有（　　）。

A. 航空运输的干租业务　　B. 有形动产经营性租赁

C. 航空运输的湿租业务　　D. 水路运输的程租业务

11. 某单位外购如下货物，按增值税有关规定不能作为进项税额抵扣的有（　　）。

A. 外购的生产性固定资产　　B. 外购货物用于免税项目

C. 外购货物用于集体福利　　D. 外购货物用于无偿赠送他人

12. 下列情况中，应当征收增值税的有（　　）。

A. 某企业委托一酒厂加工白酒，收回后直接对外销售
B. 某钟表眼镜店为顾客修理眼镜
C. 某企业变卖厂房一栋
D. 饮食业对外销售非现场消费的食品

13. 增值税一般纳税人销售货物或提供应税劳务向购买方收取的价款和价外费用都应并入销售额纳税，但税法规定价外费用不包括(　　)。
A. 销售货物的同时代办保险等而向购买方收取的保险费
B. 向购买方收取的销项税额
C. 受托加工应征消费税的消费品所代收代缴的消费税
D. 承运部门将运费发票开给购买方并由销售方将该发票转交给购买方的代垫运费

14. 按现行增值税制度规定，下列行为应按“提供加工和修理修配劳务”征收增值税的有(　　)。
A. 商店服务部为顾客修理手表
B. 企业受托为另一企业加工服装
C. 企业为另一企业修理锅炉
D. 汽车修配厂员工为本厂修理汽车

15. 对销售除(　　)以外的其他酒类产品而收取的包装物押金，无论是否返还、会计上如何核算，均应并入当期销售额计征增值税。
A. 啤酒
B. 黄酒
C. 白酒
D. 药酒

16. 纳税人发生视同销售行为的情形，销售额由主管税务机关按照下列顺序核定(　　)。
A. 当月同类应税销售行为的最高销售价格
B. 纳税人最近时期同类应税销售行为的平均销售价格
C. 其他纳税人最近时期同类应税销售行为的平均销售价格
D. 组成计税价格

17. 甲企业销售给乙企业一批货物，乙企业因资金紧张无法支付货币资金，经双方协商，乙企业用自产的产品抵顶货款，则下列表述不正确的有(　　)。
A. 甲企业收到乙企业的抵顶货物不应作购货处理
B. 乙企业发出抵顶货款的货物不应作销售处理，不应计算销项税额
C. 甲、乙双方发出货物都应作销售处理，但收到货物所含增值税额一律不能计入进项税额
D. 甲、乙双方都应作购销处理，以各自发出和收到的货物，分别核算销售额和购进额，并按有关规定计算销项税额和进项税额

18. 对纳税人为销售货物而出租出借包装物收取的押金，其增值税错误的计税方法有(　　)。
A. 酒类包装物押金，一律并入销售额计税
B. 除酒类之外的其他货物押金，单独记账核算的，不并入销售额征税
C. 无论会计如何核算，均应并入销售额计算缴纳增值税
D. 对销售除啤酒、黄酒外的其他酒类产品收取的包装物押金，均应并入当期销售额征税，其他货物押金，单独记账且未逾期(1年为限)者，不计算缴纳增值税

19. 关于增值税计税销售额，下列说法中，正确的有(　　)。

A. 航空运输服务，代收的机场建设费不计入计税销售额

B. 以物易物方式下销售货物，双方以各自发出的货物核算销售额

C. 客运场站服务，以其取得的全部价款和价外费用为计税销售额

D. 贷款服务以实收利息和应收未收利息之和为计税销售额

20. 下列货物的出口，适用增值税免税不退税政策的有(　　)。

A. 增值税小规模纳税人出口的货物

B. 国家计划内出口的卷烟

C. 来料加工复出口的货物

D. 进料加工复出口的货物

21. 增值税一般纳税人企业购进的生产、经营用货物日后被用于(　　)，即改变其用途时，应将其相应的增值税额记入“应交税费——应交增值税(进项税额转出)”科目的贷方。

A. 免税项目　　B. 集体福利

C. 分配给股东　　D. 无偿赠送他人

22. 甲公司为增值税一般纳税人，以自产货物一批对外投资，该批货物的成本为80 000元，市场不含税售价为120 000元。关于此项业务以下处理正确的有(　　)。

A. 增值税销项税额为15 600元

B. 借：长期股权投资　135 600
　　贷：主营业务收入　120 000
　　　　应交税费——应交增值税(销项税额)　15 600

C. 借：主营业务成本　80 000
　　贷：库存商品　80 000

D. 借：长期股权投资　95 600
　　贷：库存商品　80 000
　　　　应交税费——应交增值税(销项税额)　15 600

23. 云翔玩具厂为增值税小规模纳税人，2022年1月份发生如下业务：2日购进材料一批，取得增值税专用发票上注明价款10 000元、增值税1 300元，价税合计款开出转账支票付讫；5日销售玩具一批，价税合计164 800元，款项收讫。该玩具厂上述业务应作如下账务处理(　　)。

A. 借：原材料　11 300
　　贷：银行存款　11 300

B. 借：原材料　10 000
　　应交税费——应交增值税(进项税额)　1 300
　　贷：银行存款　11 300

C. 借：银行存款　164 800
　　贷：主营业务收入　164 800

D. 借：银行存款　164 800
　　贷：主营业务收入　160 000
　　　　应交税费——应交增值税　4 800

三、判断题

1. "生产型增值税"与"消费型增值税"的区别在于是否允许企业将购入固定资产所含税额进行抵扣。（　）

2. 纳税人出口货物，税率为零，因此一般纳税人的税率有两档，即基本税率和零税率。（　）

3. 年不含税销售额在 500 万元以下，从事货物生产的纳税人，只能被认定为小规模纳税人。（　）

4. 凡是在我国境内销售货物或者提供加工、修理修配劳务，以及进口货物的单位和个人，都是增值税的纳税义务人。（　）

5. 小规模纳税人实行简易方法征收增值税，即使取得增值税专用发票，也不能作进项税额抵扣，特殊规定除外。（　）

6. 个体工商户不得办理一般纳税人资格认定。（　）

7. 商业企业的小规模纳税人如果其财务核算健全，仍然有被认定为增值税一般纳税人的可能。（　）

8. 一般纳税人购进免税农产品，全部按照买价的 9%计算进项税额，准予抵扣。（　）

9. 小规模纳税人一律按照销售额 3%的征收率计算应纳税款，不得抵扣进项税额。（　）

10. 一般纳税人与小规模纳税人的计税依据相同，都是不含税的销售额。（　）

11. 增值税的计税依据是不含增值税的价格，它的最终承担者是经营者。（　）

12. 混合销售是指销售多种产品或提供多种劳务的行为。（　）

13. 销项税额＝不含税销售额×税率，税款由销售方自己承担。（　）

14. 一般纳税人应纳税额等于当期销项税额减当期进项税额，因此所有的进项税额都可以抵扣，不足部分可以结转下期继续抵扣。（　）

15. 进口货物按组成计税价格和规定的税率计税，不得抵扣任何税额。（　）

16. 纳税人代收的运费，应视为价外收费征收增值税。（　）

17. 商业企业采取分期付款方式购进货物的，凡是发生销售方先全额开具专用发票，购货方再按规定分期付款情况的，应在每次支付款项以后申报抵扣进项税额。（　）

18. 纳税人采取折扣方式销售货物，销售额和折扣额不在同一张发票上分别注明的，可按折扣后的销售额征收增值税。（　）

19. 凡随同销售货物或提供应税劳务向购买方收取的价外费用，无论其会计制度如何核算，均应并入销售额计算应纳税额。（　）

20. 销售汽车的同时向购买方收取的代购买方缴纳的车辆购置税、车辆牌照费，属于价外费用，应并入销售额计算应纳税额。（　）

21. 纳税人采取现金折扣方式销售货物，在计算销项税额时可以扣除折扣额部分。（　）

22. 纳税人采取以旧换新方式销售货物(金银首饰除外)，应按新货物不含税售价，全额计征增值税。（　）

23. 甲未按规定向乙支付货款，乙企业按合同规定向甲收取违约金，由于违约金是在销

售实现后收取的，故不应征增值税。（ ）

24. 对收取 1 年以上的押金，无论是否退还均并入销售额征税。（ ）

25. 采取还本销售方式销售货物，其销售额就是货物的销售价格，不得从销售额中减除还本支出。（ ）

26. 在以物易物活动中，应分别开具合法的票据，如收到的货物不能取得相应的增值税专用发票或其他合法凭证，不能抵扣进项税额。（ ）

27. 出租车公司向使用本公司自有出租车的出租车司机收取的管理费用，按照有形动产租赁服务征收增值税。（ ）

28. 增值税一般纳税人提供贷款服务，以其取得的全部利息及利息性质的收入为销售额；增值税一般纳税人接受贷款服务，凭增值税专用发票上注明的税额作进项税额抵扣。（ ）

29. 货物销售后，由于其品种、质量等原因，销货方给予购货方销售折让，销售折让可以按折让后的货款为销售额。（ ）

30. 销货方将自产、委托加工和购买的货物用于实物折扣的（如买二赠一），则该实物款额不能从原销售额中减除，且该实物应按“视同销售货物”中的“无偿赠送”计算征收增值税。（ ）

31. 增值税小规模纳税人购进货物取得增值税专用发票可抵扣进项税额，取得普通发票不允许扣除进项税额。（ ）

32. 进口货物纳税义务发生的时间为报关进口后 15 天。（ ）

33. 增值税纳税人以 15 日、1 个月或者 1 个季度为一个纳税期的，自期满之日起 15 日内申报纳税。（ ）

34. 总机构和分支机构不在同一县（市）的，应当分别向各自所在地主管税务机关申报纳税。（ ）

35. 委托其他纳税人代销货物，为收到代销单位的代销清单或者收到全部或者部分货款的当天。未收到代销清单及货款的，为发出代销货物满 180 天的当天。（ ）

36. 包装物随同产品销售单独计价时，其销售额应计入“主营业务收入”，并计算缴纳增值税。（ ）

37. 发生本期购进的尚未认证暂时不能抵扣的进项税额时，应借记“应交税费——待抵扣进项税额”过渡性科目，在规定时间内认证并在认证当月申报抵扣时，再从该过渡性科目的贷方转入“应交税费——应交增值税（进项税额）”科目的借方。（ ）

38. “应交税费——应交增值税（已交税金）”科目是核算企业当月上缴本月应缴增值税税额，收到退回的当月多缴增值税时，以红字记入。（ ）

四、业务题

1. 某商贸企业是增值税一般纳税人，进口机器一台，关税完税价格为 2 000 000 元，假设进口关税为 400 000 元，进口环节取得海关开具的增值税专用缴款书；支付国内运输企业的运输费用取得增值税专用发票，注明运费 2 000 元，税款 180 元；本月将机器售出，取得不含税销售额 3 500 000 元。

要求：计算本月应纳增值税税额。

2. 某化妆品生产厂为增值税一般纳税人，本月销售化妆品取得不含税销售额600 000元。另将自产的化妆品一批赠送给某协作企业，生产成本总计为100 000元，无市场售价可供参考，该化妆品适用消费税税率为15%，成本利润率5%。

要求：请计算本月的计税销售额。

3. 甲企业是增值税一般纳税人，销售给乙公司5 000套服装，每套不含税价格为80元，由于乙公司购买数量多，甲企业按原价的8折优惠销售（与销售业务开具了一张发票），并提供“1/10，n/20”的销售折扣。乙公司于10日内付款。

要求：计算甲企业此项业务的计税销售额。

4. 某家电生产企业为增值税一般纳税人，本月向市职工活动中心赠送自产液晶电视10台，每台电视的成本价3 000元，市场销售价格5 000元（不含税）；赠送新研制的新型节能空调5台，每台成本价8 000元，市场上尚无同类产品销售。家电产品的成本利润率为10%。

要求：请计算该家电企业本月的计税销售额。

5. 某商场为增值税一般纳税人，为促销某品牌套装洗发水，对团购客户一次性购买100套以上者，折扣10%；购300套以上者，折扣15%。对零售客户实行“买一赠一”，买一套洗发水送一瓶护手霜，所送护手霜的正常零售价格为3元/瓶。该套装洗发水的正常零售价格为50元/套。该商场本月向团购客户售出一笔，为某单位购入用以向职工发放福利，共150套，商场开具普通发票，销售额与折扣额均在该发票上注明；向零售客户售出580套，开具普通发票。

要求：请计算该商场本月销售该品牌套装洗发水的计税销售额。

6. 某经贸公司为增值税一般纳税人，本月销售白酒一批给小规模纳税人，开具普通发票注明的价款为50 000元，同时收取包装物押金3 000元，约定6个月后返还包装物；销售啤酒一批给某商场，开具增值税专用发票注明的价款为20 000元，同时收取包装物押金1 000元，约定3个月后返还包装物。

要求：请计算该经贸公司本月的计税销售额。

7. 某企业是增值税一般纳税人，2022年6月有关生产经营业务如下：

(1) 销售机器一批，开出增值税专用发票中注明销售额为10 000元，税额为1 300元，另开出一张普通发票，收取包装费226元。

(2) 销售三批同一规格、质量的货物，每批各2 000件，不含增值税销售价分别为每件200元、180元和60元。经税务机关认定，第三批销售价格每件60元明显偏低且无正当理由。

(3) 将自产的一批新产品3A牌外套300件作为福利发给本企业的职工。已知3A牌外套尚未投放市场，没有同类外套销售价格；每件外套成本600元。

要求：计算该企业当月的增值税销项税额。

8. 某企业是增值税一般纳税人，适用一般税率13%，2022年6月有关生产经营业务如下：

(1) 月初外购货物一批，支付增值税进项税额24万元，下旬因管理不善，造成该批货物一部分发生霉烂变质，经核实造成1/4货物的损失。

(2) 外购的动力燃料支付的增值税进项税额20万元，一部分用于应税项目，另一部分用于免税项目，无法分开核算。

(3) 销售应税货物取得不含增值税销售额700万元，销售免税货物取得销售额300万元。

要求：计算该企业当月的增值税进项税额。

9. 某电子企业为增值税一般纳税人，2022年7月发生下列经济业务：

(1) 销售A产品50台，不含税单价8 000元。货款收到后，向购买方开具了增值税专用发票，并将提货单交给了购买方。截至7月月底，购买方尚未提货。

(2) 将20台新试制的B产品分配给投资者，单位成本为6 000元。该产品尚未投放市场。

(3) 单位内部职工集体福利领用甲材料1 000千克，单位成本为50元。

(4) 企业某项免征增值税项目领用甲材料200千克，单位成本为50元。

(5) 当月丢失库存乙材料800千克，单位成本为20元，作待处理财产损溢处理。

(6) 当月发生购进货物的全部进项税额为70 000元。

其他相关资料：上月进项税额已全部抵扣完毕，本月取得的进项税额抵扣凭证均已申报抵扣。购销货物增值税税率均为13%，税务局核定的B产品成本利润率为10%。

要求：

(1) 计算当月增值税销项税额。

(2) 计算当月增值税可抵扣进项税额。

(3) 计算当月应缴增值税税额。

10. 某工业企业是增值税一般纳税人，某年9月购销业务情况如下：

(1) 购进生产原料一批，取得的增值税专用发票上注明的价、税款分别是23万元、2.99万元，增值税专用发票当月通过认证并申报抵扣。另支付运费取得增值税专用发票，注明运费3万元，税款0.27万元。

(2) 购进钢材20吨，已验收入库；取得的增值税专用发票上注明的价、税款分别是8万元、1.04万元，专用发票当月通过认证并申报抵扣。

(3) 直接向农民收购用于生产加工的农产品一批，经税务机关批准的收购凭证上注明的价款为42万元。

(4) 以托收承付方式销售产品一批，货物已发出并办妥银行托收手续，但货款未到，向买方开具的增值税专用发票注明销售额为42万元。

(5) 期初留抵进项税额为0.5万元。

要求：计算该企业当期应纳增值税税额。

11. 某商业企业是增值税一般纳税人，2022年9月初留抵税额为2 000元，9月发生下列业务：

(1) 购入商品一批，取得认证税控发票，价款10 000元，增值税税款1 300元。

(2) 3个月前从农民手中收购的一批粮食遭受毁损，账面成本为5 220元。

(3) 从农民手中收购大豆1吨，税务机关规定的收购凭证上注明收购款为1 500元。

(4) 从小规模纳税人处购买商品一批，取得增值税专用发票注明价款为30 000元，税款为900元，货款已付，货物未入库，发票已认证。

(5) 购买建材一批用于修缮仓库，增值税专用发票注明价款为20 000元，税款为2 600元。

(6) 零售日用商品，取得含税收入为150 000元。

(7) 将2个月前购入的一批布料捐赠受灾地区，账面成本为20 000元，同类布料不含税销售价格为30 000元。

(8) 外购电脑20台，取得增值税专用发票，每台不含税单价为6 000元。企业将5台电脑用于办公，捐赠希望小学5台，其余10台用于零售，零售价每台为8 000元。

假定相关可抵扣进项税额的发票均经过认证并申报抵扣。

要求：

(1) 计算当期全部可从销项税额中抵扣的增值税进项税额合计数(考虑转出的进项税额)。

(2) 计算当期增值税销项税额。

(3) 计算当期应纳增值税税额。

12. 晶都百货商场为增值税一般纳税人，2022年1月份发生下列涉及增值税的相关业务：

(1) 从小规模生产企业购进商品一批，取得增值税专用发票，注明销售额为800 000元；商场超市从某农场购进新鲜水果，开具收购凭证上注明价款45 600元；从增值税一般纳税人企业购进商品取得增值税专用发票，注明价款180 000元。

(2) 销售货物取得不含税销售收入1 750 000元，其中大米95 000元，鸭蛋102 000元，食用植物油120 200元，新鲜水果90 000元，图书资料90 500元，化妆品130 000元，其余为其他商品。(提示：大米属于粮食，鸭蛋、新鲜水果属于农产品)

(3) 商场为庆祝“五一”国际劳动节，将经销的小家电免费发给员工。小家电的购进成本共计120 000元，零售价共计150 000元；向某福利院赠送童装一批，购进成本为10 000元，零售价为15 000元。

(4) 商场品牌区受托代销(符合税法规定条件)服装，实现本月代销零售收入900 000元。

(5) 有10台上月销售的电视机，因质量问题顾客要求退货，商场已将电视机退回厂家，并取得厂家开具的增值税红字专用发票。经查电视机原不含税售价每台3 000元，原购进不含税价每台2 500元。

要求：

(1) 根据资料(1)计算该商场购进所有商品和新鲜水果可抵扣的增值税进项税额。

(2) 根据资料(2)计算该商场直接收款方式销售货物的增值税销项税额。

(3) 根据资料(3)计算该商场将经销的小家电发给职工的行为应处理的进项税额转出。

(4) 根据资料(3)计算该商场赠送福利院童装的增值税销项税额。

(5) 根据资料(4)计算该商场受托代销服装实现销售收入的增值税销项税额。

(6) 根据资料(5)计算该商场应扣减当期的进项税额和应扣减当期的增值税销项税额。

13. 滨湖市永江木业有限责任公司为增值税一般纳税人，从事木制品加工销售，增值税纳税期限为1个月，会计核算遵循企业会计准则。2022年1月与增值税有关的经济业务如下：

(1) 向某林场购进原木一批，取得专用发票注明价款116万元；委托运输部门将原木从林场运至厂部共支付运费6.8万元，取得防伪税控系统开具的增值税专用发票。购入原木当月已全部领用于产品生产。

(2) 以购进原木为原料加工高档桌椅一批，销售给某商场，取得不含税收入188万元；另外收取地区独家代理费用11.3万元。

(3) 以购进原木为原料加工高档木床一批，销售后取得不含税收入65万元。

(4) 以废弃边角料加工儿童木床一批，销售后取得不含税收入36万元。

(5) 购进集成材料一批验收入库，取得增值税专用发票注明价款21万元。

(6) 月末盘存发现上月自农场购进木材短缺32.79万元(其中包含运费成本2.79万元)，经认定短缺的木材属于非正常损失。

(7) 当月购进电锯一台，取得增值税专用发票注明价款22万元；支付运费1万元，取得防伪税控系统开具的增值税专用发票。

(8) 购进管理部门办公用小汽车一辆，取得增值税专用发票注明价款32万元。

其他资料：本月取得的专用发票均在当月通过认证，无留抵税额，应支付的款项全部以银行存款付讫。

要求：计算该公司当期应纳的增值税税额。

14. 祥源制造厂为增值税一般纳税人，2022年1月发生下列经济业务：

(1) 购进原材料一批，取得增值税专用发票，注明价款为700 000元，增值税额为91 000元。取得增值税专用发票注明运费为20 000元，增值税额为1 800元。增值税专用发票当月通过认证并申报抵扣。企业因资金不足，上述各款项全部尚未支付，材料已验收入库。

(2) 接受某公司无偿捐赠的原材料一批，增值税专用发票上注明的货款为30 000元，增值税额为3 900元，专用发票当月通过认证并申报抵扣。材料已验收入库，并以银行存款支付相关手续费300元。

(3) 基本生产车间委托某机修厂修理设备，以银行存款支出修理费3 000元，增值税额为390元。工厂已收到机修厂开具的增值税专用发票，当月通过认证并申报抵扣。

(4) 购入不需安装的新设备一台，取得的增值税专用发票上注明的价款为20 000元，税额为2 600元，当月通过认证并申报抵扣，款项已用银行存款支付。

(5) 销售产品取得销售额500 000元，按规定收取增值税额为65 000元，开具增值税专用发票，款项已收到存入银行。

(6) 随同产品出售一批单独计价的包装物，开具增值税普通发票一张，金额为1 017元，款项已收到。

(7) 将自产产品对外投资，产品实际成本为65 000元，适用增值税税率为13%，开具增值税专用发票一张，该产品无市场参考价格。

(8) 工厂以自产的一批产品作为福利发放给本厂职工，该批产品实际成本为 60 000 元，市场不含税售价为 66 000 元，适用增值税税率为 13%，未开具发票。

要求：根据上述资料编制祥源制造厂的会计分录。

第三部分 参考答案

一、单项选择题

1. **【答案】**B

【解析】增值税按对外购固定资产处理方式的不同，可划分为生产型增值税、收入型增值税和消费型增值税。生产型增值税是指计算增值税时，不允许扣除任何外购固定资产的价款；收入型增值税是指计算增值税时，对外购固定资产价款只允许扣除当期计入产品价值的折旧费部分；消费型增值税是指计算增值税时，允许将当期购入的固定资产价款一次性全部扣除。

2. **【答案】**D

【解析】选项 D，建筑企业与发包方签订建筑合同后，以内部授权或者三方协议等方式，授权集团内其他纳税人（以下简称"第三方"）为发包方提供建筑服务，并由第三方直接与发包方结算工程款的，由第三方缴纳增值税，与发包方签订建筑合同的建筑企业不缴纳增值税。

3. **【答案】**D

【解析】选项 A，个体工商户如果会计核算健全，能按规定报送有关税务资料，可以办理一般纳税人资格登记。选项 B，纳税人在年应税销售额超过规定标准的月份（或季度）的所属申报期结束后 15 日内按规定办理相关手续；未按规定时限办理的，主管税务机关应当在规定时限结束后 5 日内制作《税务事项通知书》，告知纳税人应当在 5 日内向主管税务机关办理相关手续。选项 C，登记一般纳税人的经营期是指在纳税人存续期内的连续经营期间，含未取得销售收入的月份。

4. **【答案】**B

【解析】混合销售是指同一项销售行为既涉及货物又涉及服务。选项 B，建材商店在销售建材的同时又为其他客户提供装饰服务，货物与服务非同一项销售行为下。

5. **【答案】**C

【解析】小规模纳税人销售不动产（不含个人住房），适用 5%征收率。

6. **【答案】**A

【解析】选项 BCD，均按 13%税率抵扣进项税额。

7. **【答案】**C

【解析】选项 ABD 不属于免征增值税项目。

8. **【答案】**B

【解析】单位或者个体工商户向其他单位或者个人无偿提供服务、转让无形资产或者不动产，视同销售，但用于公益事业或者以社会公众为对象的除外。

9. 【答案】C

【解析】“出口货物零税率”是指对规定的出口货物，在出口环节不征税，并且对该货物在出口前已缴纳的增值税进行退税，使出口货物的整体税负为零。

10. 【答案】A

【解析】选项BD，适用9%的税率。选项C，适用6%的税率。

11. 【答案】D

【解析】选项D属于传统增值税征税范围，应缴纳增值税。

12. 【答案】A

【解析】根据规定，单位或者个体工商户聘用的员工为本单位或者雇主提供交通运输业和部分现代服务业服务，属于非营业活动，不属于应税服务，因此选项BD不属于应税服务。单位和个体工商户向其他单位或者个人无偿提供交通运输业和部分现代服务业服务，视同提供应税服务，但以公益活动为目的或者以社会公众为对象的除外，选项C属于以公益活动为目的的无偿提供，因此不属于应税服务。选项A属于现代服务业应税范围中的文化创意服务。

13. 【答案】B

【解析】小规模纳税人增值税征收率除了3%，还有5%，3%减按2%等。

14. 【答案】A

【解析】境外单位或者个人向境内单位或者个人销售完全在境外发生的服务；向境内单位或者个人销售完全在境外使用的无形资产；向境内单位或者个人出租完全在境外使用的有形动产，都不属于增值税境内销售服务行为。

15. 【答案】A

【解析】计税销售额＝28 250÷(1＋13%)＝25 000(元)。

16. 【答案】D

【解析】纳税人发生视同销售行为的情形，由主管税务机关按照下列顺序核定销售额：①按照纳税人最近时期发生同类应税销售行为的平均价格确定；②按照其他纳税人最近时期发生同类应税销售行为的平均价格确定；③按照组成计税价格确定。服装厂将自产的服装作为福利发给本厂职工属于视同销售，根据上述顺序，计税销售额应为当月同类产品的平均售价18万元。

17. 【答案】A

【解析】销售货物的同时代办保险等而向购买方收取的保险费，以及向购买方收取的代购买方缴纳的车辆购置税、车辆牌照费，不属于价外费用，不计征增值税。

18. 【答案】A

【解析】采取还本销售方式销售货物，其销售额就是货物的销售价格，不得从销售额中扣除还本支出。

19. 【答案】A

【解析】非正常损失的购进货物，进项税额不得抵扣，原已抵扣的进项税额应作转出，原已抵扣的进项税额无法确定的，按照当期实际成本计算应转出的进项税额。应转出的进项税额＝1 000×10×13%＝1 300(元)。

20.【答案】C

【解析】选项A,属于增值税视同销售行为。选项B,自然灾害造成的损失不属于非正常损失,无需作进项税额转出。选项D,一般纳税人发生购货退回,如果取得红字增值税专用发票,应冲减原进项税额,不作转出处理。

21.【答案】D

【解析】用于免税项目的购进货物,进项税额不得抵扣。选项ABC如果符合抵扣条件都可以抵扣。

22.【答案】A

【解析】用于免征增值税项目、个人消费的购进货物、服务;非正常损失的购进货物,进项税额不得抵扣。选项BCD的进项税额均不得抵扣。选项B,属于非正常损失的购进货物。选项C,属于用于免征增值税项目的购进货物。选项D,属于用于个人消费的购进货物。

23.【答案】C

【解析】除金银首饰外的货物以旧换新销售,应按新货物的同期销售价格确定销售额,不得扣减旧货物的收购价格;金银首饰以旧换新业务,按销售方实际收取的不含增值税的价款确认计税销售额。

24.【答案】B

【解析】纳税人为销售货物而出租出借包装物收取的押金,单独记账核算,时间在1年内又未逾期的,不并入销售额征税;但对逾期未收回不再退还的包装物押金,应按所包装货物的适用税率计算增值税。"逾期"是指按合同约定实际逾期或以1年为期限,对收取1年以上的押金,无论是否退还均并入销售额征税。对销售除啤酒、黄酒外的其他酒类产品收取的包装物押金,无论是否返还以及会计上如何核算,均应并入当期销售额征税。

25.【答案】B

【解析】收取的啤酒包装物押金,未逾期,不计征增值税。

销项税额=93 600÷(1+13%)×13%=10 768.14(元)。

26.【答案】C

【解析】上月收购的免税农产品因管理不善腐烂变质属于非正常损失的购进货物,上月购入时已作进项税额计算抵扣,本月发生非正常损失需要作进项税额转出。

转出金额=81 000÷(1−9%)×9%=8 010.99(元)。

27.【答案】D

【解析】实收消费者的加工费应属于含税收入。

销项税额=4 000÷(1+13%)×13%=460.18(元)。

28.【答案】C

【解析】税法规定,折扣销售方式下,如果销售额和折扣额在同一张发票上的"金额"栏中分别注明,可按折扣后的销售额征收增值税;而现金折扣不得从销售额中扣除。

销项税额=20×1 000×70%×9%=1 260.00(元)。

29.【答案】A

【解析】小规模纳税人应缴纳增值税＝(167 800＋80)÷(1＋3%)×3%＝4 889.71(元)。

30.【答案】B

【解析】自2019年10月1日至2022年12月31日，允许生活性服务业纳税人按照当期可抵扣进项税额加计15%，抵减应纳税额。当期计提加计抵减额＝32×15%＝4.8(万元)，当期应纳税额＝86－(32＋4.8＋5)＝44.2(万元)。

31.【答案】A

【解析】增值税一般纳税人将自产的货物无偿赠送他人，增值税视同销售，应计算增值税销项税额，贷记“应交税费——应交增值税(销项税额)”科目。

32.【答案】B

【解析】选项B，纳税人提供不动产租赁服务采取预收款方式的，纳税义务发生时间为收到预收款的当天。

33.【答案】B

【解析】进口货物的增值税由海关征收。

34.【答案】B

【解析】选项A，要看委托方是谁，如果委托方是生产企业，则适用“免抵退税”办法；如果委托方是外贸企业，则适用“免退税”办法。选项CD，适用增值税“免抵退税”办法。

35.【答案】B

【解析】转让金融商品出现的正负差，按盈亏相抵后的余额为销售额。若相抵后出现负差，可结转下一纳税期与下期转让金融商品销售额相抵，但年末时仍出现负差的不得转入下一个会计年度。金融商品转让不得开具增值税专用发票。

36.【答案】D

【解析】2021年4月1日起，对月销售额15万元(含)以下的增值税小规模纳税人，免征增值税。

37.【答案】C

【解析】增值税小规模纳税人实行简易计税方法计税，除特殊规定不得抵扣进项税额，因此其账务处理不会涉及“应交税费——应交增值税(进项税额)”科目。

38.【答案】A

【解析】生产企业出口货物劳务(进料加工复出口货物除外)增值税退(免)税的计税依据，为出口货物劳务的实际离岸价。生产企业进料加工复出口货物增值税退(免)税的计税依据，按出口货物的离岸价扣除出口货物所含的海关保税进口料件的金额后确定。

39.【答案】A

【解析】增值税一般纳税人接受修理修配劳务，取得增值税专用发票，应按专用发票上注明的进项税额，借记“应交税费——应交增值税(进项税额)”科目。

40.【答案】A

【解析】增值税一般纳税人委托加工货物，应按支付的不含税加工费，借记“委托加工物资”科目；按增值税专用发票注明的税额，借记“应交税费——应交增值税(进项税额)”科目；按价税合计金额，贷记“银行存款”“应付账款”等科目。

二、多项选择题

1.【答案】ABC

【解析】增值税的征税范围包括在中国境内销售货物，提供加工修理修配劳务，销售服务、无形资产和不动产以及进口货物。选项D不属于增值税征税范围。

2.【答案】BCD

【解析】年应税销售额超过小规模纳税人规定标准但不经常发生应税行为的单位和个体工商户，以及非企业性单位、不经常发生应税行为的企业，可选择按照小规模纳税人纳税。选项A应当按照一般纳税人纳税。

3.【答案】AC

【解析】增值税纳税人分类的基本依据是纳税人的会计核算是否健全，以及企业规模的大小，衡量企业规模的大小一般以年销售额为依据。

4.【答案】AB

【解析】选项C，水路运输的光租业务属于有形动产租赁，税率为13%。选项D，转让土地使用权，税率为9%。

5.【答案】AD

【解析】选项A，纳税人购进国内旅客运输服务，取得注明旅客身份信息的航空运输电子客票行程单的，航空旅客运输进项税额=(票价+燃油附加费)÷(1+9%)×9%。选项D，纳税人购进用于生产或者委托加工13%税率货物的农产品，按照10%的扣除率计算进项税额。

6.【答案】ABC

【解析】选项D，包装物租金应并入销售额征税。

7.【答案】ABC

【解析】选项D，属于法定免税项目，不征收增值税。

8.【答案】AC

【解析】选项B，批发部门将外购的部分饮料用于职工福利，属于进项税额不得抵扣情形。选项D，不属于增值税征税范围。

9.【答案】ABC

【解析】选项D，不属于免税项目，应征收增值税。

10.【答案】AB

【解析】选项C，航空运输的湿租业务，属于航空运输服务。选项D，水路运输的程租业务，属于水路运输服务。

11.【答案】BC

【解析】选项A，外购的生产性固定资产，可作进项税额抵扣。选项D，外购货物用于无偿赠送他人，属于增值税视同销售行为。

12.【答案】ABCD

【解析】选项AD，委托加工白酒收回后直接销售，饮食业对外销售非现场消费的食品，都属于销售货物，应征收增值税。选项B，钟表眼镜店为顾客修理眼镜，属于提供加工修理修配劳务，应征收增值税。选项C，企业变卖厂房，属于转让不动产，应征收增值税。

13. 【答案】ABCD

【解析】下列项目不属于价外费用：(1)收取的增值税税额。(2)受托加工应征消费税的消费品所代收代缴的消费税。(3)同时符合以下条件代为收取的政府性基金或者行政事业性收费：①由国务院或财政部批准设立的政府性基金，由国务院或者省级人民政府及其财政、价格主管部门批准设立的行政事业性收费；②收取时开具省级以上财政部门印制的财政票据；③所收款项全额上缴财政。(4)以委托方名义开具发票代委托方收取的款项。(5)销售货物的同时代办保险等而向购买方收取的保险费、向购买方收取的代购买方缴纳的车辆购置税、车辆牌照费。

14. 【答案】ABC

【解析】选项D，单位或个体工商户聘用的员工为本单位或雇主提供加工、修理修配劳务不征增值税。

15. 【答案】AB

【解析】对销售除啤酒、黄酒以外的其他酒类产品而收取的包装物押金，无论是否返还、会计上如何核算，均应并入当期销售额计征增值税。

16. 【答案】BCD

【解析】纳税人视同销售的销售额，由主管税务机关按照下列顺序核定销售额：①按照纳税人最近时期发生同类应税销售行为的平均价格确定；②按照其他纳税人最近时期发生同类应税销售行为的平均价格确定；③按照组成计税价格确定。

17. 【答案】ABC

【解析】乙企业用自产的产品抵顶甲企业货款，甲企业应作购货处理，并按规定计算进项税额；乙企业应作销售处理，并按规定计算销项税额。

18. 【答案】ABC

【解析】纳税人为销售货物而出租出借包装物收取的押金，单独记账核算，时间在1年内又未逾期的，不并入销售额征税；但对逾期未收回不再退还的包装物押金，应按所包装货物的适用税率计算增值税。“逾期”是指按合同约定实际逾期或以1年为期限，对收取1年以上的押金，无论是否退还均并入销售额征税。对销售除啤酒、黄酒外的其他酒类产品收取的包装物押金，无论是否返还以及会计上如何核算，均应并入当期销售额征税。

19. 【答案】AB

【解析】选项C，一般纳税人提供客运场站服务，以其取得的全部价款和价外费用，扣除支付给承运方运费后的余额为销售额。选项D，以提供贷款服务取得的全部利息及利息性质的收入为销售额。证券公司、保险公司、金融租赁公司、证券基金管理公司、证券投资基金以及其他经中国人民银行、银监会、证监会、保监会批准成立且经营金融保险业务的机构发放贷款后，自结息日起90天内发生的应收未收利息按现行规定缴纳增值税，自结息日起90天后发生的应收未收利息暂不缴纳增值税，待实际收到利息时按规定缴纳增值税。

20. 【答案】ABC

【解析】选项D,进料加工复出口的货物,适用增值税免税并退税的政策。

21.【答案】AB

【解析】选项CD,纳税人购进货物用于分配给股东以及无偿赠送给他人,视同销售,应计算增值税销项税额,记入“应交税费——应交增值税(销项税额)”科目。

22.【答案】ABC

【解析】增值税一般纳税人以自产货物对外投资,增值税视同销售,增值税销项税额=120 000×13%=15 600(元);核算时应按照价税合计金额,借记“长期股权投资”科目,按照不含税金额,贷记“主营业务收入”“其他业务收入”等科目,按照增值税销项税额,贷记“应交税费——应交增值税(销项税额)”科目,同时结转成本。

23.【答案】AD

【解析】选项B,增值税小规模纳税人适用简易计税方法计税,除特殊规定,不得作进项税额抵扣。选项C,增值税小规模纳税人销售业务应按规定确认增值税税额,记入“应交税费——应交增值税”科目。

三、判断题

1.【答案】√

【解析】消费型增值税允许企业凭固定资产的外购发票,将购入固定资产所含税额进行抵扣;而生产型增值税则不允许抵扣。

2.【答案】×

【解析】一般纳税人的税率除了基本税率13%和零税率以外,还有低税率9%,较低税率6%,一共为四档税率。

3.【答案】×

【解析】增值税纳税人分类的基本依据是纳税人的会计核算是否健全以及企业规模的大小,衡量企业规模的大小一般以年销售额为依据。年不含税销售额在500万元以下,从事货物生产的纳税人,如果会计核算健全,也可以被认定为一般纳税人。

4.【答案】√

【解析】根据《增值税暂行条例》的规定,在中华人民共和国境内(以下简称境内)销售货物或者提供加工、修理修配劳务(以下简称劳务),销售服务、无形资产或者不动产,以及进口货物的单位和个人,为增值税的纳税人。

5.【答案】√

6.【答案】×

【解析】办理一般纳税人资格认定主要依据年应税销售额以及会计核算水平,如果个体工商户满足办理条件,也可以办理。

7.【答案】√

8.【答案】×

【解析】一般纳税人从农业生产者取得(开具)农产品销售发票或收购发票的,以农产品销售发票或收购发票上注明的农产品买价和9%的扣除率计算进项税额。

9.【答案】×

【解析】小规模纳税人的征收率除了3%以外，还有5%、3%减按2%等。

10.【答案】√

【解析】增值税是价外税，一般纳税人与小规模纳税人的计税依据都是不含增值税的销售额。

11.【答案】×

【解析】增值税虽然是向纳税人征收，但是纳税人在销售商品的过程中会通过价格杠杆将税收负担转嫁给其他人，只要商品实现销售，该税收负担最后会由最终消费者承担。

12.【答案】×

【解析】混合销售行为是指一项销售行为既涉及货物又涉及服务，货物和服务之间具有直接紧密的连带从属关系。

13.【答案】×

【解析】增值税是间接税，具有税款转嫁特点，税款由购买方承担。

14.【答案】×

【解析】并非所有的进项税额都可以从销项税额中抵扣，税法规定了可以抵扣和不可抵扣的情形，进项税额抵扣一般分凭票抵扣和计算抵扣两种情况，符合税法规定的抵扣情形才可以抵扣。

15.【答案】√

16.【答案】×

【解析】纳税人代收的运费，如果以委托方名义开具发票不视为价外费用。

17.【答案】×

【解析】商业企业采取分期付款方式购进货物的，销售方先全额开具增值税专用发票，以发票全额申报抵扣进项税额。

18.【答案】×

【解析】在折扣销售方式下，如果销售额和折扣额在同一张发票上的“金额”栏中分别注明，可按折扣后的销售额征收增值税；仅在发票“备注”栏中注明折扣额的，折扣额不得从销售额中扣除。如果对折扣额另开发票，不论其在财务上如何处理，均不得从销售额中减除折扣额。

19.【答案】√

20.【答案】×

【解析】销售汽车的同时向购买方收取的代购买方缴纳的车辆购置税、车辆牌照费，不属于价外费用，不应并入销售额计算应纳税额。

21.【答案】×

【解析】现金折扣是指销售方在发生应税销售行为后，为鼓励购买方及早偿还货款而给予的价格优惠。由于现金折扣发生在应税销售行为之后，是一种融资性质的理财费用，因此现金折扣不得从销售额中扣除。

22.【答案】√

【解析】除金银首饰外的货物以旧换新销售，应按新货物的同期销售价格确定销售额，不得扣减旧货物的收购价格。

23.【答案】×

【解析】乙企业按合同规定向甲收取违约金属于价外费用,应按规定计征增值税。

24.【答案】√

25.【答案】√

【解析】还本销售是指销售方将货物出售后,按约定时间一次或分次将购货款部分或全部退还给购买方的一种销售方式。这种方式实际上是一种筹资行为,是以货物换取资金的使用价值。采取还本销售方式销售货物,其销售额就是货物的销售价格,不得从销售额中扣除还本支出。

26.【答案】√

【解析】以物易物双方均应作购销处理,以各自发出的应税销售行为核算销售额并计算销项税额,以各自收到的货物、劳务、服务、无形资产、不动产按规定核算购进金额并计算进项税额。在以物易物活动中,应分别开具合法的票据,如果未取得增值税专用发票或其他合法票据,不得抵扣相应的进项税额。

27.【答案】×

【解析】出租车公司向使用本公司自有出租车的出租车司机收取的管理费用,按陆路运输服务征收增值税。

28.【答案】×

【解析】增值税一般纳税人购进的贷款服务、餐饮服务、居民日常服务和娱乐服务,不得抵扣进项税额。

29.【答案】√

30.【答案】√

【解析】实物折扣不得从应税销售行为的销售额中减除,应按"视同销售货物"中的"赠送他人"计征增值税。

31.【答案】×

【解析】按照税法的规定,小规模纳税人购进货物(除购进税控收款机外)不论是否取得增值税专用发票,都不能抵扣进项税额。

32.【答案】×

【解析】进口货物纳税义务发生的时间为报关进口的当天。

33.【答案】×

【解析】纳税人以 1 个月或 1 个季度为纳税期的,自期满之日起 15 日内申报纳税,不包括 15 日的纳税期。

34.【答案】√

35.【答案】√

36.【答案】×

【解析】包装物随同产品销售单独计价时,其销售额应记入"其他业务收入"科目。

37.【答案】√

38.【答案】√

四、业务题

1. **【答案】**

(1) 进口环节向海关缴纳的增值税=(2 000 000+400 000)×13%=312 000(元)

(2) 国内销售环节,凭海关开具的增值税专用缴款书和货物运输业专用发票作进项税额抵扣:

当月进项税额=312 000+180=312 180(元)

(3) 当月销项税额=3 500 000×13%=455 000(元)

(4) 当月应纳增值税额=455 000−312 180=142 820(元)

2. **【答案】**

销售额=600 000+100 000×(1+5%)÷(1−15%)

=600 000+123 529.41=723 529.41(元)

3. **【答案】**

甲企业此项业务的计税销售额=5 000×80%×80=320 000(元)

4. **【答案】**

赠送液晶电视的销售额=10×5 000=50 000(元)

赠送新型空调的销售额=5×8 000×(1+10%)=44 000(元)

合计销售额=50 000+44 000=94 000(元)

5. **【答案】**

向团购客户销售的销售额=150×50÷(1+13%)×90%=5 973.45(元)

向零售客户销售的销售额=580×(50+3)÷(1+13%)=27 203.54(元)

合计销售额=5 973.45+27 203.54=33 176.99(元)

6. **【答案】**

销售白酒的销售额=(50 000+3 000)÷(1+13%)=46 902.65(元)

销售啤酒的销售额=20 000(元)

合计销售额=46 902.65+20 000=66 902.65(元)

7. **【答案】**

(1) 销售机器增值税销项税额=1 300+226÷(1+13%)×13%=1 326(元)

(2) 销售货物增值税销项税额=[200+180+(200+180)÷2]×2 000×13%

=148 200(元)

(3) 该批外套增值税销项税额=300×600×(1+10%)×13%=25 740(元)

(4) 当月的增值税销项税额=1 326+148 200+25 740=175 266(元)

8. **【答案】**

(1) 外购货物可以抵扣的进项税额=24−24×1/4=24−6=18(万元)

(2) 销售货物可以抵扣的进项税额=20−20×300÷(700+300)=14(万元)

(3) 当月可以抵扣的进项税额=18+14=32(万元)

9. **【答案】**

(1) 销售A产品的销项税额=50×8 000×13%=52 000(元)

(2) B产品视同销售的销项税额=20×6 000×(1+10%)×13%=17 160(元)

(3) 内部职工福利领用甲材料转出进项税额=50×1 000×13%=6 500(元)

(4) 免征增值税项目领用甲材料转出进项税额=50×200×13%=1 300(元)

(5) 丢失乙材料转出进项税额=20×800×13%=2 080(元)

当月销项税额=52 000+17 160=69 160(元)

当月可抵扣进项税额=70 000-(6 500+1 300+2 080)=60 120(元)

当月应纳增值税税额=69 160-60 120=9 040(元)

10. **【答案】**

(1) 进项税额=2.99+0.27=3.26(万元)

(2) 进项税额=1.04(万元)

(3) 进项税额=42×9%=3.78(万元)

(4) 销项税额=42×13%=5.46(万元)

当期销项税额=5.46(万元)

当期进项税额=3.26+1.04+3.78=8.08(万元)

当期应纳增值税税额=5.46-8.08-0.5=-3.12(万元)

期末留抵的进项税额是 3.12 万元

11. **【答案】**

(1) 进项税额=1 300(元)

(2) 进项税额转出=5 220÷(1-9%)×9%=516.26(元)

(3) 进项税额=1 500×9%=135(元)

(4) 进项税额=900(元)

(5) 进项税额=2 600(元)

(6) 销项税额=150 000÷(1+13%)×13%=17 256.64(元)

(7) 视同销售的销项税额=30 000×13%=3 900(元)

(8) 进项税额=6 000×20×13%=15 600(元)

销项税额=[8 000×(10+5)÷(1+13%)]×13%=13 805.31(元)

当期进项税额=1 300+135+900+2 600+15 600-516.26=20 018.74(元)

当期销项税额=17 256.64+3 900+13 805.31=34 961.95(元)

当期应纳增值税税额=34 961.95-20 018.74-2 000=12 943.21(元)

12. **【答案】**

(1) 购进商品可抵扣的进项税额=800 000×3%+45 600×9%+180 000×13%

=24 000+4 104+23 400=51 504(元)

(2) 直接销售货物的销项税额=497 700×9%+(1 750 000-497 700)×13%

=44 793+162 799=207 592(元)

(3) 购进的货物用于集体福利属于进项税额不得抵扣情形,因此已经抵扣的进项税额要做进项税额转出处理:

进项税额转出=120 000×13%=15 600(元)

(4) 将购进的货物用于捐赠属于增值税视同销售行为,有售价按售价计算销项税额:

销项税额=15 000÷(1+13%)×13%=1 725.66(元)

(5) 销项税额＝ 900 000÷(1＋13％)×13％＝103 539.82(元)

(6) 应扣减当期的进项税额＝2 500×10×13％＝3 250(元)

应扣减当期的销项税额＝3 000×10×13％＝3 900(元)

13.**【答案】**

(1) 进项税额＝116×10％＋6.8×9％＝11.6＋0.612＝12.21(万元)

(2) 销项税额＝188×13％＋11.3÷(1＋13％)×13％＝25.74(万元)

(3) 销项税额＝65×13％＝8.45(万元)

(4) 销项税额＝36×13％＝4.68(万元)

(5) 进项税额＝21×13％＝2.73(万元)

(6) 进项税额转出＝30÷(1－10％)×10％＋2.79×9％＝3.33＋0.25＝3.58(万元)

(7) 进项税额＝22×13％＋1×9％＝2.95(万元)

(8) 进项税额＝32×13％＝4.16(万元)

当期销项税额＝25.74＋8.45＋4.68＝38.87(万元)

当期进项税额＝12.21＋2.73＋2.95＋4.16＝ 22.05(万元)

进项税额转出＝3.58(万元)

应纳增值税税额＝38.87－(22.05－3.58)＝20.4(万元)

14.**【答案】**

(1) 进项税额＝91 000＋1 800＝92 800(元)

借：原材料	720 000	
应交税费——应交增值税(进项税额)	92 800	
贷：应付账款		812 800

(2) 借：原材料	30 300	
应交税费——应交增值税(进项税额)	3 900	
贷：营业外收入		33 900
银行存款		300

(3) 借：制造费用	3 000	
应交税费——应交增值税(进项税额)	390	
贷：银行存款		3 390

(4) 借：固定资产	20 000	
应交税费——应交增值税(进项税额)	2 600	
贷：银行存款		22 600

(5) 借：银行存款	565 000	
贷：主营业务收入		500 000
应交税费——应交增值税(销项税额)		65 000

(6) 销项税额＝1 017÷(1＋13％)×13％＝117(元)

借：银行存款	1 017	
贷：其他业务收入		900
应交税费——应交增值税(销项税额)		117

(7) 销项税额＝65 000×(1＋10%)×13%＝9 295(元)

借：长期股权投资	80 795	
贷：主营业务收入		71 500
应交税费——应交增值税(销项税额)		9 295
借：主营业务成本	65 000	
贷：库存商品		65 000

(8) 销项税额＝66 000×13%＝8 580(元)

借：应付职工薪酬	74 580	
贷：主营业务收入		66 000
应交税费——应交增值税(销项税额)		8 580
借：主营业务成本	60 000	
贷：库存商品		60 000

第三章　消费税会计

第一部分　内容概要

一、消费税认知

（一）消费税的概念

消费税是对在我国境内从事生产、委托加工和进口应税消费品的单位和个人，就其销售额或销售数量，在特定环节征收的一种税。

（二）消费税的纳税人

消费税的纳税人是指在我国境内生产、委托加工、进口应税消费品的单位和个人。自2009年1月1日起，增加了国务院确定的销售应税消费品的其他单位和个人，即在我国境内从事金银首饰、钻石饰品零售的单位和个人。自2009年5月1日起，对卷烟在批发环节加征一道消费税，自2016年起对超豪华小汽车在零售环节加征一道消费税，因此，从事卷烟批发、超豪华小汽车零售的单位和个人也是消费税的纳税义务人。

（三）增值税的征税范围

我国现行消费税征税对象有15个税目：烟、酒、高档化妆品、贵重首饰及珠宝玉石、鞭炮焰火、成品油、摩托车、小汽车、高尔夫球及球具、高档手表、游艇、木制一次性筷子、实木地板、电池、涂料。

（四）消费税税率

我国现行消费税税率有比例税率、定额税率和复合税率三种。适用定额税率的税目有：啤酒、黄酒、成品油；适用复合税率的税目有：卷烟、白酒，其余税目适用比例税率。

二、消费税应纳税额的计算

（一）生产环节应纳税额的计算

1. 自产销售应税消费品应纳税额计算

自产销售应税消费品消费税计算方法汇总，如表3-1所示。

表3-1　　自产销售应税消费品消费税计算方法汇总

计税方法	公式	适用范围
从价定率	应纳税额＝销售额×比例税率	适用从量定额、复合计税外的其他税目
从量定额	应纳税额＝销售数量×单位税额	啤酒、黄酒、成品油
复合计税	应纳税额＝销售数量×定额税率＋销售额×比例税率	白酒、卷烟

2. 自产自用应税消费品应纳税额计算

（1）自产自用应税消费品的规定。自产自用是指纳税人生产应税消费品后，不是直接用于对外销售,而是用于连续生产应税消费品或用于其他方面,用于其他方面是指:①用于连续生产非应税消费品;②用于在建工程、管理部门、非生产机构;③用于馈赠、赞助、集资、广告、样品、职工福利、奖励等方面。

(2) 自产自用应税消费品应纳税额计算。有同类消费品销售价格的,按照纳税人生产的同类消费品销售价格计征消费税。同类消费品销售价格是指纳税人当月销售的同类消费品的销售价格。没有同类消费品销售价格的,按组成计税价格计征消费税。具体内容如表3-2 所示。

表 3-2　　自产自用应税消费品消费税计算方法汇总

计税方式	应纳消费税税额计算公式
从价定率	组成计税价格 $=\dfrac{\text{成本}\times(1+\text{成本利润率})}{1-\text{消费税适用税率}}$ 应纳税额=组成计税价格×比例税率
从量定额	应纳税额=移送使用数量×定额税率
复合计税	组成计税价格 $=\dfrac{\text{成本}+\text{利润}+\text{自产自用数量}\times\text{定额税率}}{1-\text{比例税率}}$ 应纳税额=组成计税价格×比例税率+自产自用数量×定额税率

(二) 委托加工环节应纳税额计算

1. 加工应税消费品的确定

作为委托加工应税消费品必须具备两个条件:①由委托方提供原料和主要材料;②受托方只收取加工费和代垫部分辅助材料。

2. 加工应税消费品应纳消费税税额计算

委托加工的应税消费品,按照受托方的同类应税消费品的销售价格计算缴纳消费税;没有同类应税消费品销售价格的,按照组成计税价格计算缴纳消费税,不同计税方法下,委托加工业务消费税的计算公式如表 3-3 所示。

表 3-3　　委托加工应税消费品消费税计算方法汇总

计税方式	应纳消费税税额计算公式
从价定率	① 受托方有同类消费品销售价格的: 应纳税额=同类消费品单位销售价格×委托加工数量×消费税比例税率 ② 受托方没有同类消费品销售价格的: 应纳税额=组成计税价格×消费税比例税率 组成计税价格 $=\dfrac{\text{材料成本}+\text{加工费}}{1-\text{消费税比例税率}}$
从量定额	应纳税额=委托加工数量×定额税率
复合计税	① 受托方有同类消费品销售价格的: 应纳税额=同类消费品销售价格×比例税率+委托加工数量×定额税率 ② 受托方没有同类消费品销售价格的: 应纳税额=组成计税价格×比例税率+委托加工数量×定额税率 组成计税价格 $=\dfrac{\text{材料成本}+\text{加工费}+\text{委托加工数量}\times\text{定额税率}}{1-\text{消费税比例税率}}$

（三）进口环节应纳税额计算

纳税人进口应税消费品，按照组成计税价格和规定的税率计算应纳税额，组成计算价格包括关税完税价格、关税和消费税三部分。进口应税消费品于报关进口时由海关代征消费税，具体计算公式如表 3-4 所示。

表 3-4　　进口应税消费品消费税计算方法汇总

计税方式	应纳消费税税额计算公式
从价定率	组成计税价格$=\dfrac{\text{关税完税价格}+\text{关税}}{1-\text{消费税比例税率}}$ 应纳税额＝组成计税价格×消费税比例税率
从量定额	应纳税额＝进口数量×定额税率
复合计税	组成计税价格$=\dfrac{\text{关税完税价格}+\text{关税}+\text{进口数量}\times\text{定额税率}}{1-\text{消费税比例税率}}$ 应纳税额＝组成计税价格×比例税率＋进口数量×定额税率

（四）批发环节应纳税额计算

批发环节的应税消费品特指卷烟，在我国境内从事卷烟批发业务的单位和个人，应就其批发销售的所有牌号、规格的卷烟，自 2015 年 5 月 10 日起，按 11%的比例税率、每支 0.005元的定额税率双重计征消费税。

（五）零售环节应纳税额计算

金银首饰、钻石及钻石饰品在零售环节征收消费税。“金银首饰”特指金、银和金基、银基合金首饰，以及金、银和金基、银基合金的镶嵌首饰。

超豪华小汽车零售环节的纳税人为将超豪华小汽车销售给消费者的单位和个人。对超豪华小汽车，除在生产（进口）环节按现行税率征收消费税外，还应在零售环节加征消费税，税率为 10%。其在零售环节消费税应纳税额的计算公式为：

$$\text{应纳税额} = \text{零售环节销售额（不含增值税）} \times \text{零售环节税率}$$

国内汽车生产企业直接销售给消费者的超豪华小汽车，消费税税率按照生产环节税率和零售环节税率加总计算。消费税应纳税额计算公式为：

$$\text{应纳税额} = \text{销售额} \times (\text{生产环节税率} + \text{零售环节税率})$$

三、消费税的会计核算

（一）消费税会计科目设置

企业在计算和缴纳消费税时，应设置“应交税费——应交消费税”科目。该科目贷方发生额记载企业因生产和进口应税消费品而应缴纳的消费税税额；借方发生额记载企业实际缴纳的消费税税额和待抵扣的消费税税额。期末贷方余额反映企业尚未缴纳的消费税，期末借方余额反映企业多缴或待抵扣的消费税。

（二）消费税的会计核算

1. 生产环节应纳税额的会计核算

企业生产出应税消费品对外销售，应缴纳的消费税通过“税金及附加”科目核算。企业按规定计算出应缴纳的消费税，借记“税金及附加”科目，贷记“应交税费——应交消费税”科目。

企业将应税消费品用于本企业连续生产非应税消费品、在建工程、管理部门、非生产机构、提供劳务、馈赠、赞助、集资、广告、样品、职工福利、奖励等方面，按规定缴纳的消费税，借记“长期股权投资”“营业外支出”“应付职工薪酬”“管理费用”“生产成本”等科目，贷记“应交税费——应交消费税”科目。

2. 委托加工应税消费品的会计核算

(1) 受托方的会计核算。企业委托加工应税消费品，由受托方代收代缴消费税。受托方按代收税款，借记“应收账款”“银行存款”等科目，贷记“应交税费——应交消费税”科目。

(2) 委托方的会计核算。委托加工收回后用于直接销售的应税消费品，不再征收消费税，由受托方代收的消费税随同应支付的加工费，一并计入委托加工应税消费品的成本，即借记“委托加工物资”，贷记“应付账款”“银行存款”等科目。

若委托方将委托加工的应税消费品加工收回后用于出售，其销售价格高于受托方的计税价格时，委托方须按照规定申报缴纳消费税，在计税时准予扣除受托方已代收代缴的消费税。因此，对于受托方代收代缴的消费税，委托方借记“应交税费——应交消费税”科目，贷记“银行存款”科目。

委托加工的应税消费品收回后用于连续生产应税消费品的，由受托方代收代缴的消费税准予按规定抵扣，委托方应借记“应交税费——应交消费税”，贷记“应付账款”“银行存款”等科目。

3. 进口应税消费品的会计核算

对于进口的应税消费品，应在进口报关时计算征收消费税。对于将进口的应税消费品用于直接销售的，其在进口环节应纳的消费税，应计入进口消费品的成本中，即借记“固定资产”“在途物资”“库存商品”等科目，贷记“应付账款”“银行存款”等科目。

四、消费税的征收管理

(1) 消费税的纳税义务发生时间。纳税人生产的应税消费品于销售时纳税，进口消费品应当于应税消费品报关进口环节纳税，但金银首饰、钻石及钻石饰品在零售环节纳税。消费税纳税义务发生的时间，以货款结算方式或行为发生时间分别确定。

(2) 消费税的纳税地点。纳税人销售的应税消费品，以及自产自用的应税消费品，除国务院财政、税务主管部门另有规定外，应当向纳税人机构所在地或者居住地的主管税务机关申报纳税；委托加工的应税消费品，除受托方为个人外，由受托方向机构所在地或者居住地的主管税务机关解缴消费税税款；进口的应税消费品，由进口人或者其代理人向报关地海关申报纳税。

(3) 消费税的纳税期限。消费税的纳税期限分别为 1 日、3 日、5 日、10 日、15 日、1 个月或者 1 个季度。不能按照固定期限纳税的，可以按次纳税。纳税人以 1 个月或以 1 个季度为一期纳税的，自期满之日起 15 日内申报纳税；以 1 日、3 日、5 日、10 日或者 15 日为一期纳税的，自期满之日起 5 日内预交税款，于次月 1 日起至 15 日内申报纳税并结清上月应纳税款。纳税人进口应税消费品，应当自海关填发海关进口消费税专用缴款书之日起 15 日内缴纳税款。

第二部分 练 习 题

一、单项选择题

1. 下列单位中不属于消费税纳税人的是(　　)。

A. 生产销售应税消费品(金银首饰除外)的单位

B. 委托加工应税消费品的单位

C. 进口应税消费品的单位

D. 受托加工应税消费品(非金银首饰)的单位

2. 依据消费税法律制度规定,下列行为中应缴纳消费税的是(　　)。

A. 进口卷烟　　B. 进口服装

C. 零售实木地板　　D. 零售白酒

3. 根据消费税法律制度规定,下列各项中,既要缴纳增值税又要缴纳消费税的是(　　)。

A. 商场销售卷烟　　B. 商场销售白酒

C. 商场销售金银首饰　　D. 商场销售高档化妆品

4. 下列关于消费税税率的说法,不正确的是(　　)。

A. 黄酒、啤酒采用定额税率形式

B. 纳税人将应税消费品与非应税消费品组成套装消费品销售的,应分别核算其销售额和销售量,分别计征消费税

C. 自 2015 年 5 月 10 日起,将卷烟批发环节从价税税率由 5%提高至 11%,并按 0.005元/支加征从量税

D. 非标准条包装卷烟应当折算成标准条包装卷烟的数量,以其实际销售收入计算确定其折算成标准条包装后的实际销售价格,并确定适用的比例税率

5. 下列各项中,进口时从量计征消费税的是(　　)。

A. 葡萄酒　　B. 啤酒

C. 小汽车　　D. 摄像机

6. 下列行为中,既不缴纳增值税也不缴纳消费税的是(　　)。

A. 卷烟厂将自产的卷烟赠送给协作单位

B. 酒厂将自产的酒精移送用于继续生产白酒

C. 地板厂将生产的新型实木地板奖励给有突出贡献的职工

D. 汽车厂将自产的应税小汽车赞助给某艺术节组委会

7. 某化妆品厂将其生产的口红与普通洗发水组成成套礼盒出售,口红不含税售价为 160 元,洗发水不含税售价为 40 元;成套礼盒不含税售价为每套 200 元,当期化妆品厂总共销售该成套礼盒 1 000 套,已知化妆品消费税税率为 15%。则该业务应缴纳消费税为(　　)元。

A. 48　　B. 60

C. 48 000　　D. 30 000

8. 某烟草公司2022年2月份进口400标准箱卷烟,关税完税价格合计为600万元,进口关税180万元,则进口卷烟消费税适用的比例税率为(　　)。

A. 5%　　B. 30%

C. 36%　　D. 56%

9. 某啤酒厂为增值税一般纳税人,2022年2月份销售自产的啤酒200吨,每吨啤酒价税合计销售额为3 100元,另每吨啤酒收取包装物押金234元,当月包装物押金未逾期。则该业务应缴纳消费税为(　　)元。

A. 44 000　　B. 50 000

C. 88 000　　D. 100 000

10. 某高尔夫球具厂为增值税一般纳税人,下设一非独立核算的门市部,2022年1月该厂将自产的一批成本价70万元的高尔夫球具移送至门市部,门市部将其中的80%对外销售,取得含税销售额74.58万元。高尔夫球具的消费税税率为10%,成本利润率为10%,该项业务应缴纳的消费税税额为(　　)万元。

A. 5.13　　B. 6.00

C. 6.60　　D. 7.72

11. 某酒厂为增值税一般纳税人,2022年2月生产白酒共300千克,当月共销售200千克,每千克售价为400元(不含增值税);销售白酒的同时向购货方价外收取了品牌使用费1 100元、包装物押金260元。则该酒厂当月应缴纳消费税税额为(　　)元。

A. 16 240　　B. 16 440.71

C. 16 480.8　　D. 24 540

12. 某百货公司为增值税一般纳税人,2022年2月直接零售金首饰3 000克,每克零售价200元;采取以旧换新方式销售金首饰600克,收回旧首饰200克,收取差价80 000元,并收取旧首饰折价补偿20元/克。该黄金饰品部当月应缴纳消费税税额为(　　)元。

A. 29 059.82　　B. 29 230.77

C. 30 265.49　　D. 30 940.17

13. 某啤酒厂既生产甲类啤酒也生产乙类啤酒。2022年"5·1"劳动节促销期间,直接销售甲类啤酒200吨取得收入80万元,直接销售乙类啤酒300吨,取得收入75万元,销售甲类啤酒和乙类啤酒礼品盒取得收入12万元(内含甲类啤酒和乙类啤酒各18吨),上述收入均不含增值税。该企业应纳的消费税税额为(　　)万元。

A. 12.45　　B. 12.50

C. 12.60　　D. 12.65

14. 某企业将生产的100套成套化妆品作为福利发给本厂职工,该成套化妆品无同类产品销售价格,其生产成本为每套350元。国家税务总局核定的该产品的成本利润率为5%,则该业务应缴纳消费税税额为(　　)元。

A. 10 500.00　　B. 6 025.00

C. 5 000.00　　D. 6 485.29

15. 甲企业委托乙企业加工一批实木地板,甲企业提供原材料的实际成本为7 000元,另支付乙企业加工费2 500元(不含税),其中包括乙企业代垫的辅助材料价款500元(不含税)。已知实木地板消费税税率为5%,乙企业无同类实木地板的销售价格。则该业务中,乙企业应代收代缴消费税税额为(　　)元。

A. 473.68　　B. 475.00

C. 500.00　　D. 550.00

16. 甲企业为增值税小规模纳税人,2022年1月接受乙卷烟厂委托加工烟丝。乙卷烟厂提供烟叶的成本为49 000元(不含税),另支付甲企业代垫辅助材料费以及加工费,取得普通发票注明价款为7 210元(含税)。已知甲企业无同类烟丝销售价格,成本利润率为5%,烟丝消费税税率为30%。根据上述业务,下列说法正确的是(　　)。

A. 甲企业应缴纳消费税为25 200元,应代收代缴增值税210元

B. 甲企业应缴纳消费税24 000元,应缴纳增值税216.3元

C. 甲企业应代收代缴消费税24 000元,应缴纳增值税210元

D. 甲企业应代收代缴消费税24 090元,应缴纳增值税2 400元

17. 根据消费税相关法律规定,下列说法不正确的是(　　)。

A. 凡是征收消费税的消费品一般都征收增值税

B. 凡是征收增值税的货物都征收消费税

C. 应税消费品征收增值税的,其税基含有消费税

D. 应税消费品征收消费税的,其税基不含有增值税

18. 某商贸企业从国外进口一辆中轻型商务用车,作为企业班车,海关审定的关税完税价格为18万元,关税税率为30%,消费税税率为5%。该商贸企业进口商务用车应纳进口环节税金合计为(　　)万元。

A. 9.36　　B. 9.38

C. 9.83　　D. 13.28

19. 纳税人采取以旧换新方式销售金银首饰,应按照(　　)确定销售额。

A. 旧金银首饰的同期销售价格　　B. 新金银首饰的同期销售价格

C. 新金银首饰与旧金银首饰价格的差额　　D. 组成计税价格

20. 企业生产的下列消费品,无须缴纳消费税的是(　　)。

A. 地板企业生产用于装修本企业办公室的实木地板

B. 汽车企业生产用于本企业管理部门的轿车

C. 化妆品企业生产用于交易会样品的高档化妆品

D. 卷烟企业生产用于连续生产卷烟的烟丝

21. 关于现行消费税的纳税地点,下列说法不正确的是(　　)。

A. 纳税人销售应税消费品,一般应当向纳税人机构所在地的主管税务机关申报纳税

B. 卷烟批发企业,总分机构不在同一地区的,应在各分支机构所在地申报纳税

C. 纳税人到外县(市)销售应税消费品的,于应税消费品销售后,向机构所在地或者居住地主管税务机关申报纳税

D. 委托加工的应税消费品,受托方为企业等单位的,由受托方向所在地主管税务机关申报缴纳消费税

22. 下列各项中,符合消费税纳税义务发生时间规定的是(　　)。

A. 进口的应税消费品，为取得进口货物的当天

B. 自产自用的应税消费品，为移送使用的当天

C. 委托加工的应税消费品，为支付加工费的当天

D. 采取预收货款结算方式的，为收到预收款的当天

23. 某外贸公司从境外进口一吨白酒，支付买价为100万元，运输费用为1万元，保险费0.3万元。假设关税税率为40%，则该公司应缴纳消费税（　　）万元。

A. 34.76　　B. 35.58

C. 37.58　　D. 42.38

24. 企业收回委托加工应税消费品用于直接销售的，其支付的消费税，应当记入（　　）科目借方。

A. “委托加工物资”　　B. “应交税费——应交消费税”

C. “待摊费用——待转消费税”　　D. “原材料”

25. 某生产企业生产销售镀金包金首饰，其包装物单独计价核算，取得的包装物收入应交纳的消费税，正确的会计处理是记入（　　）科目借方。

A. “生产成本”　　B. “税金及附加”

C. “其他业务支出”　　D. “销售费用”

二、多项选择题

1. 根据消费税相关法律规定，下列业务中应当征收消费税的有（　　）。

A. 卷烟厂将自产卷烟用于馈赠

B. 日化厂将自产的高档化妆品用于分配利润

C. 汽车厂将自产的小汽车用于赞助

D. 珠宝店进口钻石饰品

2. 纳税人销售应税消费品收取的下列款项，应计入消费税计税依据的有（　　）。

A. 集资款　　B. 增值税销项税额

C. 未逾期的啤酒包装物押金　　D. 白酒品牌使用费

3. 纳税人销售应税消费品向购买方收取的下列各项费用，应计入销售额征收消费税的有（　　）。

A. 手续费　　B. 优质费

C. 储备费　　D. 违约金

4. 下列行为中，既缴纳增值税又缴纳消费税的有（　　）。

A. 酒厂将自产的白酒赠送给协作单位

B. 卷烟厂将自产的烟丝移送用于生产卷烟

C. 日化厂将自产的香水精（属高档化妆品）移送用于生产护肤品

D. 汽车厂将自产的应税小汽车赞助给某艺术节组委会

5. 下列消费品移送使用时应缴纳消费税的有（　　）。

A. 将自产烟丝移送用于生产卷烟

B. 自产卷烟用于职工福利

C. 自产高档化妆品用作广告样品

D. 将自产的木制一次性筷子用于生产高档筷子

6. 某汽车制造厂生产的小汽车用于(　　),应缴纳消费税。

A. 用于本厂研究做碰撞试验　　B. 投资给某企业

C. 移送改装分厂改装加长型豪华小轿车　　D. 赠送当地公安机关办案用

7. 纳税人自产自用的应税消费品用于下列方面,应视同销售计算消费税的有(　　)。

A. 用于生产非应税消费品　　B. 用于连续生产其他应税消费品

C. 用于在建工程　　D. 用于馈赠

8. 依据消费税相关规定,下列应税消费品中,准予扣除外购已纳消费税的有(　　)。

A. 以已税烟丝为原料生产的卷烟

B. 以已税珠宝玉石为原料生产的钻石首饰

C. 以已税粮食白酒连续生产的药酒

D. 以已税润滑油为原料生产的应税成品油

9. 下列选项中,不可以抵扣外购应税消费品的已纳消费税税额的有(　　)。

A. 为生产高档化妆品而领用的外购已税高档化妆品

B. 为生产金银镶嵌首饰而领用的外购已税珠宝玉石

C. 为生产实木地板而领用的外购已税实木地板

D. 领用外购已税白酒勾兑白酒

10. 根据现行政策,下列各项中符合委托加工应税消费品消费税处理规定的有(　　)。

A. 受托方未代扣代缴的,由受托方补缴

B. 受托方无同类消费品销售价格的,应按"(材料成本+加工费)÷(1+比例税率)"计算

C. 委托方收回后以不高于受托方计税价格出售的应税消费品,受托方在交货时已代扣代缴消费税的,不再征收消费税

D. 实行复合计税办法计算纳税的组成计税价格计算公式为:组成计税价格=(材料成本+加工费+委托加工数量×定额税率)÷(1-比例税率)

11. 根据现行消费税的规定,下列说法中正确的有(　　)。

A. 纳税人将自产的应税消费品用于换取生产资料,应当按同类消费品的最高售价计算

B. 纳税人用外购的已税珠宝玉石生产的改在零售环节征收消费税的金银首饰(镶嵌首饰)、钻石首饰,在计税时,一律不得扣除外购珠宝玉石的已纳税款

C. 委托加工的应税消费品,按照受托方的同类消费品的销售价格计算纳税;没有同类消费品销售价格的,按照组成计税价格计算纳税

D. 委托加工的应税消费品,按照委托方的同类消费品的销售价格计算纳税;没有同类消费品销售价格的,按照组成计税价格计算纳税

12. 下列各项中属于委托加工应税消费品消费税组成计税价格中的项目的有(　　)。

A. 委托方提供加工材料的实际成本　　B. 代垫辅助材料的实际成本

C. 受托方代收代缴的消费税　　D. 加工费

13. 某酒厂进口一批药酒,海关应征进口关税20万元(关税税率假定为30%),消费税

税率为 10%，则下列表述正确的有(　　)。

A. 进口时应缴纳消费税 9.63 万元　　B. 进口时应缴纳消费税 8.67 万元

C. 进口时应缴纳增值税 12.519 万元　　D. 进口时完税价格为 66.67 万元

14. 某汽车厂下列经济业务应按最高售价计算消费税的有(　　)。

A. 将自产汽车对外投资　　B. 将自产汽车用于办公

C. 将自产汽车交换钢材　　D. 将进口汽车配件对外偿债

15. 某摩托车生产企业为增值税一般纳税人，2022 年 6 月将自产的摩托车 5 辆移交本厂相关部门使用，该摩托车不含税售价为 7 000 元/辆，生产成本为 5 000 元/辆，消费税税率为 3%，该项业务处理正确的有(　　)。

A. 上述自产自用行为应视同销售同时计征增值税和消费税

B. 增值税销项税额为 4 550 元

C. 消费税税额 1 050 元

D. 借：固定资产　　26 050

　　贷：库存商品　　25 000

　　　　应交税费——应交消费税　　1 050

16. 某酒厂为增值税一般纳税人，欠甲公司货款 50 000 元，经双方协商现以自产粮食白酒 10 吨抵偿债务，该粮食白酒成本为 3 000 元/吨，每吨售价在 4 800～5 200 元浮动，平均售价为 5 000 元/吨。白酒的消费税定额税率为 0.5 元/500 克，比例税率为 20%，上述业务以下处理正确的有(　　)。

A. 增值税的计税依据为货物的平均售价，即为 50 000 元

B. 消费税的计税依据为货物的最高售价，即为 52 000 元

C. 借：应付账款——甲公司　　50 000

　　营业外支出　　6 500

　　贷：主营业务收入　　50 000

　　　　应交税费——应交增值税(销项税额)　　6 500

D. 借：税金及附加　　20 400

　　贷：应交税费——应交消费税　　20 400

三、判断题

1. 甲日化厂将自产的高档保湿精华移送生产普通的日用护肤品车间，移送时应当缴纳消费税。　　(　　)

2. 委托加工的应税消费品，受托方为个人的，由委托方向其机构所在地的税务机关申报缴纳消费税。　　(　　)

3. 我国的消费税在生产销售、委托加工和进口环节计征，并实行单一环节征税，批发、零售环节一律不征收消费税。　　(　　)

4. 甲酒厂本年 7 月销售自产红酒，取得含增值税价款 90.4 万元，另收取包装物押金 4.52万元、手续费 2.26 万元。已知红酒增值税税率为 13%，消费税税率为 10%。甲酒厂该

笔业务应缴纳消费税税额＝(90.4＋4.52＋2.26)÷(1＋13％)×10％＝8.6(万元)。（　）

5. 某卷烟厂通过自设独立核算门市部销售自产卷烟，应当按照门市部对外销售额或销售数量计算征收消费税。（　）

6. 纳税人销售的应税消费品，如因质量等原因由购买者退回，经机构所在地或者居住地主管税务机关审核批准后，可退还已缴纳的消费税税款。（　）

7. 甲企业本年7月受托加工一批烟丝，已收到由委托方提供的材料及加工费，该烟丝计划于本年8月10日加工完成并交付。甲企业应于本年8月15日前向税务机关缴纳代收代缴的委托加工环节消费税。（　）

8. 纳税人将外购的已税珠宝、玉石原料生产的改在零售环节征收消费税的金银镶嵌首饰，在计税时一律不得扣除外购珠宝、玉石的已纳税款。（　）

9. 根据现行消费税政策，采取比例税率和定额税率双重征收的税目只有卷烟和啤酒。（　）

10. 包装物的押金属于价外费用，应一并计入销售额计算缴纳消费税。（　）

11. 卷烟批发企业在计算缴纳消费税时，准予扣除该批卷烟在生产环节已纳的消费税税款。（　）

12. 消费税是一种价内税，纳税人销售应税消费品的售价中包含了消费税，因此，纳税人缴纳的消费税应记入“税金及附加”科目，从销售收入中得到补偿。（　）

13. 随同商品出售但单独计价的包装物，其收入记入“其他业务收入”科目；按规定缴纳的消费税，记入“其他业务成本”科目。（　）

14. 纳税人将自产的应税消费品用于捐赠的，按规定应缴纳的消费税借记“税金及附加”科目。（　）

15. 进口应税消费品时，由海关代征的进口消费税，应计入应税消费品的成本中，借记“固定资产”“物资采购”等科目中。（　）

16. 委托加工的应税消费品收回后用于连续生产应税消费品按规定准予抵扣的消费税，不计入委托加工的成本，委托方支付时，应借记“应交税费——应交消费税”科目。（　）

四、业务题

1. 2022年1月，国内一家手表生产企业进口手表机芯3 000个，海关审定的完税价格为每个0.5万元，关税税率为30％，完税后海关放行；当月生产、销售高档手表4 000块，单价为1.25万元(不含税)。高档手表消费税税率为20％。

要求：计算2022年1月该手表厂国内销售环节应纳增值税和消费税税额。

2. 远成公司为增值税一般纳税人，是高尔夫球及球具生产厂家。2022年7月发生以下业务：

(1) 购进一批原材料A，取得的增值税专用发票上注明的价款为5 000元、增值税进项税额为650元，委托庆隆公司将其加工成20个高尔夫球包，支付加工费10 000元、增值税进项税额1 300元，取得庆隆公司开具的增值税专用发票；庆隆公司同类高尔夫球包不含税销售价格为450元/个。远成公司收回时，庆隆公司代收代缴了消费税。

(2) 从生产企业购进高尔夫球杆的杆头，取得增值税专用发票，注明货款17 200元、增值税进项税额为 2 236 元；购进高尔夫球杆的杆身，取得增值税专用发票，注明货款23 600元、增值税进项税额为 3 068 元；购进高尔夫球握把，取得增值税专用发票，注明货款1 040 元、增值税进项税额为 135.2 元；当月领用外购的杆头、握把、杆身各 90%，加工成 A、B 两种型号的高尔夫球杆各 10 把。

(3) 当月将自产的 A 型高尔夫球杆 2 把对外销售，取得不含税销售收入 10 000 元；另将自产的 A 型高尔夫球杆 5 把赞助给高尔夫球大赛。

(4) 将自产的 3 把 B 型高尔夫球杆移送至非独立核算门市部销售，当月门市部对外销售了 2 把，取得价税合计金额 22 148 元。

其他相关资料：高尔夫球及球具消费税税率为 10%，成本利润率为 10%。

要求：根据上述相关资料，按顺序回答下列问题：

(1) 计算庆隆公司应代收代缴的消费税税额。

(2) 计算远成公司应自行向税务机关缴纳的消费税税额。

3. 某化妆品厂 2022 年 1 月发生下列经济业务：

(1) 销售一批高档化妆品，适用的消费税税率为 15%，开出增值税专用发票，收取价款200 万元、增值税进项税额为 26 万元，款项已存入银行。

(2) 没收逾期未退的高档化妆品包装物押金 2.26 万元。

(3) 将自产的高档护肤类化妆品一批以福利形式发给职工，按照同类产品不含税价计算，价款为 8 万元，成本价为 5 万元。

(4) 受托加工高档化妆品一批，委托方提供原材料 25 万元，本企业收取加工费 9 万元，本企业无同类化妆品销售价格。

(5) 将化妆品、护肤品装入盒内作为礼品送给关系户，成本价为 1.8 万元，不含税价格为 3 万元。

要求：计算该化妆品厂本月应纳消费税税额(含代收代缴消费税)。

4. 甲卷烟厂为增值税一般纳税人，乙烟丝加工厂为增值税小规模纳税人。甲卷烟厂委托乙烟丝加工厂加工一批烟丝，卷烟厂提供的烟叶在委托加工合同上注明成本为 8 万元。烟丝加工完，卷烟厂提货时，加工厂收取加工费，开具的增值税专用发票上注明的加工费金额为 1 万元，并代收代缴了烟丝的消费税。卷烟厂将这批加工收回的烟丝 50%对外直接销售，收入为 6.4 万元，低于受托方同类货物价；另 50%当月全部用于生产卷烟。本月销售卷烟 40 标准箱，取得不含税收入 60 万元。烟丝消费税税率为 30%，定额税率为每标准箱 150 元。

要求：计算甲卷烟厂应纳的消费税税额。

5. 某汽车制造企业为增值税一般纳税人，生产小汽车(消费税税率为 5%)，每辆不含税价格为 10 万元，该企业 2022 年 7 月发生以下业务：

(1) 与某特约经销商签订了 40 辆小汽车的代销协议，代销手续费为 5%，当月收到经销商返回的 30 辆小汽车的代销清单及销货款(已扣除手续费)和税款，考虑到与其长期的业务关系，汽车厂开具了 40 辆小汽车的增值税专用发票。

(2) 赠送给某协作单位小汽车 3 辆，并开具了增值税专用发票，同时请运输企业向协作单位开具了 0.6 万元的运费发票并转交给了协作单位。

(3) 用一辆小汽车与空调厂家交换了 30 台空调，用于改善办公条件，考虑双方换入的货物均作固定资产管理，故均未开具增值税专用发票，也不再进行货币结算。

(4) 提供汽车修理服务，开具的普通发票上注明的销售额为 5.65 万元。

(5) 本月购进生产材料，取得的增值税专用发票上注明的增值税进项税额为 14 万元，货已到达，尚未验收入库，货款只支付 70%，其余 30%下月一次付清，并支付不含税购货运输费 3 万元，取得增值税专用发票。

该企业月末计算缴纳的流转税如下：

$$应纳增值税税额 = [30\times10\times(1-5\%)+3\times10]\times13\% - (14\times70\%+3\times79\%+0.6\times79\%+10) = 20.90(万元)$$

$$应纳消费税税额 = [30\times10\times(1-5\%)+3\times10]\times59\% - 6\times50\% = 12.75(万元)$$

要求：请分析该企业当月纳税计算是否正确。如有错误(包括开具增值税专用发票错误)，请指出错在何处，并正确计算当月应纳的增值税与消费税税额。

6. A 卷烟厂 2022 年 8 月份发生如下经济业务：

(1) 8 月 5 日，购买一批烟叶，收购成本为 10 万元。

(2) 8 月 15 日，将 8 月 5 日购进的烟叶发往 B 烟厂，委托 B 烟厂加工烟丝，收到的专用发票注明的支付加工费 4 万元，增值税进项税额 5 200 元。

(3) A 卷烟厂收回烟丝后领用一半用于卷烟生产，另一半直接对外出售，取得价款 18 万元，增值税销项税额 23 400 元。

(4) 8 月 25 日，A 卷烟厂销售卷烟 100 箱，每箱不含税售价 5 000 元，款项已存入银行。

(5) B 烟厂无同类烟丝销售价格。

要求：计算该厂当期应纳的消费税税额，并分别为 A、B 烟厂做相关的账务处理。

7. 稻花香有限公司为增值税一般纳税人，主要从事白酒生产业务，会计核算执行企业会计准则，消费税纳税期限为 1 个月。2022 年 6 月份与消费税相关的经济业务资料如下：

(1) 委托兴华酒厂加工粮食白酒一批，公司提供原材料实际成本 6 000 元，支付不含税加工费 1 500 元，酒厂收取代垫粮食白酒辅助材料含税款 468 元，该企业无同类消费品价格。企业共收回粮食白酒 1 000 千克，稻花香有限公司收回委托加工的粮食白酒后直接用于销售。

(2) 销售 38 度稻花香牌白酒 15 吨，开具增值税专用发票，注明价款 1 226 200 元。

(3) 向滨海市白酒节捐赠 52 度稻花香白酒 250 千克。该白酒成本为 120 元/千克，平均售价为 150 元/千克。

其他资料：白酒的消费税固定税额为每斤 0.5 元，比例税率为 20%。

要求：

(1) 计算兴华酒厂代扣代缴的消费税税额，并编制兴华酒厂收到代扣代缴消费税的会计分录。

(2) 计算稻花香有限公司销售 38 度稻花香牌白酒应纳消费税税额，并编制计提消费税时的会计分录。

(3) 计算稻花香有限公司捐赠白酒应纳增值税和应纳消费税税额，并编制会计分录。

8. 海宏酒厂为增值税一般纳税人，2022 年 6 月份发生相关经济业务如下：

(1) 将自产瓶装薯类白酒 1 吨发给职工作福利。此型号白酒为本企业新产品，尚无同类产品销售价格，其生产成本为 4 000 元/吨，成本利润率为 5%。

(2) 销售自产 A 牌号啤酒 20 吨，啤酒出厂不含税价每吨 2 800 元。

白酒的消费税定额税率为 0.5 元/500 克，比例税率为 20%；甲类啤酒的消费税定额税率为 250 元/吨，乙类啤酒的定额税率为 220 元/吨。

要求：

(1) 计算发放职工福利应纳的消费税与增值税税额，并编制会计分录。

(2) 计算销售啤酒应纳的消费税税额，并编制与消费税相关的会计分录。

第三部分　参考答案

一、单项选择题

1. 【答案】D

【解析】选项 D，委托加工应税消费品消费税的纳税义务人为委托方(金银首饰除外)。

2. 【答案】A

【解析】服装不属于消费税应税商品；实木地板、白酒在生产环节、委托加工或进口环节征收消费税，零售环节不重复征税。

3. 【答案】C

【解析】选项 ABD，商场应缴纳增值税，但不需要缴纳消费税。

4. 【答案】B

【解析】纳税人兼营不同税率应税消费品的，应分别核算其销售额和销售量；未分别核算的，从高适用税率。纳税人将应税消费品与非应税消费品以及适用不同税率的应税消费品组成套装消费品销售的，应根据成套消费品的销售金额按应税消费品中适用税率最高的消费品税率征收消费税。

5. 【答案】B

【解析】选项 AC，从价定率计征消费税。选项 D，不属于消费税征税范围，不征消费税。

6. 【答案】B

【解析】选项 ACD，均视同销售缴纳增值税和消费税。选项 B，该行为不缴纳增值税，也不缴纳消费税。

7. 【答案】D

【解析】纳税人将应税消费品与非应税消费品以及适用税率不同的应税消费品组成成套消费品销售的，应根据组合产制品的销售金额按应税消费品中适用最高税率的消费品税率征税；该业务应缴纳消费税税额＝200×1 000×15%＝30 000(元)。

8. 【答案】D

【解析】“每标准条”进口卷烟关税完税价格＝600×10 000÷400÷250＝60(元)，“每标准条”卷烟进口关税＝180×10 000÷400÷250＝18(元)，“每标准条”进口卷烟确定消费税适用比例税率的价格＝(关税完税价格＋关税＋消费税定额税率)÷(1－消费税税率)＝(60＋18＋0.6)÷(1－36%)＝122.81(元)＞70 元，适用比例税率为 56%。

9. 【答案】A

【解析】啤酒消费税单位税额按照出厂价格(含包装物押金)划分档次，每吨出厂价格(含包装物及包装物押金)在 3 000 元(含 3 000 元，不含增值税)以上的，适用税额为 250 元/吨；每吨在 3 000 元以下的，适用税额为 220 元/吨。

本题中，每吨啤酒出厂价格＝(3 100＋234)÷(1＋13%)＝2 950.44(元)＜3 000 元，则适用单位税额为 220 元/吨。该业务应缴纳消费税税额＝200×220＝44 000(元)。

10. 【答案】C

【解析】纳税人通过自设非独立核算门市部销售的自产应税消费品，应当按照门市部对外销售额或者销售数量计算消费税。

应纳消费税税额＝74.58÷(1＋13%)×10%＝6.6(万元)。

11. 【答案】B

【解析】应纳消费税税额＝[400×200＋(1 100＋260)÷(1＋13%)]×20%＋200×1＝16 240.71＋200＝16 440.71(元)。

12. 【答案】C

【解析】不含税销售额＝(3 000×200＋80 000＋200×20)÷(1＋13%)＝605 309.73(元)。

应缴消费税税额＝605 309.73×5%＝30 265.49(元)。

13. 【答案】B

【解析】应纳消费税税额＝(200＋18×2)×250＋300×220＝59 000＋66 000＝12.5(万元)。

14. 【答案】D

【解析】组成计税价格＝[成本×(1＋成本利润率)]÷(1－消费税税率)＝[350×100×(1＋5%)]÷(1－15%)＝43 235.29(元)。

应缴纳消费税税额＝43 235.29×15%＝6 485.29(元)。

15. 【答案】C

【解析】没有同类消费品销售价格的，按组成计税价格计税。

组成计税价格＝(材料成本＋加工费)÷(1－消费税比例税率)＝(7 000＋2 500)÷(1－5%)＝10 000(元)。

乙企业应代收代缴消费税税额＝10 000×5%＝500(元)。

16. 【答案】C

【解析】甲企业应代收代缴消费税税额＝[49 000＋7 210÷(1＋3%)]÷(1－30%)×30%＝24 000(元)。甲企业上述业务应缴纳增值税税额＝7 210÷(1＋3%)×3%＝210(元)。

17. 【答案】B

【解析】消费税只针对列举的消费品征收，并不是征收增值税的货物都征收消费税。

18. 【答案】C

【解析】关税税额＝18×30%＝5.4(万元)。

进口环节应纳消费税税额＝[(18＋5.4)÷(1－5%)]×5%＝1.23(万元)。

进口环节应纳增值税税额＝[(18＋5.4)÷(1－5%)]×13%＝3.2(万元)。

合计应纳税额＝5.4＋1.23＋3.2＝9.83(万元)。

19.【答案】C

【解析】纳税人采用以旧换新(含翻新改制)方式销售的金银首饰,应按实际收取的不含增值税的全部价款确定计税依据征收消费税。

20.【答案】D

【解析】用于连续生产卷烟的烟丝,属于应税消费品用于连续生产应税消费品,移送环节不缴纳消费税。

21.【答案】B

【解析】卷烟批发企业一般在机构所在地申报缴纳消费税,总机构和分支机构不在同一地区的,由总机构申报纳税。

22.【答案】B

【解析】选项A,进口应税消费品,纳税义务发生时间为报关进口的当天。选项C,委托加工应税消费品,纳税义务发生时间为纳税人提货的当天。选项D,采取预收货款结算方式的,纳税义务发生时间为发出应税消费品的当天。

23.【答案】B

【解析】进口白酒消费税复合计征。关税完税价格＝100＋1＋0.3＝101.3(万元)。

组成计税价格＝(关税完税价格＋关税＋进口数量×消费税定额税率)÷(1－消费税适用比例税率)＝(101.3＋101.3×40%＋1 000×2×0.5÷10 000)÷(1－20%)＝177.4(万元)。

应缴纳消费税税额＝177.4×20%＋1 000×2×0.5÷10 000＝35.58(万元)。

24.【答案】A

【解析】选项A,企业收回委托加工应税消费品用于直接销售的,其支付的消费税,应当记入"委托加工物资"科目借方。

25.【答案】B

【解析】选项B,生产企业生产销售镀金、包金首饰,其包装物单独计价核算,取得的包装物收入应交纳的消费税,正确的会计处理是借记"税金及附加"科目。

二、多项选择题

1.【答案】ABC

【解析】选项D,钻石及钻石饰品在零售环节征收消费税,进口环节不征收消费税。

2.【答案】AD

【解析】集资款、白酒品牌使用费属于价外费用,要并入计税依据计算消费税。选项B,增值税销项税额不需要并入消费税的计税依据。选项C,啤酒从量计征消费税,包装物押金不计算消费税。

3.【答案】ABCD

【解析】应税消费品的销售额中不包括向购买方收取的增值税税额。手续费、优质费、储备费、违约金均属于价外费用，应计入销售额中一并计征消费税。

4.【答案】AD

【解析】选项B，用于连续生产应税消费品，不缴纳消费税及增值税。选项C，移送环节不缴纳增值税。

5.【答案】BCD

【解析】纳税人自产自用的应税消费品，用于连续生产应税消费品的，不纳税，所以选项A移送使用时不需要缴纳消费税。纳税人自产自用应税消费品，不是用于连续生产应税消费品，而是用于其他方面的（如用于生产非应税消费品、在建工程、职工福利、广告等），于移送使用时纳税，所以选项BCD是正确的。

6.【答案】BD

【解析】选项A，用于本厂研究所做碰撞试验属于生产检测过程，不征消费税。选项C，移送改装分厂改装加长型豪华小汽车，属于连续生产应税消费品，自产小汽车在移送环节不征收消费税。

7.【答案】ACD

【解析】纳税人自产自用的应税消费品，用于生产非应税消费品和在建工程、管理部门、非生产机构、提供劳务以及用于馈赠、赞助、广告、样品、职工福利、奖励等，均视同对外销售。

8.【答案】AD

【解析】以已税珠宝玉石为原料生产的金银首饰和钻石首饰，不得扣除已纳消费税；以已税粮食白酒连续生产的药酒不得扣除外购已纳消费税。

9.【答案】BD

【解析】酒类产品一般不允许抵扣以前环节已纳的消费税；在零售环节缴纳消费税的金银镶嵌首饰不得抵扣外购珠宝玉石的已纳消费税。

10.【答案】CD

【解析】选项A，受托方未代扣代缴的，由委托方补缴。选项B，受托方无同类消费品销售价格的，应按“（材料成本＋加工费）÷（1－比例税率）”计算。

11.【答案】ABC

【解析】选项D，委托加工的应税消费品，按照受托方的同类消费品的销售价格计算纳税；没有同类消费品销售价格的，按照组成计税价格计算纳税。

12.【答案】ABCD

【解析】委托加工应税消费品计征消费税的组成计税价格＝（材料成本＋加工费）÷（1－消费税税率），选项A，属于材料成本，选项BD，属于加工费，选项C，属于消费税。

13.【答案】ACD

【解析】关税完税价格＝20÷30%＝66.67（万元）。

进口消费税税额＝（66.67＋20）÷（1－10%）×10%＝9.63（万元）。

进口增值税税额＝（66.67＋20）÷（1－10%）×13%＝12.519（万元）。

14.【答案】AC

【解析】按照最高售价计算消费税必须同时符合两个条件：一是属于应税消费品，二是用于换取生产资料和消费资料、投资入股和抵偿债务等方面，因此选项AC符合题意。选项B,自产汽车用于内部办公使用,按平均售价计算消费税。选项D,汽车配件不是应税消费品,不缴纳消费税。

15.【答案】CD

【解析】选项A和B,自产摩托车用于本厂相关部门使用,应视同销售计征消费税而不计征增值税。选项C,消费税税额＝7 000×5×3%＝1 050(元)。选项D,自产的摩托车移交本厂相关部门使用,借记“固定资产”科目,贷记“库存商品”“应交税费——应交消费税”科目。

16.【答案】ABCD

【解析】选项A,自产的货物用于抵偿债务,增值税的计税依据为货物的平均售价,即为50 000元。选项B,自产的货物用于抵偿债务,消费税的计税依据为货物的最高售价,即为52 000元。选项C,增值税税额＝50 000×13%＝6 500(元)。选项D,消费税税额＝52 000×20%＋10×1 000×2×0.5＝20 400(元)。

三、判断题

1.【答案】√

【解析】将自产的应税消费品,用于连续生产非应税消费品的,移送时征收消费税,终端产品出厂销售时不征收消费税。

2.【答案】√

3.【答案】×

【解析】卷烟在批发环节加征一道消费税;金银钻在零售环节征收消费税。

4.【答案】√

【解析】①对酒类生产企业销售酒类产品(啤酒、黄酒除外)收取的包装物押金,不论押金是否返还也不管会计上如何核算,均应并入酒类产品销售额,征收消费税;②2.26万元的手续费应作为价外费用;③价外费用与并入销售额的包装物押金均为含增值税收入。

5.【答案】×

【解析】纳税人通过自设非独立核算门市部销售自产应税消费品,应当按照门市部对外销售额或销售数量计算征收消费税。

6.【答案】√

7.【答案】×

【解析】纳税人委托加工应税消费品的,消费税纳税义务发生时间为纳税人提货的当天。消费税的纳税期限分别为1日、3日、5日、10日、15日、1个月或者1个季度。纳税人的具体纳税期限,由主管税务机关根据纳税人应纳税额的大小分别核定;不能按照固定期限纳税的,可以按次纳税。纳税人以1个月或者1个季度为一期纳税的,自期满之日起15日内申报纳税;以1日、3日、5日、10日或者15日为一期纳税的,自期满之日起5日内预缴税款,于次月1日至15日内申报纳税并结清上月应纳税款。

8.【答案】√

【解析】外购已税珠宝、玉石原材料生产的贵重首饰及珠宝、玉石,已纳消费税准予扣除。

9.【答案】×

【解析】采取比例税率和定额税率双重征收的税目只有卷烟和白酒；啤酒适用从量定额征收消费税。

10. 【答案】×

【解析】包装物租金属于价外费用，在计算增值税和消费税时直接将包装物的租金换算为不含税的数额后作为计税依据计算消费税。

11. 【答案】×

【解析】卷烟批发企业在计算缴纳消费税时，不得扣除该批卷烟在生产环节已纳的消费税税款。

12. 【答案】√

13. 【答案】×

【解析】随同商品出售但单独计价的包装物，其收入记入“其他业务收入”科目；按规定缴纳的消费税，记入“税金及附加”科目。

14. 【答案】×

【解析】纳税人将自产的应税消费品用于捐赠的，不确认收入，按规定应缴纳的消费税借记“营业外支出”科目，贷记“应交税费——应交消费税”科目。

15. 【答案】√

16. 【答案】√

【解析】可抵扣的消费税登记在“应交税费——应交消费税”科目的借方。

四、业务题

1. 【答案】

该企业国内销售环节应缴纳的增值税税额

$=4\ 000\times1.25\times13\%-3\ 000\times0.5\times(1+30\%)\times13\%$

$=396.5$(万元)

该企业国内销售环节应缴纳的消费税税额

$=4\ 000\times1.25\times20\%$

$=1\ 000$(万元)

2. 【答案】

(1) 庆隆公司应代收代缴的消费税税额

$=450\times20\times10\%=900$(元)

(2) 准予抵扣的高尔夫球杆的杆头、杆身和握把的已纳消费税税额

$=(17\ 200+23\ 600+1\ 040)\times90\%\times10\%=3\ 765.6$(元)

远成公司应自行向税务机关缴纳的消费税税额

$=\dfrac{10\ 000}{2}\times(2+5)\times10\%+\dfrac{22\ 148}{1+13\%}\times10\%-3\ 765.6$

$=1\ 694.4$(元)

3. 【答案】

应纳消费税税额 $=200\times15\%+\dfrac{2.26}{1+13\%}\times15\%+8\times15\%+\dfrac{25+9}{1-15\%}\times15\%+3\times15\%$

$=37.95$(万元)

4.【答案】

受托方代收代缴消费税税额$=\frac{8+1}{1-30\%}\times 30\%=3.86$(万元)

每标准条价格$=600\,000\div 40\div 250=60$(元),因此,该卷烟为乙类卷烟。

应纳消费税税额$=60\times 36\%+\frac{40\times 150}{10\,000}-3.86\times 50\%=20.27$(万元)

5.【答案】不正确

该企业当月应纳增值税税额$=(40+3+1)\times 10\times 13\%+\frac{5.65}{1+13\%}\times 13\%-(14+3\times 9\%)$

$=43.58$(万元)

该企业当月应纳消费税税额$=(40+3+1)\times 10\times 5\%=22$(万元)

6.【答案】

受托方代收代缴消费税税额$=(100\,000+40\,000)\div(1-30\%)\times 30\%=60\,000$(元)

由于烟丝出售价格高于委托加工应税消费品的计税价格,在烟丝出售时应补缴消费税

应补缴消费税税额$=180\,000\times 30\%-30\,000=24\,000$(元)

每条卷烟价格$=\frac{5\,000}{250}=20$(元)<70(元),属于乙类卷烟。

销售卷烟应纳消费税税额$=5\,000\times 100\times 36\%+100\times 150-30\,000=165\,000$(元)

A卷烟厂总应缴纳的消费税税额$=24\,000+165\,000=189\,000$(元)

A卷烟厂编制会计分录如下:

(1) 购进原材料时:

借:原材料	100 000	
应交税费——应交增值税(进项税额)	13 000	
贷:银行存款		113 000

(2) 发出委托加工物资时:

借:委托加工物资	100 000	
贷:原材料		100 000

支付加工费时:

借:委托加工物资	40 000	
应交税费——应交增值税(进项税额)	5 200	
贷:银行存款		45 200

受托方代收代缴消费税时:

借:应交税费——应交消费税	60 000	
贷:银行存款		60 000

(3) 销售烟丝时:

借：银行存款　203 400
　贷：主营业务收入　180 000
　　应交税费——应交增值税(销项税额)　23 400

借：税金及附加　54 000
　贷：应交税费——应交消费税　54 000

(4) 销售卷烟时：

借：银行存款　565 000
　贷：主营业务收入　500 000
　　应交税费——应交增值税(销项税额)　65 000
借：税金及附加　195 000
　贷：应交税费——应交消费税　195 000

(5) 缴纳消费税时：

借：应交税费——应交消费税　189 000
　贷：银行存款　189 000

B烟厂编制会计分录如下：

借：银行存款　105 200
　贷：主营业务收入　40 000
　　应交税费——应交增值税(销项税额)　5 200
　　应交税费——应交消费税　60 000

7. **【答案】**

(1) 委托加工环节消费税的组成计税价格

=(材料成本+加工费+委托加工数量×定额税率)÷(1−消费税比例税率)

=[6 000+1 500+468÷(1+13%)+1 000×1]÷(1−20%)=11 142.7(元)

受托方代收代缴的消费税税额=11 142.7×20%+1 000×1=3 228.54(元)

兴华酒厂收到代扣代缴的消费税时编制会计分录：

借：银行存款　3 228.54
　贷：应交税费——应交消费税　3 228.54

(2) 应纳消费税=1 226 200×20%+15×1 000×1=260 240(元)

借：税金及附加　260 240
　贷：应交税费——应交消费税　260 240

(3) 应纳消费税=250×1+250×150×20%=7 750(元)

应纳增值税=250×150×13%=4 875(元)

借：营业外支出　42 625
　贷：库存商品　30 000
　　应交税费——应交增值税(销项税额)　4 875
　　应交税费——应交消费税　7 750

8.【答案】

(1) 组成计税价格=[4 000×(1+5%)+2 000×0.5]÷(1−20%)=6 500(元)

应纳消费税税额=2 000×0.5+6 500×20%=2 300(元)

增值税销项税额=6 500×13%=845(元)

编制会计分录：

借：应付职工薪酬　　7 345

　　贷：主营业务收入　　6 500

　　　　应交税费——应交增值税(销项税额)　　845

计提消费税，编制会计分录：

借：税金及附加　　2 300

　　贷：应交税费——应交消费税　　2 300

(2) 啤酒出厂不含税价格 2 800 元/吨，小于 3 000 元/吨，属乙类啤酒，其消费税税率为 220 元/吨。

$$应纳消费税税额 = 20 \times 220 = 4\ 400(元)$$

借：税金及附加　　4 400

　　贷：应交税费——应交消费税　　4 400

第四章　企业所得税会计

第一部分　内容概要

一、企业所得税认知

（一）企业所得税的概念

企业所得税是指对中华人民共和国境内的企业和其他取得收入的组织的生产经营所得和其他所得征收的一种所得税。

（二）企业所得税的纳税人

企业所得税的纳税人是指在中华人民共和国境内的企业和其他取得收入的组织，不包括个人独资企业和合伙企业。企业所得税的纳税人具体分为居民企业和非居民企业两类。

（1）居民企业是指依法在中国境内成立或者依照外国（地区）法律成立但实际管理机构在中国境内的企业。

（2）非居民企业是指依照外国（地区）法律成立且实际管理机构不在中国境内，但在中国境内设立机构、场所，或者在中国境内未设立机构、场所，但有来源于中国境内所得的企业。

（三）企业所得税的征税对象

居民企业负有无限纳税义务，应当就其来源于中国境内、境外的所得缴纳企业所得税。

非居民企业负有有限纳税义务，凡在中国境内设立机构、场所的非居民企业，应当就其所设机构、场所取得的来源于中国境内的所得，以及发生在中国境外但与其所设机构、场所有实际联系的所得，缴纳企业所得税；在中国境内未设立机构、场所的非居民企业，或者虽设立机构、场所但取得的所得与其所设机构、场所没有实际联系的，应当就其来源于中国境内的所得缴纳企业所得税。

（四）企业所得税的税率

（1）基本税率。居民企业和在中国境内设立机构、场所且取得的所得与其所设机构、场所有实际联系的非居民企业适用基本税率为25%。

（2）优惠税率。①符合条件的小型微利企业，适用税率为20%；②国家重点扶持的高新技术企业，适用税率15%；③在中国境内未设立机构、场所，或者虽设立机构、场所但取得的所得与其所设机构、场所没有实际联系的非居民企业，应当就其来源于中国境内的所得缴纳企业所得税，适用税率为20%，但实际征税时减按10%征收。

二、企业所得税应纳税额的计算

在我国税务会计实务中，通常在利润总额的基础上进行纳税调整间接确定应纳税所得额。按照《中华人民共和国企业所得税年度纳税申报表（A类）》中应纳税所得额的计算顺序，计算公式为：

应纳税所得额＝利润总额－境外所得±纳税调整金额－免税、减计收入及加计扣除＋境外应税所得抵减境内亏损－所得减免－抵扣应纳税所得额－弥补以前年度亏损

(一) 纳税调整金额

1. 收入类调整项目

收入类调整项目主要有：视同销售收入；未按权责发生制原则确认的收入；投资收益；按权益法核算长期股权投资对初始投资成本调整确认收益；交易性金融资产初始投资调整；公允价值变动净损益；不征税收入；销售折扣、折让与退回。

视同销售收入是指会计上不作销售核算，而税法上应作为计税收入计算企业所得税的商品或劳务的转移行为。

不征税收入，包括财政拨款、行政事业性收费、政府性基金及其他收入。

纳税人采取折扣方式销售货物，如果销售额和折扣额在同一张发票上分别注明的，可按折扣后的销售额征收增值税。对纳税人未开具合规的票据而导致税法与会计确认收入差异的，应调增应纳税所得额。

2. 扣除类调整项目

扣除类调整项目主要有：视同销售成本；职工薪酬；业务招待费支出；广告费和业务宣传费支出；捐赠支出；利息支出；罚金、罚款和被没收财物的损失；税收滞纳金；赞助支出；与未实现融资收益相关在当期确认的财务费用；佣金和手续费支出；不征税收入用于支出所形成的费用；跨期扣除；与取得收入无关的支出；境外所得分摊的共同支出。

职工薪酬包括工资薪金支出、职工福利费支出、职工教育经费支出、工会经费支出、各类基本社会保障性缴款、住房公积金、补充养老保险和补充医疗保险，具体包括：①企业发生的职工福利费支出，不超过工资、薪金总额14%的部分准予扣除；②企业拨缴的工会经费，不超过工资、薪金总额2%的部分准予扣除；③企业发生的职工教育经费支出，除另有规定外，不超过工资、薪金总额8%的部分准予扣除，超过部分准予在以后纳税年度结转扣除。

业务招待费支出按照发生额的60%扣除，但最高不得超过当年销售(营业)收入的5‰。

符合条件的广告费和业务宣传费支出，除国务院财政、税务主管部门另有规定外，不超过当年销售(营业)收入15%的部分，准予扣除；超过部分，准予结转以后纳税年度扣除。

公益性捐赠支出，不超过年度利润总额12%的部分，准予扣除；超过年度利润总额12%的部分，准予以后3年内在计算应纳税所得额时结转扣除。

非金融企业向非金融企业借款的利息支出，不超过按照金融企业同期同类贷款利率计算的数额的部分可据实扣除，超过部分不许扣除。

行政性罚金、罚款和被没收财物的损失；税收滞纳金；非广告性赞助支出；与取得收入无关的支出，不得在税前扣除。

3. 资产类调整项目

(1) 固定资产的税法折旧额与会计折旧额不一致时，需要进行纳税调整，可能引起折旧额不一致的情况主要有：初始成本与计税基础的差异；折旧范围的差异；折旧计提方法的不同；折旧年限的差异；固定资产减值的差异。

(2) 无形资产的税法摊销额与会计摊销额不一致时，需要进行纳税调整，可能引起摊销

额不一致的情况主要有：无形资产摊销范围的差异；摊销期限、摊销方法的差异；税收优惠政策的差异；无形资产减值的差异。

(3) 纳税人未经财政、税务主管部门核实的准备金，不得扣除，应调增应纳税所得额。

(4) 企业实际发生的资产损失，经报主管税务机关核定后，在实际发生年度按其发生额扣除。

(二) 免税、减计收入及加计扣除

免税收入主要有国债利息收入，符合条件的居民企业之间的股息、红利等权益性投资收益，符合条件的非营利组织的收入和其他专项优惠。减计收入包括综合利用资源生产产品取得的收入和其他专项优惠。加计扣除主要包括开发新技术、新产品、新工艺发生的研究开发费用；安置残疾人员所支付的工资和国家鼓励安置的其他就业人员支付的工资等可以加计扣除的税收优惠政策。

(三) 亏损弥补

企业某一纳税年度发生的亏损可以用下一年度的所得弥补，下一年度的所得不足以弥补的，可以逐年延续弥补，但最长不得超过5年。

(四) 应纳税额的计算

(1) 实行查账征收方式申报企业所得税的居民企业纳税人以及在中国境内设立机构场所的非居民企业纳税人，其企业所得税实行按年计征、分月(季)预交、年终汇算清缴、多退少补的办法。

预交企业所得税主要按照据实预交或按上一纳税年度应纳税所得额的平均额预交。

年终汇算清缴时，相关计算公式为：

本年应纳税额 = 应纳税所得额 × 税率 − 减免所得税额 − 抵免所得税额 + 境外所得应补税额

本年应补(退)所得税额 = 本年应纳税额 − 本年实际累计已预交税额

(2) 核定征收的居民企业可以按核定应税所得率征收和核定应纳所得税额征收。

(3) 非居民企业在中国境内未设立机构、场所，或者虽设立机构、场所但取得的所得与其所设机构、场所没有实际联系的，应就其取得的来源于中国境内的所得缴纳企业所得税，其应纳税额由扣缴义务人在每次支付或者到期应支付时扣缴。

三、企业所得税的会计核算

我国企业会计准则规定，上市公司应采用资产负债表债务法，实际业务中非上市公司通常采用应付税款法。

(一) 资产负债表债务法

1. 资产和负债的计税基础

(1) 资产的计税基础＝未来可税前扣除的金额。

(2) 负债的计税基础＝负债的账面价值－未来可予税前扣除的金额。

2. 暂时性差异

暂时性差异是指资产、负债的账面价值与其计税基础不同产生的差额。根据暂时性差异对未来期间应纳税所得额的影响，分为应纳税暂时性差异和可抵扣暂时性差异。

(1) 应纳税暂时性差异通常产生于以下两种情况：①资产的账面价值大于计税基础；

②负债的账面价值小于计税基础。

(2) 可抵扣暂时性差异通常产生于以下两种情况：①资产的账面价值小于计税基础；②负债的账面价值大于计税基础。

3. 递延所得税资产与递延所得税负债的确认和计量

(1) 可抵扣暂时性差异在未来期间转回时，会减少转回期间的应纳税所得额和相应的应交所得税额，因此，在可抵扣暂时性差异产生当期，应确认相关的递延所得税资产。

$$递延所得税资产 = 可抵扣暂时性差异 \times 适用所得税税率$$

资产负债表日，确认递延所得税资产时，应借记“递延所得税资产”科目，贷记“所得税费用——递延所得税费用”科目。

(2) 应纳税暂时性差异在未来期间转回时，会增加转回期间的应纳税所得额和相应的应交所得税额，导致企业经济利益流出，因此，在应纳税暂时性差异产生的当期构成企业现时义务的，应确认相关的递延所得税负债。递延所得税负债的计量可用公式表示如下：

$$递延所得税负债 = 应纳税暂时性差异 \times 适用所得税税率$$

资产负债表日，确认递延所得税负债时，应借记“所得税费用——递延所得税费用”科目，贷记“递延所得税负债”科目。

4. 所得税费用的确认和计量

在资产负债表债务法下，所得税费用由当期所得税和递延所得税两部分构成：

$$当期所得税 = 当期应交所得税 = 应纳税所得额 \times 适用所得税税率$$

$$递延所得税 = \left(\begin{matrix}期末递延\\所得税负债\end{matrix} - \begin{matrix}期初递延\\所得税负债\end{matrix}\right) - \left(\begin{matrix}期末递延\\所得税资产\end{matrix} - \begin{matrix}期初递延\\所得税资产\end{matrix}\right)$$

(1) 资产负债表日，企业按税法规定计算确定的当期应交所得税，借记“所得税费用——当期所得税费用”科目，贷记“应交税费——应交所得税”科目。

(2) 资产负债表日，递延所得税资产应有余额大于“递延所得税资产”科目余额的差额，借记“递延所得税资产”科目，贷记“所得税费用——递延所得税费用”等科目；递延所得税资产应有余额小于“递延所得税资产”科目余额的，按其差额作相反会计分录。

企业应予确认的递延所得税负债，比照上述原则调整“所得税费用——递延所得税费用”和“递延所得税负债”科目。

(二) 应付税款法

在应付税款法下，当期所得税费用等于当期应交所得税。因此，采用应付税款法核算企业所得税时，先按税法规定对税前会计利润进行纳税调整，确定应纳税所得额；以应纳税所得额乘以适用税率确定应交所得税，以当期应交所得税作为当期的所得税费用。采用应付税款法核算企业所得税，只需设置“应交税费——应交所得税”和“所得税费用”两个科目。

四、企业所得税的征收管理

(1) 企业所得税的纳税期限。企业应当自月份或者季度终了之日起 15 日内预交税款，自年度终了之日起 5 个月内汇算清缴。企业在年度中间终止经营活动的，应当自实际经营终止之日起 60 日内办理当期企业所得税汇算清缴。扣缴义务人代扣税款的，应当自代扣之日起 7 日内缴入国库。企业依法清算时，应当以清算期间作为一个纳税年度。

(2) 企业所得税的纳税地点。居民企业一般以企业登记注册地为纳税地点；但登记注册地在境外的，以实际管理机构所在地为纳税地点。非居民企业在中国境内设立机构、场所的，以机构、场所所在地为纳税地点；未设立机构、场所的，或者虽设立机构、场所但取得的所得与其所设机构、场所没有实际联系的非居民企业，以扣缴义务人所在地为纳税地点。

(3) 企业所得税的纳税申报。企业在纳税年度内无论盈利或者亏损，都应当依照《企业所得税法》规定的期限，向税务机关报送预缴企业所得税纳税申报表、年度企业所得税纳税申报表、财务会计报告和税务机关规定应当报送的其他有关资料。

第二部分　练　习　题

一、单项选择题

1. 根据企业所得税的相关规定，下列属于居民企业的是(　　)。

A. 依法在天津成立的个体工商户

B. 依照美国法律成立，但实际管理机构在我国境内的企业

C. 境外企业在北京设立的办事机构

D. 依照中国香港法律成立，且实际管理机构在中国香港的企业

2. 根据企业所得税相关规定，企业转让动产的所得来源地是(　　)。

A. 交易活动发生地

B. 负担支付所得的企业所在地

C. 受让动产的企业所在地

D. 转让动产的企业所在地

3. 下列选项中，不属于企业所得税纳税义务人的是(　　)。

A. 有限责任公司　　B. 商贸企业

C. 国有企业　　D. 个人独资企业

4. 下列所得中，可以减按 10%的税率征收企业所得税的是(　　)。

A. 符合条件的小型微利企业取得的所得

B. 当年未享受税收优惠的国家规划布局内的重点软件企业取得的所得

C. 国家需要重点扶持的高新技术企业取得的所得

D. 在中国境内设立机构、场所的非居民企业，取得与该机构、场所有实际联系的所得

5. 企业所得税法中所称的小型微利企业，必须符合年度应纳税所得额不超过(　　)万元，从业人数不超过(　　)人，资产总额不超过(　　)万元。

A. 30，80，3 000　　B. 300，80，1 000

C. 20，100，3 000　　D. 300，300，5 000

6. 在一个纳税年度内，居民企业技术转让所得不超过(　　)万元的部分，免征企业所得税，超过部分，减半征收企业所得税。

A. 5　　B. 10

C. 20　　D. 500

7. 符合固定资产加速折旧条件，采取缩短折旧年限方法的，最低折旧年限不得低于规定折旧年限的(　　)。

A. 40%　　B. 50%

C. 60%　　D. 80%

8. 下列关于小型微利企业普惠性所得税减免政策，表述不正确的是(　　)。

A. 自 2021 年 1 月 1 日至 2022 年 12 月 31 日，对小型微利企业年应纳税所得额不超过 100 万元的部分，减按 12.5%计入应纳税所得额

B. 自 2022 年 1 月 1 日至 2024 年 12 月 31 日，对小型微利企业年应纳税所得额超过 100 万元但不超过 300 万元的部分，减按 25%计入应纳税所得额

C. 小型微利企业无论按查账征收方式或核定征收方式缴纳企业所得税，均可享受优惠政策

D. 小型微利企业所得税统一实行按年度预缴

9. 根据企业所得税的规定，下列说法中不正确的是(　　)。

A. 国债利息收入免征企业所得税

B. 非居民企业从居民企业取得的股息红利免征企业所得税

C. 工业企业销售货物收入征收企业所得税

D. 对企业取得的 2012 年以后年度发行的地方政府债券利息所得，免征企业所得税

10. 下列选项中，属于减半征收企业所得税的是(　　)。

A. 海水养殖

B. 远洋捕捞

C. 牲畜、家禽的饲养

D. 企业综合利用资源，生产符合规定的产品所取得的收入

11. 下列资产中，不可以采用加速折旧方法的是(　　)。

A. 常年处于强震动状态的固定资产

B. 常年处于高腐蚀状态的固定资产

C. 单独估价作为固定资产入账的土地

D. 由于技术进步原因产品更新换代较快的固定资产

12. 某工业企业资产总额为 2 000 万元，从业人数 80 人，2022 年取得营业收入 25 万元，发生成本费用支出 10 万元，其中营业外支出中包含了税务机关的罚款 1 万元，未作纳税调整。该企业应缴纳的企业所得税为(　　)万元。

A. 6.25　　B. 4

C. 1.6　　D. 0.4

13. 企业缴纳的下列税种，在计算企业所得税应纳税所得额时，不准扣除的是(　　)。

A. 增值税　　B. 消费税

C. 印花税　　D. 城市维护建设税

14. 依据企业所得税法的规定，下列关于三项经费扣除限额计算基数工资、薪金总额的说法中，正确的是(　　)。

A. 工资、薪金总额是指实际发放的工资、薪金总和

B. 工资、薪金总额是指应发放的工资、薪金总和

C. 工资、薪金总额包括职工教育经费

D. 工资、薪金总额包括职工福利费

15. 某企业 2021 年支付如下费用：合同工工资 105 万元，实习生工资 20 万元；返聘离退休人员工资 30 万元；支付劳务派遣人员用工费 40 万元。2021 年企业计算企业所得税时允许扣除的职工工会经费限额是(　　)万元。

A. 3.9　　B. 3.1

C. 2.5　　D. 2.1

16. 纳税人通过国内非营利的社会团体、国家机关的公益、救济性捐赠，在年度(　　)12%以内的部分准予扣除。

A. 收入总额　　B. 利润总额

C. 纳税调整后所得　　D. 应纳税所得额

17. 下列利息收入中，不计入企业所得税应纳税所得额的是(　　)。

A. 企业债券利息　　B. 外单位欠款付给的利息收入

C. 购买国债的利息收入　　D. 银行存款利息收入

18. 某外商投资企业某年实现利润总额为 200 万元，通过境内民政局向灾区捐赠 20 万元，若无其他调整项目，该企业的应税所得额为(　　)万元。

A. 180　　B. 176

C. 200　　D. 220

19. 某企业 2020 年销售收入 1 000 万元，广告费支出 160 万元，2021 年销售收入 2 000万元，广告费支出 130 万元，则 2021 年准予税前扣除的广告费为(　　)万元。

A. 100　　B. 200

C. 140　　D. 130

20. 某企业全年营业收入 5 000 万元，全年实际发生业务招待费 30 万元，按规定可在税前费用中列支的业务招待费应为(　　)万元。

A. 20　　B. 18

C. 19　　D. 25

21. 下列收入项目中，不需征收企业所得税的是(　　)。

A. 财政拨款收入　　B. 特许权使用费收入

C. 财产租赁收入　　D. 股息收入

22. 根据企业所得税法的规定，下列各项中，在计算应纳税所得额时准予按一定比例扣除的公益性捐赠是(　　)。

A. 纳税人直接向某学校的捐赠

B. 纳税人通过企业向自然灾害地区的捐赠

C. 纳税人通过电视台向灾区的捐赠

D. 纳税人通过民政部门向贫困地区的捐赠

23. 某企业 2021 年实现主营业务收入 1 600 万元，本年度发生广告费 144 万元，业务宣传费 36 万元，下列选项中，关于广告费和业务宣传费在税前扣除的说法，正确的是(　　)。

A. 广告费可在税前扣除 128 万元

B. 业务宣传费可在税前扣除 36 万元

C. 广告、业务宣传费合计可在税前扣除 180 万元

D. 广告、业务宣传费合计可在税前扣除 240 万元

24. 在计算企业所得税应纳税所得额时，企业发生的下列项目不准扣除的是（　　）。

A. 企业自行开发无形资产未形成资产的部分

B. 非公益性捐赠

C. 纳税人为其他独立纳税人提供与本身应税收入有关的贷款担保，因被担保方不能还清贷款而由担保人承担的本息

D. 发生自然灾害或意外事故损失无赔偿的部分

25. 企业支付的下列保险费，不得在企业所得税税前扣除的是（　　）。

A. 企业为投资者购买的商业保险

B. 企业按规定为职工购买的工伤保险

C. 企业为特殊工种职工购买的法定人身安全保险

D. 企业为本单位车辆购买的交通事故责任强制保险

26. 根据《企业所得税法》的相关规定，企业支付的广告宣传费，所得税前扣除的一般办法是（　　）。

A. 据实扣除　　B. 不得扣除

C. 按销售（营业）收入的 15%限额扣除　　D. 按销售（营业）收入的 12%限额扣除

27. 某企业 2017 年度发生亏损，根据《企业所得税法》的相关规定，该亏损额可以用以后纳税年度的所得逐年弥补，但延续弥补的期限最长不得超过（　　）年。

A. 2019　　B. 2020

C. 2021　　D. 2022

28. 根据《企业所得税法》的相关规定，下列各项中，符合企业所得税弥补亏损的是（　　）。

A. 被投资企业发生经营亏损，可用投资方所得弥补

B. 企业境外分支机构的亏损，可用境内总机构的所得弥补

C. 境内总机构发生的亏损，可用境外分支机构的所得弥补

D. 企业境外分支机构的亏损，不可以用境外另一家分支机构的所得弥补

29. 下列关于资产计税基础的说法中，错误的是（　　）。

A. 资产的计税基础是指资产在未来期间计税时按税法规定可以税前扣除的金额

B. 资产的计税基础是指企业在收回资产账面价值的过程中，计算应纳税所得额时按税法规定可以从应税经济利益中抵扣的金额

C. 资产的计税基础＝未来可税前扣除的金额

D. 资产的计税基础＝资产的账面价值－未来可税前扣除的金额

30. 运输货物的大卡车，最低折旧年限是（　　）年。

A. 2　　B. 4

C. 5　　D. 10

31. 某非居民企业在境内设立机构、场所，因会计账簿不健全，不能正确核算收入总额，但成本费用总额120万元能够准确核算。税务机关决定按照核定的方法征收企业所得税，税务机关核定的应税所得率为20%，该企业应缴纳的企业所得税额为(　　)万元。

A. 8　　B. 10

C. 7.5　　D. 20

32. 下列情形中，不应该核定征收企业所得税的是(　　)。

A. 依照法律、行政法规的规定可以不设置账簿的

B. 擅自销毁账簿或者拒不提供纳税资料的

C. 发生纳税义务，未按照规定的期限办理纳税申报，经税务机关责令限期申报，逾期申报的

D. 虽设置账簿，但账目混乱或者成本资料、收入凭证、费用凭证残缺不全，难以查账的

33. 下列无形资产不得计算摊销在企业所得税前扣除的是(　　)。

A. 外购的无形资产

B. 自创商誉

C. 自行研发符合资本化的无形资产

D. 受赠获取的无形资产

34. 企业来源于境外所得，已在境外实际缴纳的所得税税款，在汇总纳税并按规定计算扣除限额时，如果境外实际缴纳的税款超过扣除限额，对超过部分的处理方法是(　　)。

A. 列为当年费用支出

B. 从本年的应纳所得税额中扣除

C. 用以后年度税额扣除的余额补扣，补扣期限最长不得超过5年

D. 从以后年度境外所得中扣除

35. 某美国企业实际管理机构不在中国境内，但在中国境内设立了分支机构。2021年该分支机构在中国境内取得咨询业务不含税所得500万元；在美国取得与该分支机构无实际联系的所得80万元。2021年度该境内机构在中国应缴纳企业所得税(　　)万元。

A. 125　　B. 50

C. 100　　D. 145

36. 境内居民企业登记注册地与实际经营管理地不一致时，其纳税地点按税法规定应该是(　　)。

A. 登记注册地　　B. 实际经营管理地

C. 由税务机关决定　　D. 由纳税人自行决定

37. 非居民企业在中国境内未设立机构、场所的，以(　　)为企业所得税纳税地点。

A. 收入发生地　　B. 业务发生地

C. 扣缴义务人所在地　　D. 机构、场所所在地

38. 缴纳企业所得税，月份或季度终了后要在规定的期限内预缴，年度终了后要在规定的期限内汇算清缴，其预缴、汇算清缴的规定期限分别是(　　)。

A. 7日、45日　　B. 15日、45日

C. 15日、5个月　　D. 15日、4个月

39. 纳税人进行破产清算时，应当以(　　)作为一个企业所得税的纳税年度计算清算所得。

A. 当年 1 月 1 日至清算开始日期　　B. 当年 1 月 1 日至清算结束日期

C. 当年 1 月 1 日至 12 月 31 日　　D. 清算期间

40. 下列关于企业所得税纳税地点的表述中，错误的是(　　)。

A. 居民企业在中国境内设立不具有法人资格的营业机构的，应当汇总计算缴纳企业所得税

B. 非居民企业在中国境内设立两个或两个以上机构、场所的，经税务机关审核批准，可以选择由其主要机构、场所汇总缴纳企业所得税

C. 非居民企业在中国境内未设立机构、场所的，以扣缴义务人所在地为纳税地点

D. 非居民企业在中国境内设立机构、场所，但发生在境外与所设机构、场所有实际联系的所得，以扣缴义务人所在地为纳税地点

41. 固定资产后续计量时计税基础的计算公式是(　　)。

A. 计税基础＝成本－累计折旧(会计)－固定资产减值准备

B. 计税基础＝成本－累计折旧(税法)－固定资产减值准备

C. 计税基础＝成本－累计折旧(税法)

D. 计税基础＝成本－固定资产减值准备

42. 下列有关暂时性差异的说法中，正确的是(　　)。

A. 暂时性差异是指资产、负债的账面价值与其计税基础不同产生的差额

B. 当负债的账面价值大于计税基础时，对应的是应纳暂时性差异

C. 预计负债的计税基础应为 0

D. 当资产的账面价值大于计税基础时，对应的是可抵扣暂时性差异

43. 下列有关所得税会计的说法中，错误的是(　　)。

A. 当负债的账面价值大于计税基础时，会产生可抵扣暂时性差异

B. 在计算应税所得时，新增可抵扣暂时性差异额应追加税前会计利润

C. 在计算应税所得时，转回应纳税暂时性差异额应抵减当期税前会计利润

D. 长期资产的减值计提会产生可抵扣暂时性差异

44. 甲企业 2021 年 12 月 31 日“预计负债”账户显示：因产品质量保证确认预计负债 100 万元；涉及诉讼的环保部门罚款支出确认预计负债 300 万元，则预计负债的计税基础为(　　)万元。

A. 100　　B. 200

C. 300　　D. 400

45. 甲公司 2020 年 12 月 7 日购入一项设备，原价为 1 500 万元，预计使用年限为 10 年，预计净残值为零，会计上按双倍余额递减法计提折旧，税法规定按直线法计提折旧，预计使用年限、净残值与会计相同。甲公司适用的所得税税率为 25%，则甲公司 2021 年年末应确认的递延所得税资产为(　　)万元。

A. 0　　B. 37.5

C. 18.75　　D. 34.38

二、多项选择题

1. 下列属于企业所得税征税范围的有(　　)。

A. 在中国境内未设立机构、场所的非居民企业来源于中国境内的所得

B. 在中国境内设立机构、场所的非居民企业,其机构、场所有来源于中国境内的所得

C. 在中国境内未设立机构、场所的非居民企业来源于中国境外的所得

D. 在中国境内设立机构、场所的非居民企业,从境外取得的与机构、场所没有实际联系所得

2. 以下属于非居民企业的有(　　)。

A. 依中国法律在中国境内成立的企业

B. 依照外国(地区)法律成立但实际管理机构在中国境内的企业

C. 依照外国(地区)法律成立且实际管理机构不在中国境内,但在中国境内设立机构、场所的企业

D. 在中国境内未设立机构、场所,但有来源于中国境内所得的企业

3. 企业从事下列项目的所得,免征企业所得税的有(　　)。

A. 农技推广

B. 农产品初加工

C. 远洋捕捞

D. 海水养殖

4. 依据企业所得税法的规定,判定居民企业的标准有(　　)。

A. 登记注册地标准

B. 所得来源地标准

C. 经营行为实际发生地标准

D. 实际管理机构所在地标准

5. 依据企业所得税的有关规定,下列行为应视同销售确认收入的有(　　)。

A. 将自产货物用于职工奖励

B. 将自建商品房转为固定资产

C. 将自产货物用于职工宿舍建设

D. 将外购货物用于交际应酬

6. 下列情况会形成可抵扣暂时性差异的有(　　)。

A. 资产的账面价值大于其计税基础

B. 资产的账面价值小于其计税基础

C. 负债的账面价值大于其计税基础

D. 负债的账面价值小于其计税基础

7. 下列项目可以享有加计扣除的有(　　)。

A. 企业安置残疾人员所支付的工资

B. 企业购置节水专用设备的投资

C. 开发新技术、新产品、新工艺发生的研究开发费用

D. 购进的环境保护专用设备的投资

8. 根据《企业所得税法》的规定,下列属于不征税收入的有(　　)。
A. 企业转让资产所得
B. 国债利息收入
C. 依法收取并纳入财政管理的行政事业性收费
D. 财政拨款

9. 下列选项中,符合企业所得税减计收入和税额抵免优惠政策的有(　　)。
A. 企业综合利用资源生产符合国家产业政策规定的产品所取得的收入,可以在计算应纳税所得额时减计收入
B. 企业购置并实际使用规定的环境保护专用设备的,该专用设备的投资额的10%可以从企业当年的应纳税额中抵免
C. 企业购置规定的专用设备在5年内转让、出租的,应当停止享受企业所得税优惠,并补缴已经抵免的企业所得税税款
D. 综合利用资源指企业以规定的资源作为主要原材料,生产国家非限制和禁止并符合国家和行业相关标准的产品取得的收入,减按80%计入收入总额

10. 企业取得的下列收入,属于企业所得税免税收入的有(　　)。
A. 国债利息收入
B. 企业债券利息收入
C. 符合条件的居民企业之间的红利、股息等权益性投资收益
D. 居民企业从在中国境内设立机构、场所的非居民企业取得的股息等权益性投资收益

11. 下列项目中,属于纳税调整增加额的项目有(　　)。
A. 职工教育经费支出超标准　　B. 利息费用支出超标准
C. 公益救济性捐赠超标准　　D. 查补的增值税

12. 下列项目中,属于纳税调整减少额的项目有(　　)。
A. 查补的消费税　　B. 多提的职工福利费
C. 国债利息收入　　D. 多列的无形资产摊销费

13. 根据《企业所得税法》的规定,下列各项中,准予从收入总额中扣除的项目有(　　)。
A. 烟草企业的广告费
B. 化工厂为职工向保险公司购买商业保险
C. 房地产企业支付的银行罚息
D. 商业企业发生的资产盘亏扣除赔偿部分后的净损失

14. 根据《企业所得税法》的规定,下列各项中,属于计算企业应纳税所得额时不得扣除的项目有(　　)。
A. 缴纳的消费税　　B. 缴纳的税收滞纳金
C. 存货跌价准备金　　D. 非公益性捐赠支出

15. 根据《企业所得税法》的规定,下列收入中,应计入应纳税所得额的有(　　)。
A. 财产转让收入　　B. 因债权人缘故确实无法支付的应付款项
C. 现金溢余收入　　D. 事业单位财政拨款

16. 根据《企业所得税法》的规定，企业取得的下列收入中可以作为广告费和业务宣传费税前扣除限额计算基数的有(　　)。

A. 转让无形资产所有权取得的收入

B. 接受捐赠取得的收入

C. 出租房屋使用权取得的收入

D. 销售原材料取得的收入

17. 下列关于利息费用扣除的表述中，正确的有(　　)。

A. 非金融企业向金融企业借款的利息支出可据实扣除

B. 非金融企业向非金融企业借款的利息支出，不超过按照金融企业同期同类贷款利率计算的数额的部分可据实扣除，超过部分不允许扣除

C. 企业实际支付给关联方的利息支出，除另有规定外，其接受关联方债权性投资与其权益性投资比例，金融企业的是 2∶1

D. 企业从其关联方接受的债权性投资与权益性投资的比例超过规定标准而发生的利息支出，不得在计算应纳税所得额时扣除

18. 企业缴纳的下列保险金可以在税前直接扣除的有(　　)。

A. 为特殊工种的职工支付的人身安全保险费

B. 为没有工作的董事长夫人缴纳的社会保险费用

C. 为投资者或者职工支付的商业保险费

D. 按照国家规定标准和范围为董事长缴纳的补充养老保险金

19. 依据《企业所得税法》的相关规定，企业发生的广告费和业务宣传费可按当年销售(营业)收入的 30%的比例扣除的有(　　)。

A. 白酒制造企业

B. 化妆品销售企业

C. 医药制造企业

D. 化妆品制造企业

20. 根据《企业所得税法》相关规定，下列固定资产不得计算折旧在税前扣除的有(　　)。

A. 未投入使用的机器设备

B. 以经营租赁方式租入的生产线

C. 以融资租赁方式租入的机床

D. 与经营活动无关的小汽车

21. 下列关于长期待摊费用的表述中，正确的有(　　)。

A. 大修理支出，按照固定资产尚可使用年限分期摊销

B. 已足额提取折旧的固定资产的改建支出，按照固定资产预计尚可使用年限分期摊销

C. 租入固定资产的改建支出，按照合同约定的剩余租赁期限分期摊销

D. 其他应当作为长期待摊费用的支出，自支出发生月份的次月起，分期摊销，摊销年限不得低于 5 年

22. 假定某企业持有一项交易性金融资产，成本为 1 000 万元，期末公允价值为1 500万元，所得税税率为 25%，递延所得税资产和递延所得税负债均无期初余额。下列说法正确的有(　　)。

A. 产生应纳暂时性差异 500 万元
B. 确认递延所得税负债 125 万元
C. 产生可抵扣暂时性差异 500 万元
D. 确认递延所得税资产 125 万元

23. 根据《企业所得税法》的相关规定，在中国境内未设立机构、场所的非居民企业从中国境内取得的下列所得，应按收入全额计算征收企业所得税的有(　　)。

A. 股息、红利所得　　B. 利息所得
C. 租金所得　　D. 转让财产所得

24. 关于企业所得税的纳税地点，下列表述正确的有(　　)。

A. 非居民企业在中国未设立机构、场所的，以扣缴义务人所在地为纳税地点
B. 非居民企业在中国境内设立两个机构、场所的，应分别申报缴纳企业所得税
C. 居民企业登记注册地在境外的，以实际管理机构所在地为纳税地点
D. 居民企业一般以企业登记注册地为纳税地点

25. 关于企业所得税纳税申报的正确说法有(　　)。

A. 企业应当自月份或者季度终了之日起 15 日内，向税务机关报送预缴企业所得税纳税申报表，预缴税款
B. 企业应当自年度终了之日起 4 个月内，向税务机关报送年度企业所得税纳税申报表，并汇算清缴，结清应缴应退税款
C. 年度中间终止经营活动的，应当自实际经营终止之日起 30 日内，向税务机关办理当期企业所得税汇算清缴
D. 在办理注销登记前，就其清算所得向税务机关申报并依法缴纳企业所得税

26. 下列关于居民企业所得税征收管理表述正确的有(　　)。

A. 除税收法律、行政法规另有规定外，居民企业以企业登记注册地为纳税地点
B. 登记注册地在境外的，以实际管理机构所在地为纳税地点
C. 居民企业，应当汇总计算并缴纳企业所得税
D. 企业在纳税年度内无论盈利或者亏损，无须进行纳税申报

27. 下列用于计算递延所得税资产的计算公式中，正确的有(　　)。

A. 递延所得税资产(余额)＝可抵扣暂时性差异×转回期所得税税率
B. 递延所得税资产(余额)＝可抵扣暂时性差异×发生期所得税税率
C. 递延所得税资产(发生额)＝可抵扣暂时性差异×发生期适用所得税税率－递延所得税资产期初余额
D. 递延所得税资产(发生额)＝可抵扣暂时性差异×转回期适用所得税税率－递延所得税资产期初余额

28. 下列关于递延所得税资产的所得税处理，正确的有(　　)。

A. 企业初始确认递延所得税资产时，借记“递延所得税资产”科目，贷记“所得税费用”科目
B. 企业在进行递延所得税资产后续计量时，按递延所得税资产应有余额大于账面余额的差额，借记“递延所得税资产”科目，贷记“所得税费用”科目

C. 企业在进行递延所得税资产后续计量时，按递延所得税资产应有余额小于账面余额的差额，借记“所得税费用”科目，贷记“递延所得税资产”科目

D. 与直接计入所有者权益的交易或事项相关的递延所得税资产，应借记“递延所得税资产”科目，贷记“其他综合收益”科目

三、判断题

1. 企业所得税的纳税人仅指企业，不包括社会团体。（　）

2. 企业所得税法也适用于个人独资企业、合伙企业。（　）

3. 在中国境内设立的外商投资企业，应就来源于我国境内、境外的所得缴纳所得税。（　）

4. 外国企业在中国境内未设有机构、场所，但有来源于中国境内的所得时，应按我国税法规定缴纳企业所得税。（　）

5.《企业所得税法》中的居民企业纳税义务人负有全面纳税义务，应就其来源于境内、境外所得申报缴纳企业所得税。（　）

6. 综合利用资源，生产国家非限制和禁止并符合国家和行业相关标准的产品取得的收入，减按 90%计入收入总额。（　）

7. 在中国境内设有机构、场所且所得与机构、场所有关联的非居民企业适用 20%的企业所得税税率。（　）

8. 捐赠支出可以在计算企业所得税前予以扣除。（　）

9. 企业从事蔬菜种植的所得免征企业所得税。（　）

10. 1 个纳税年度内，居民企业取得 800 万元的技术转让所得，免征企业所得税。（　）

11. 企业为开发新技术、新产品、新工艺发生的研究开发费用，未形成无形资产的，计入当期损益据实扣除。（　）

12.《企业所得税法》规定，企业安置残疾人员所支付的工资，在据实扣除的基础上，按照支付给残疾职工工资 100%加计扣除。（　）

13. 利息收入和股息收入一样都表现为全额增加企业所得税的应纳税所得额。（　）

14. 纳税人缴纳的增值税不得在企业所得税前扣除，但按照当期实际缴纳的增值税计算的城市维护建设税和教育费附加，准予在所得税前扣除。（　）

15. 纳税人在生产、经营期间的借款利息支出作为费用，在计算应纳税所得时，可以按实际发生数扣除。（　）

16. 企业发生的年度亏损，可用以后 5 个盈利年度的所得弥补。（　）

17. 某一般居民企业当年应纳税所得额为 50 万元，但上一年度利润表上亏损 48 万元，则当年应缴纳企业所得税 5 000 元。（　）

18. 确定应纳税所得额时，对企业生产、经营期间，向经中国人民银行批准从事金融业务的非银行金融机构的借款利息支出，可按照实际发生额从税前扣除。（　）

19. 递延所得税负债应以相关应纳暂时性差异转回期间按税法规定的适用税率计量。（　）

20. 在计征企业所得税时，非广告性质的赞助费不允许税前扣除，广告宣传费可以在税前正常列支。（ ）

21. 提取坏账准备金的企业，在计算企业所得税应纳税所得额时，实际发生的坏账损失大于已提取的坏账准备金的部分，不能在发生当期直接扣除。（ ）

22. 企业在计算应纳税所得额时，如出现会计制度与税收法规相抵触的情况，应由税务机关根据企业情况核定应纳税所得额。（ ）

23. 企业计算应纳所得税时，收到客户支付的违约金，应计入收入总额，一并计算缴纳企业所得税。（ ）

24. 纳税人在一个纳税年度的中间开业，或由于合并、关闭等原因使该纳税年度的实际经营期不足 12 个月的，以其实际经营期为一个纳税年度。（ ）

25. 非居民企业在中国境内设立机构、场所的，取得的所得以及发生在中国境外但与其所设立机构、场所有实际联系的所得，应当以机构、场所所在地为纳税地点。（ ）

26. 企业的成本费用核算和收入总额核算两项中，凡其中一项不合格者，就要采用定额征收企业所得税。（ ）

27. 企业可以对递延所得税资产和递延所得税负债进行折现。（ ）

28. 确认由可抵扣暂时性差异产生的递延所得税资产，应当以未来期间很可能取得用来抵扣可抵扣暂时性差异的应纳税所得额为限。（ ）

四、业务题

1. 某公司 2021 年度取得营业收入总额为 4 000 万元，成本、费用和损失共3 800万元，其中列支业务招待费 20 万元，广告宣传费支出 10 万元。全年缴纳增值税税额 50 万元、消费税税额 80 万元、城市维护建设税和教育费附加共计 13 万元，企业所得税税率为 25%。

要求：计算该公司当年应缴纳的企业所得税税额。

2. 某运输企业 2021 年资产总额为 700 万元，从业人员为 260 人，年度营业收入为 100 万元，各项成本支出为 95 万元，全年发生亏损 9 万元。经主管税务机关核查，该企业支出项目不能准确核算，需要采用核定应税所得率征收方式计算所得税。主管税务机关核定该企业的应税所得率为 10%。

要求：计算该企业年度应纳企业所得税税额。

3. 某企业 2021 年度境内总机构的应纳税所得额为 440 万元。其设在 A 国分支机构应税所得 240 万元，该国规定的企业所得税税率为 40%。设在 B 国分支机构应纳税所得额 120 万元，该国企业所得税税率为 30%。假设境外应税所得与我国税法规定计算的应纳税所得额相一致；境外所得均已分别按该国规定的税率缴纳了企业所得税税额分别为 96 万元、36 万元。该企业选择分国不分项方法计算来源于境外的应纳税所得额。

要求：计算该企业本年度应纳企业所得税税额。

4. 某中型工业企业 2021 年企业会计报表利润为 85 万元，未作任何调整，依 25%的企业所得税税率缴纳了企业所得税。该企业 2021 年度的有关账册资料如下：

(1) 企业长期借款账户中记载：年初向工行借款 10 万元，年利率为 10%；向其他企业借款 20 万元，年利率为 20%，上述借款均用于生产经营，利息支出均已列入财务费用。

(2) 全年销售收入为 5 000 万元,企业在管理费用中列支业务招待费 25 万元。

(3) 8 月份缴纳税收滞纳金 1 万元,10 月份通过民政部门向灾区捐赠 10 万元,均在营业外支出中列支。

(4) 企业投资收益中有国债利息收入 2 万元。

要求:指出企业存在的税款计算问题并计算应补缴的企业所得税税额。

5. 假如某企业适用 25%的企业所得税税率,2021 年度生产经营情况如下:产品销售收入 500 万元,产品销售成本 300 万元,产品销售费用 40 万元,发生管理费用 35 万元(其中业务招待费 5 万元),当年出租固定资产取得收入 40 万元,购买国债取得利息收入 10 万元,准许税前扣除的有关税费 30 万元,经批准向企业职工集资 100 万元,支付年息 15 万元,同期银行贷款利率为 10%,通过县级人民政府向南方遭受雪灾地区捐款 20 万元。

要求:计算该企业 2021 年度应缴纳的企业所得税税额。

6. 某企业 2021 年度会计账面利润 8 万元,自行向其主管税务机关申报的应纳税所得额 8 万元,申报缴纳所得税 2 万元(企业所得税税率为 25%)。经某注册会计师年终审查,发现与应纳税所得额有关的业务内容如下:

(1) 企业全年实发工资总额 211.64 万元,并按规定的 2%、14%和 8%的比例分别计算提取了职工工会经费、职工福利费、职工教育经费。

(2) 自行申报应纳税所得额中含本年度的国债利息收入 1.2 万元。

(3) 营业外支出账户列支有税收滞纳金 0.1 万元,向其关联企业赞助支出 3 万元。

(4) 管理费用账户中实际列支了全年的与生产经营有关的业务招待费 26.5 万元,经核定企业全年的主营业务收入总额为 6 500 万元。

要求:计算该企业本年度应缴纳的企业所得税税额及应补缴的企业所得税税额。

7. 某公司 2021 年资产总额 3 800 万元,从业人员 235 人,所得税实行按年计算,分季预缴,各季所得额如下:

第一季度累计计税所得额为 2 万元;第二季度累计计税所得额为 7 万元;第三季度累计计税所得额为 12 万元;第四季度累计计税所得额为 18 万元。

年终汇算清缴时,需调整事项如下:

(1) 按实付工资额 60 万元拨付了三项经费 14.4 万元,但其中工会经费未取得工会组织开具的专用收据;职工教育经费已经实际支付使用。

(2) 逾期包装物押金收入 1 万元不再退还,未计入收入。

(3) 因排污不当,被环保部门罚款 2 万元,已计入营业外支出。

要求:根据上述资料计算该企业 2021 年各季度预缴和全年应纳的企业所得税税额,以及年终汇算清缴应补(退)的企业所得税税额。

8. 某公司是外资持股 25%的重型机械生产企业,2021 年全年主营业务收入 7 500 万元,其他业务收入 2 300 万元,营业外收入 1 200 万元,主营业务成本 6 000 万元,其他业务成本1 300万元,营业外支出 800 万元,税金及附加 420 万元,销售费用 1 800 万元,管理费用 1 200 万元,财务费用 180 万元,投资收益 1 700 万元。当年发生的部分业务如下:

(1) 向 95%持股的境内子公司转让一项账面余值(计税基础)为 500 万元的专利技术,取得转让收入 700 万元,该项转让已经省科技部门认定登记。

(2) 发生广告费支出 1 542 万元，发生业务招待费支出 90 万元，其中有 20 万元未取得合法票据。

(3) 从事《国家重点支持的高新技术领域》规定项目的研究开发活动，对研发费用实行专账管理，发生研发费用支出 200 万元(未形成无形资产)。

(4) 就 2020 年税后利润向全体股东分配股息 1 000 万元。

其他相关资料：除非特别说明，各扣除项目均已取得有效凭证，相关优惠已办理必要手续。

要求：

(1) 计算该公司 2021 年度的会计利润总额。

(2) 计算该公司技术转让的纳税调整金额。

(3) 计算该公司广告费的纳税调整金额。

(4) 计算该公司业务招待费的纳税调整金额。

(5) 计算该公司研发费用支出的纳税调整金额。

(6) 计算该公司 2021 年应纳企业所得税税额。

9. 永江木业有限责任公司为增值税一般纳税人，从事木制品加工销售，增值税纳税期限为 1 个月，会计核算遵循企业会计准则。该公司 2021 年度的利润表(简表)如表 4-1 所示。

表 4-1　　　　**利润表(简表)**

编制单位：永江木业有限责任公司　　　　2021 年度　　　　单位：元

项目	金额
一、营业收入	48 870 000
减：营业成本	31 800 000
税金及附加	260 000
销售费用	4 500 000
管理费用	3 500 000
财务费用	1 200 000
信用减值损失	90 000
加：公允价值变动收益	0
投资收益	250 000
二、营业利润	7 770 000
加：营业外收入	154 500
减：营业外支出	1 325 520
三、利润总额	6 598 980

2022 年 1 月份，经聘请的会计师事务所审计，该公司的账务处理符合会计制度的规定，利润总额计算正确，获取的其他信息如下：

(1) 发生《企业所得税法》规定的视同销售行为，应确认的视同销售收入为 1 130 000 元，视同销售成本为 1 000 000 元。

(2) 全年实际发放工资总额为 5 000 000 元,其中当年雇佣的 15 名残疾职工工资为 320 000 元,经审查属于合理的工资、薪金正常列支。实际支付的工会经费、职工教育经费、职工福利费均符合税法规定的扣除比例。

(3) 销售费用中列支的广告费和业务宣传费为 2 250 000 元,以前年度尚未扣除的广告费为 1 200 000 元。

(4) 管理费用中列支业务招待费 600 000 元,新产品研发费用 300 000 元。

(5) 有一笔从其他企业借入的资金 1 000 000 元,本年度支付该项借款利息 120 000 元,已在财务费用中列支,同期同类银行贷款年利率 8%。

(6) 营业外支出中列支税收滞纳金和行政性罚款共 50 000 元。

(7) 投资收益 250 000 元,全部是从其投资的高科技企业分得的税后利润。

(8) 该公司 2020 年度亏损 2 000 000 元。

要求:

(1) 计算该公司视同销售的纳税调整金额。

(2) 计算该公司发放工资的纳税调整金额。

(3) 计算该公司广告费和业务宣传费的纳税调整金额。

(4) 计算该公司业务招待费和研究开发费用的纳税调整金额。

(5) 计算该公司利息支出的纳税调整金额。

(6) 计算该公司税收滞纳金和行政性罚款的纳税调整金额。

(7) 计算该公司投资收益的纳税调整金额。

(8) 计算该公司 2021 年度应纳企业所得税税额。

10. 甲公司 2021 年度利润总额为 750 万元,递延所得税资产和递延所得税负债均无余额。该公司当年与所得税核算有关的会计事项如下:

(1) 1 月 7 日,以 200 万元取得作为交易性金融资产核算的股票投资,年末该股票的公允价值为 400 万元,确认公允价值变动收益 200 万元。

(2) 年末存货账面余额 2 200 万元,经测试存货的可变现净值为 2 000 万元,计提存货跌价准备 200 万元。

(3) 因售后服务确认预计负债 100 万元。

(4) 确认国债利息收入 30 万元。

(5) 支付税收滞纳金、罚款 20 万元。该公司适用的所得税税率为 25%。

要求:根据上述资料运用资产负债表债务法进行所得税会计核算。

第三部分 参考答案

一、单项选择题

1. **【答案】** B

【解析】 选项 A,企业所得税的纳税人分为居民企业和非居民企业,个体工商户不属于企业所得税纳税人,因此不属于居民企业。选项 CD,居民企业是指依法在中国境内成立,或者依照外国(地区)法律成立但实际管理机构在中国境内的企业。

2. 【答案】D

【解析】转让财产所得:①不动产转让所得按照不动产所在地确定;②动产转让所得按照转让动产的企业或者机构、场所所在地确定;③权益性投资资产转让所得按照被投资企业所在地确定。

3. 【答案】D

【解析】除个人独资企业、合伙企业不适用《企业所得税法》外,在我国境内,企业和其他取得收入的组织为企业所得税的纳税人,依照法律规定缴纳企业所得税。

4. 【答案】B

【解析】选项 A,符合条件的小型微利企业取得所得,适用的税率为 20%。选项 C,国家需要重点扶持的高新技术企业减按 15%的税率征收企业所得税。选项 D,适用的税率为 25%。

5. 【答案】D

【解析】小型微利企业是指从事国家非限制和禁止行业,且同时符合年度应纳税所得额不超过 300 万元、从业人数不超过 300 人、资产总额不超过 5 000 万元等三个条件的企业。

6. 【答案】D

【解析】一个纳税年度内,居民企业转让技术所有权所得不超过 500 万元的部分,免征企业所得税;超过 500 万元的部分,减半征收企业所得税。

7. 【答案】C

【解析】符合固定资产加速折旧条件,采取缩短折旧年限方法的,最低折旧年限不得低于规定折旧年限的 60%。

8. 【答案】D

【解析】小型微利企业所得税统一实行按季度预缴。

9. 【答案】B

【解析】在中国境内设立机构、场所的非居民企业从居民企业取得与该机构、场所有实际联系的股息、红利等权益性投资收益免征企业所得税。

10. 【答案】A

【解析】选项 BC,是免征企业所得税的。选项 D,适用减计收入优惠。

11. 【答案】C

【解析】可以采取加速折旧方法的固定资产,包括:①由于技术进步,产品更新换代较快的固定资产;②常年处于强震动、高腐蚀状态的固定资产。

12. 【答案】D

【解析】应纳税所得额=25−10+1=16(万元),符合小型微利企业的条件。根据税法规定,自 2021 年 1 月 1 日至 2022 年 12 月 31 日,对小型微利企业年应纳税所得额不超过 100 万元的部分,减按 12.5%计入应纳税所得额,按 20%的税率缴纳企业所得税;自 2022 年 1 月 1 日至 2024 年 12 月 31 日,对年应纳税所得额超过 100 万元但不超过 300 万元的部分,减按 25%计入应纳税所得额,按 20%的税率缴纳企业所得税。因此,该企业应缴纳的企业所得税税额=16×12.5%×20%=0.4(万元)。

13.【答案】A

【解析】增值税是价外税，不得在税前扣除。

14.【答案】A

【解析】作为三项经费扣除限额计算基数的工资、薪金总额是指实际发放的工资、薪金总和，不包括企业的职工福利费、职工教育经费、工会经费以及养老保险费、医疗保险费、失业保险费、工伤保险费、生育保险费的等社会保险费和住房公积金。

15.【答案】A

【解析】企业所得税税前实际发生的合理的工资薪金支出＝105＋20＋30＋40＝195(万元)，允许扣除的工会经费限额＝195×2%＝3.9(万元)。

16.【答案】B

【解析】纳税人通过国内非营利的社会团体、国家机关的公益、救济性捐赠，在年度利润总额的12%以内的部分准予扣除。

17.【答案】C

【解析】国债的利息收入属于免税收入，不计入企业所得税应纳税所得额。

18.【答案】C

【解析】外商投资企业通过境内民政局向灾区捐赠属于公益性捐赠，企业发生的公益性捐赠支出，不超过年度利润总额12%的部分，准予扣除；超过年度利润总额12%的部分，准予以后3年内在计算应纳税所得额时结转扣除。

公益性捐赠的扣除限额＝200×12%＝24(万元)。

实际发生的捐赠额20万元未超过税法扣除限额，准予全额扣除，无须进行纳税调整，则:企业的应纳税所得额＝利润总额＝200(万元)。

19.【答案】C

【解析】企业发生的符合条件的广告费和业务宣传费支出，除国务院财政、税务主管部门另有规定外，不超过当年销售(营业)收入15%的部分，准予扣除；超过部分，准予结转以后纳税年度扣除。

2020年度扣除限额＝1 000×15%＝150(万元)小于当年实际发生的金额160万元，当年只能税前扣除150万元，未扣除的10万元结转以后年度扣除。

2021年度扣除限额＝2 000×15%＝300(万元)大于当年实际发生130万元，可全额扣除，上一年度未扣完的10万元本年度可以继续扣除，所以2021年度可税前扣除的广告宣传费＝130＋10＝140(万元)。

20.【答案】B

【解析】企业发生的与生产经营活动有关的业务招待费支出，按照发生额的60%扣除，但最高不得超过当年销售(营业)收入的5‰。

实际发生额的60%＝30×60%＝18(万元)

当年销售(营业)收入的5‰＝5 000×5‰＝25(万元)

税法扣除限额为18万元，小于实际发生额30万元，所以可在税前费用中列支的业务招待费为18万元。

21.【答案】A

【解析】财政拨款属于不征税收入，不需征收企业所得税。

22.【答案】D

【解析】企业发生的公益性捐赠支出，不超过年度利润总额 12% 的部分，准予扣除。公益性捐赠是指企业通过公益性社会团体或者县级以上人民政府及其部门，用于符合法律规定的慈善活动、公益事业的捐赠。用于公益事业的捐赠支出，是指《中华人民共和国公益事业捐赠法》规定的向公益事业的捐赠支出，具体范围包括：①救助灾害、救济贫困、扶助残疾人等困难的社会群体和个人的活动；②教育、科学、文化、卫生、体育事业；③环境保护、社会公共设施建设；④促进社会发展和进步的其他社会公共和福利事业。选项 ABC 都不属于公益性捐赠。

23.【答案】C

【解析】企业发生的符合条件的广告费和业务宣传费支出，除国务院财政、税务主管部门另有规定外，不超过当年销售(营业)收入 15% 的部分，准予扣除；超过部分，准予结转以后纳税年度扣除。

广告宣传费扣除限额＝1 600×15%＝240(万元)＞2021 年实际发生广告宣传费 180 万元(144＋36)，因此广告、业务宣传费合计可在税前扣除 180 万元。

24.【答案】B

【解析】非公益性捐赠，不得在企业所得税前扣除。

25.【答案】A

【解析】除企业依照国家有关规定为特殊工种职工支付的人身安全保险费和国务院财政、税务主管部门规定可以扣除的其他商业保险费外，企业为投资者或者职工支付的商业保险费，不得扣除。

26.【答案】C

【解析】企业发生的符合条件的广告费和业务宣传费支出，除国务院财政、税务主管部门另有规定外，不超过当年销售(营业)收入 15% 的部分，准予扣除；超过部分，准予结转以后纳税年度扣除。

27.【答案】D

【解析】税法规定，企业某一纳税年度发生的亏损可以用下一年度的所得弥补，下一年度的所得不足以弥补的，可以逐年延续弥补，但最长不得超过 5 年。企业 2017 年度发生亏损，延续弥补的期限最长不得超过 2022 年。

28.【答案】C

【解析】选项 B 和 D，企业在汇总计算缴纳企业所得税时，其境外营业机构的亏损不得抵减境内营业机构的盈利，但境外同一国家的亏损可以相互弥补。选项 A，被投资企业发生经营亏损，不可用投资方所得弥补。

29.【答案】D

【解析】选项 D，资产的计税基础＝未来可税前扣除的金额。

30.【答案】B

【解析】除国务院财政、税务主管部门另有规定外，固定资产计算折旧的最低年限如下：①房屋、建筑物，为 20 年；②飞机、火车、轮船、机器、机械和其他生产设备，为 10 年；

③与生产经营活动有关的器具、工具、家具等，为5年；④飞机、火车、轮船以外的运输工具，为4年；⑤电子设备，为3年。运输货物的大卡车，最低折旧年限应该是4年。

31.【答案】C

【解析】应纳税所得额＝成本费用总额÷(1－应税所得率)×应税所得率＝120÷(1－20%)×20%＝30(万元)，应缴纳企业所得税税额＝30×25%＝7.5(万元)。

32.【答案】C

【解析】选项C，发生纳税义务，未按照规定的期限办理纳税申报，经税务机关责令限期申报，逾期仍不申报的，应该核定征收企业所得税。

33.【答案】B

【解析】下列无形资产不得计算摊销费用扣除：①自行开发的支出已经在计算应纳税所得额时扣除的无形资产；②自创商誉；③与经营活动无关的无形资产；④其他不得计算摊销费用扣除的无形资产。

34.【答案】C

【解析】企业已在境外缴纳的所得税税额未超过抵免限额的，按照实际已缴纳税额抵免；超过抵免限额的部分，不得在本年度的应纳税额中扣除，但可以在以后5个年度内，用每年度抵免限额抵免当年应抵税额后的余额进行抵补。

35.【答案】A

【解析】该美国企业实际管理机构不在中国境内，但是在中国境内设立分支机构，属于在中国境内设立机构、场所的非居民企业，应当就其所设机构、场所取得的来源于中国境内的所得，以及发生在中国境外但与其所设机构、场所有实际联系的所得，在中国缴纳企业所得税。在美国取得80万元的所得与境内分支机构无实际联系，所以不在中国纳税。在中国境内设有机构、场所且取得的所得与所设机构、场所有关联的非居民企业，适用25%的基本税率。2021年度该境内机构在中国应缴纳企业所得税税额＝500×25%＝125(万元)。

36.【答案】A

【解析】除税收法律、行政法规另有规定外，居民企业以企业登记注册地为纳税地点；但登记注册地在境外的，以实际管理机构所在地为纳税地点；居民企业在中国境内设立不具有法人资格的营业机构的，应当汇总计算并缴纳企业所得税。

37.【答案】C

【解析】非居民企业在中国境内未设立机构、场所的，或者虽设立机构、场所但取得的所得与其所设机构、场所没有实际联系的非居民企业，以扣缴义务人所在地为纳税地点。

38.【答案】C

【解析】按月或按季预缴的，应当自月份或者季度终了之日起15日内，向税务机关报送预缴企业所得税纳税申报表，预缴税款。企业应当自年度终了之日起5个月内，向税务机关报送年度企业所得税纳税申报表，并汇算清缴，结清应缴应退税款。

39.【答案】D

【解析】企业依法清算时，应当以清算期间作为1个纳税年度。

40.【答案】D

【解析】选项D,非居民企业在中国境内设立机构、场所,但发生在境外与所设机构、场所有实际联系的所得,以机构、场所所在地为纳税地点。

41. 【答案】C

【解析】固定资产后续计量时计税基础的计算公式为:计税基础=成本-累计折旧。

42. 【答案】A

【解析】选项B,当负债的账面价值大于计税基础时,对应的是可抵扣暂时性差异。选项C,在某些情况下,或有事项确认的预计负债,如果税法规定其支出无论是否实际发生均不允许税前扣除,即未来期间按税法规定可抵扣的金额为零,该预计负债的账面价值等于计税基础。选项D,当资产的账面价值大于计税基础时,对应的是应纳暂时性差异。

43. 【答案】C

【解析】在计算应纳税所得额时,转回应纳税暂时性差异额应增加当期税前会计利润。

44. 【答案】C

【解析】因产品质量保证计提的费用只有在未来实际发生时才能在税前据实扣除,而环保部门罚款支出无论是否发生均不得扣除。所以,因质量保证产生的预计负债计税基础为零(100-100);环保部门罚款确认的预计负债计税基础为300万元(300-0)。

45. 【答案】B

【解析】2021年末账面价值=1 500-1 500×20%=1 200(万元),计税基础=1 500-1 500÷10=1 350(万元),则产生可抵扣暂时性差异=1 350-1 200=150(万元),确认递延所得税资产=150×25%=37.5(万元)。

二、多项选择题

1. 【答案】AB

【解析】居民企业承担全面纳税义务,就其来源于我国境内外的全部所得纳税;非居民企业承担有限纳税义务,一般只就其来源于我国境内的所得纳税。选项D,设立机构、场所的非居民企业,从境外取得的所得,如果与所设机构、场所没有实际联系,则不是企业所得税的征税范围。

2. 【答案】CD

【解析】非居民企业,是指依照外国(地区)法律成立且实际管理机构不在中国境内,但在中国境内设立机构、场所,或者在中国境内未设立机构、场所,但有来源于中国境内所得的企业。选项AB,属于居民企业。

3. 【答案】ABC

【解析】选项D,企业从事海水养殖取得的所得,减半征收企业所得税。

4. 【答案】AD

【解析】依据《企业所得税法》的规定,判定居民企业的标准为登记注册地标准和实际管理机构所在地标准。

5. 【答案】AD

【解析】选项BC,均属于内部处置资产,不属于视同销售。

6. 【答案】BC

【解析】可抵扣暂时性差异通常产生于以下两种情况:①资产的账面价值小于计税基础;②负债的账面价值大于计税基础。

7.【答案】AC

【解析】选项BD,属于税额抵免优惠,即企业购置并实际使用《环境保护专用设备企业所得税优惠目录》《节能节水专用设备企业所得税优惠目录》和《安全生产专用设备企业所得税优惠目录》规定的环境保护、节能节水、安全生产等专用设备的,该专用设备的投资额的10%可以从企业当年的应纳税额中抵免;当年不足抵免的,可以在以后5个纳税年度结转抵免。

8.【答案】CD

【解析】企业所得税中不征税收入包括:财政拨款;依法收取并纳入财政管理的行政事业性收费、政府性基金;国务院规定的其他不征税收入。

9.【答案】ABC

【解析】选项D,综合利用资源指企业以规定的资源作为主要原材料,生产国家非限制和禁止并符合国家和行业相关标准的产品取得的收入,减按90%计入收入总额。

10.【答案】AC

【解析】选项B,企业债券的利息属于应税收入。选项D,在中国境内设立机构、场所的非居民企业从居民企业取得的与该机构、场所有实际联系的股息、红利等权益性投资收益为免税收入,该收益不包括连续持有居民企业公开发行并上市流通的股票不足12个月取得的投资收益。

11.【答案】ABC

【解析】选项D,查补的增值税,不作纳税调整。

12.【答案】AC

【解析】选项BD,属于纳税调整增加额项目。

13.【答案】CD

【解析】选项A,烟草企业的烟草广告费和业务宣传费支出,一律不得在计算应纳税所得额时扣除。选项B,企业为职工支付的商业保险费,不得扣除。

14.【答案】BCD

【解析】选项A,缴纳的消费税,属于价内税,可以税前扣除。

15.【答案】ABC

【解析】选项D,事业单位财政拨款属于不征税收入,不计入应纳税所得额。

16.【答案】CD

【解析】广告费和业务宣传费扣除限额的计算基数是销售(营业)收入,这里的销售(营业)收入包括主营业务收入、其他业务收入和视同销售收入。选项AB,属于营业外收入,不可以作为广宣费的计算基数。

17.【答案】ABD

【解析】选项C,企业实际支付给关联方的利息支出,除另有规定外,其接受关联方债权性投资与其权益性投资比例为:金融企业为5∶1;其他企业为2∶1。

18.【答案】AD

【解析】选项B,因为董事长的夫人不属于企业的职工,为其缴纳的社会保险费属于与本企业的收入没有关系的支出,所以不得在税前扣除。选项C,企业为投资者或者职工支付的商业保险费,不得税前扣除。

19. 【答案】BCD

【解析】对化妆品制造或销售、医药制造和饮料制造(不含酒类制造)企业发生的广告费和业务宣传费支出,不超过当年销售(营业)收入30%的部分,准予扣除;超过部分,准予在以后纳税年度结转扣除。

20. 【答案】ABD

【解析】税法规定,下列固定资产不得计算折旧扣除:①房屋、建筑物以外未投入使用的固定资产;②以经营租赁方式租入的固定资产;③以融资租赁方式租出的固定资产;④已足额提取折旧仍继续使用的固定资产;⑤与经营活动无关的固定资产。

21. 【答案】ABC

【解析】选项D,其他应当作为长期待摊费用的支出,自支出发生月份的次月起,分期摊销,摊销年限不得低于3年。

22. 【答案】AB

【解析】该交易性金融资产的账面价值为1 500万元,计税基础为1 000万元,账面价值大于计税基础,产生应纳暂时性差异500万元,确定递延所得税负债为125万元(500×25%)。

23. 【答案】ABC

【解析】选项D,在中国境内未设立机构、场所的非居民企业从中国境内取得的转让财产所得,以收入全额减除财产净值后的余额为企业所得税应纳税所得额。

24. 【答案】ACD

【解析】选项B,非居民企业在中国境内设立两个或者两个以上机构、场所的,经税务机关审核批准,可以选择由其主要机构、场所汇总缴纳企业所得税。

25. 【答案】AD

【解析】选项B,企业应当自年度终了之日起5个月内,向税务机关报送年度企业所得税纳税申报表,并汇算清缴,结清应缴应退税款。选项C,企业在年度中间终止经营活动的,应当自实际经营终止之日起60日内,向税务机关办理当期企业所得税汇算清缴。

26. 【答案】AB

【解析】选项C,居民企业在中国境内设立不具有法人资格的营业机构的,应当汇总计算并缴纳企业所得税。选项D,企业在纳税年度内无论盈利或者亏损,都应该按照相关规定进行纳税申报。

27. 【答案】AD

【解析】递延所得税资产(余额)=可抵扣暂时性差异×转回期所得税税率;递延所得税资产(发生额)=可抵扣暂时性差异×转回期适用所得税税率-递延所得税资产期初余额。

28. 【答案】ABCD

三、判断题

1.【答案】×

【解析】除个人独资企业、合伙企业不适用《企业所得税法》外，凡在我国境内的企业和其他取得收入的组织均为企业所得税的纳税义务人。

2.【答案】×

【解析】《企业所得税法》不适用于个人独资企业、合伙企业，个人独资企业、合伙企业适用《个人所得税法》。

3.【答案】√

【解析】在中国境内设立的外商投资企业属于居民企业纳税义务人，负有无限纳税义务，应就来源于我国境内、境外的所得缴纳企业所得税。

4.【答案】√

【解析】外国企业属于非居民企业，非居民企业在中国境内未设立机构、场所的，应当就其来源于中国境内的所得缴纳企业所得税。

5.【答案】√

6.【答案】√

【解析】企业以《资源综合利用企业所得税优惠目录》规定的资源作为主要原材料，生产国家非限制和禁止并符合国家和行业相关标准的产品取得的收入，减按 90%计入收入总额。

7.【答案】×

【解析】在中国境内设有机构、场所且所得与机构、场所有关联的非居民企业适用 25%的企业所得税税率。

8.【答案】×

【解析】企业发生的公益性捐赠支出，不超过年度利润总额 12%的部分，准予扣除；超过年度利润总额 12%的部分，准予以后 3 年内在计算应纳税所得额时结转扣除。纳税人直接向受赠人捐赠，以及非公益性捐赠，不得在企业所得税前扣除。

9.【答案】√

10.【答案】×

【解析】一个纳税年度内，居民企业转让技术所有权所得不超过 500 万元的部分，免征企业所得税；超过 500 万元的部分，减半征收企业所得税。

11.【答案】×

【解析】在 2018 年 1 月 1 日至 2023 年 12 月 31 日，企业开展研发活动实际发生的研发费用，未形成无形资产计入当期损益的，在按照规定据实扣除的基础上，按照研究开发费用的 75%加计扣除。

12.【答案】√

13.【答案】×

【解析】国债利息收入；符合条件的居民企业之间的股息、红利等权益性投资收益；在中国境内设立机构、场所的非居民企业从居民企业取得的与该机构、场所有实际联系的股息、红利等权益性投资收益，属于免税收入，应全额减少企业所得税的应纳税所得额。

14.【答案】√

【解析】企业发生的除企业所得税和增值税以外的企业缴纳的各项税金及其附加，准予在所得税前扣除。

15.【答案】×

【解析】企业在生产、经营活动中发生的利息费用，如果是非金融企业向非金融企业借款的利息支出，不超过按照金融企业同期同类贷款利率计算的数额的部分可据实扣除，超过部分不许扣除；如果是向关联企业或自然人借款发生的利息费用，需按照相关规定标准扣除，不符合规定标准的不得扣除。

16.【答案】×

【解析】企业发生的年度亏损，可用以后 5 个年度的所得弥补，以后 5 个年度包括亏损的年度。

17.【答案】×

【解析】亏损是指企业依照《企业所得税法》及其暂行条例的规定，计算的企业所得税应纳税所得额小于零。利润表上亏损 48 万元，企业所得税应纳税所得额不一定是亏损。因此，居民企业当年应纳税所得额为 50 万元，上一年度的应纳税所得额金额不明确，无法实际计算当年应缴纳企业所得税。

18.【答案】√

【解析】非金融企业向金融企业借款的利息支出，可据实扣除。

19.【答案】√

20.【答案】×

【解析】企业发生的符合条件的广告费和业务宣传费支出，除国务院财政、税务主管部门另有规定外，不超过当年销售(营业)收入 15%的部分，准予扣除；超过部分，准予结转以后纳税年度扣除。

21.【答案】×

【解析】在计算企业所得税应纳税所得额时，按照实际发生的坏账损失扣除。

22.【答案】×

【解析】企业在计算应税所得额时，如出现会计制度与税收法规相抵触的情况，应根据税法规定进行纳税调整。

23.【答案】√

24.【答案】√

25.【答案】√

26.【答案】×

【解析】能正确核算收入总额，但不能正确核算成本费用总额的；或能正确核算成本费用总额，但不能正确核算收入总额的，可以采用核定应税所得率的方法征收企业所得税。

27.【答案】×

【解析】递延所得税资产和递延所得税负债不能折现。

28.【答案】√

四、业务题

1. **【答案】**

业务招待费发生额的60%＝20×60%＝12(万元)

销售(营业)收入的5‰＝4 000×5‰＝20(万元)

12万元小于20万元,所以可税前扣除的业务招待费限额为12万元。

业务招待费应纳税调增金额＝20－12＝8(万元)

广告宣传费扣除限额＝4 000×15%＝600(万元)

广告宣传费实际发生额10万元,未超过扣除限额,不需要作纳税调整。

应纳税所得额＝4 000－3 800＋8－80－13＝115(万元)

应纳所得税税额＝115×25%＝28.75(万元)

2. **【答案】**

应纳税所得额＝100×10%＝10(万元)

该运输企业符合小型微利企业的条件,自2021年1月1日至2022年12月31日,小型微利企业无论是采取查账征收方式还是核定征收方式缴纳企业所得税,对年应纳税所得额不超过100万元的部分,减按12.5%计入应纳税所得额,按20%的税率缴纳企业所得税。

企业应纳所得税税额＝10×12.5%×20%＝0.25(万元)

3. **【答案】**

境内境外所得应纳税额总计＝(440＋240＋120)×25%＝200(万元)

A国所得抵免限额＝$200\times\frac{240}{440+240+120}$＝60(万元)

A国实际缴纳的企业所得税额为96万元＞抵免限额60万元,所以可抵免税额为60万元。

B国所得抵免限额＝$200\times\frac{120}{440+240+120}$＝30(万元)

B国实际缴纳的企业所得税额为36万元＞抵免限额30万元,所以可抵免税额为30万元。

本企业本年度应纳企业所得税税额＝200－60－30＝110(万元)

4. **【答案】**

(1) 存在问题:企业所得税应按税法规定调整后的应纳税所得额作为计税依据计算缴纳。

① 多列财务费用,应作纳税调增:

应调增应税所得额＝20×(20%－10%)＝2(万元)

② 多列业务招待费,应作纳税调增:

业务招待费扣除标准:25×60%＝15(万元)＜5 000×5‰＝25(万元)

应调增应税所得额＝25－15＝10(万元)

③ 税收滞纳金不得税前扣除,应作纳税调增:

应调增应税所得额＝1(万元)

④ 公益性捐赠支出按比例税前扣除：

扣除限额额=85×12%=10.2(万元)>实际发生额10万元，无须纳税调整。

⑤ 国债利息收入为免税收入，应作纳税调减：

调减应税所得额=2(万元)

⑥ 调整后应纳税所得额=85+2+10+1-2=96(万元)

(2) 应补缴企业所得税税额=(96-85)×25%=2.75(万元)

5. **【答案】**

(1) 该企业年度利润总额=500+40+10-300-40-35-30-15-20=110(万元)

(2) 纳税调增项目：

业务招待费纳税调增金额=5-(500+40)×5‰=2.3(万元)

职工集资利息纳税调增金额=15-100×10%=5(万元)

公益救济性捐赠纳税调增金额=20-110×12%=6.8(万元)

(3) 纳税调减项目：

国债利息收入纳税调减金额=10(万元)

(4) 应纳税所得额=110+2.3+5+6.8-10=114.1(万元)

(5) 应缴纳企业所得税税额=114.1×25%=28.53(万元)

6. **【答案】**

业务(1)：三项经费均按照税法规定的扣除比例提取，无须调整。

业务(2)：国债利息收入1.2万元免税，需调减1.2万元。

业务(3)：企业缴纳的税收滞纳金0.1万元，不得扣除，需调增0.1万元；向关联企业赞助支出3万元，不得扣除，需调增3万元。

业务(4)：业务招待费限额=6 500×5‰=32.5(万元)>26.5×60%=15.9(万元)；业务招待费超标准调增=26.5-15.9=10.6(万元)。

调整后的应纳税所得额=8-1.2+0.1+3+10.6=20.5(万元)

全年应纳所得税税额=20.5×25%=5.13(万元)

全年应补缴所得税税额=5.13-2=3.13(万元)

7. **【答案】**

(1) 各季度预缴所得税额：

第一季度预缴所得税=2×12.5%×20%=0.05(万元)

第二季度预缴所得税=7×12.5%×20%-0.05=0.125(万元)

第三季度预缴所得税=12×12.5%×20%-0.05-0.125=0.125(万元)

第四季度预缴所得税=18×12.5%×20%-0.05-0.125-0.125=0.15(万元)

(2) 纳税调整情况：

① 三项经费应调增金额=14.4-60×(14%+8%)=1.2(万元)

② 逾期不再返还的包装物押金1万元为含增值税收入，应扣除增值税金额，再并入收入缴纳企业所得税。

应调增应纳税所得额=1-1÷(1+13%)×13%=0.88(万元)

③ 罚款支出2万元，不得税前扣除，应调增应纳税所得额。

(3) 全年应纳税所得额＝18＋1.2＋0.88＋2＝22.08(万元)

全年应纳所得税税额＝22.08×12.5％×20％＝0.552(万元)

(4) 年终汇算清缴应补缴所得税税额＝0.552－0.05－0.125－0.125－0.15＝0.102(万元)

8.【答案】

(1) 利润总额＝7 500＋2 300＋1 200－6 000－1 300－800－420－1 800－1 200－180＋1 700＝1 000(万元)

(2) 一个纳税年度内,居民企业转让技术所有权所得不超过 500 万元的部分,免征企业所得税;超过 500 万元的部分,减半征收企业所得税。

技术转让所得＝700－500＝200(万元),200 万元＜500 万元,免征企业所得税,应调减应纳税所得额 200 万元。

(3) 广告费税前扣除限额＝(7 500＋2 300)×15％＝1 470(万元)

应调增应纳税所得额＝1 542－1 470＝72(万元)

(4) 未取得合法票据的 20 万元业务招待费不得在税前扣除。

业务招待费发生额的 60％＝(90－20)×60％＝42(万元)

销售收入的 5‰＝(7 500＋2 300)×5‰＝49(万元)

准予扣除的业务招待费为 42 万元,实际发生的业务招待费为 90 万元,超过限额部分应调增:应调增应纳税所得额＝90－42＝48(万元)

(5) 研发费用调减所得＝200×100％＝200(万元)

(6) 该企业 2019 年应纳税所得额＝1 000－200＋72＋48－200＝720(万元)

企业 2019 年应缴纳企业所得税税额＝720×25％＝180(万元)

9.【答案】

(1) 视同销售收入调增应纳税所得额 1 130 000(元),视同销售成本调减应纳税所得额 1 000 000(元)

(2) 企业安置残疾人员就业的,在支付给残疾职工工作据实扣除基础上,按支付给残疾职工工资的 100％加计扣除,调减应纳税所得额 320 000(元)。

(3) 当年销售收入＝营业收入＋视同销售收入＝48 870 000＋1 130 000＝50 000 000(元)

广告费和业务宣传费在当年销售收入 15％以内允许扣除,超过部分准予在以后纳税年度结转扣除;此题实际发生额 2 250 000(元)＜扣除限额 7 500 000(元)(50 000 000×15％),无需调整;

以前年度尚未扣除的广告费准予在以后纳税年度结转扣除调减应纳税所得额 1 200 000(元)。

(4) ①业务招待费调增:

发生额的 60％＝600 000×60％＝360 000(元)

销售收入的 5‰＝(48 870 000＋1 130 000)×5‰＝250 000(元)

业务招待费税前扣除限额为 250 000(元)。对实际发生额大于扣除限额的差额 350 000(600 000－250 000)(元)应调增应纳税所得额。

② 自 2021 年 1 月 1 日起,制造业企业为开发“三新”发生的研究开发费用,未形成无形

资产计入当期损益的，在按照规定据实扣除的基础上，按照研究开发费用的100%在税前加计扣除。

应调减应纳税额＝300 000×100%＝300 000(元)

(5) 非金融企业向非金融企业借款的利息支出，不超过按照金融企业同期贷款利率8%计算的部分准予扣除。

利息支出税前扣除限额＝1 000 000×8%＝80 000(元)

应调增应纳税所得额＝120 000－80 000＝40 000(元)

(6) 税收滞纳金和行政性罚款不得扣除，调增应纳税所得额50 000元。

(7) 调减投资收益250 000元，居民企业之间权益性投资收益所得为免税收入，应调减应纳税所得额。

(8) 调增应纳税所得额＝1 130 000＋350 000＋40 000＋50 000＝1 570 000(元)

调减应纳税所得额＝1 000 000＋320 000＋1 200 000＋300 000＋250 000
＝3 070 000(元)

应纳税所得额＝6 598 980＋1 570 000－3 070 000－2 000 000＝3 098 980(元)

应纳企业所得税税额＝3 098 980×25%＝774 745(元)

10.【答案】

(1) 计算确定当期所得税：

应纳税所得额＝750－200＋200＋100－30＋20＝840(万元)

应交所得税税额＝840×25%＝210(万元)

(2) 计算确定递延所得税：

交易性金融资产的账面价值＝400(万元)

交易性金融资产的计税基础＝200(万元)

产生应纳暂时性差异200万元。

存货的账面价值＝2 000(万元)

存货的计税基础＝2 200(万元)

产生可抵扣暂时性差异200万元。

预计负债的账面价值＝100(万元)

预计负债的计税基础＝0

产生可抵扣暂时性差异100万元。

递延所得税资产＝300×25%＝75(万元)

递延所得税负债＝200×25%＝50(万元)

递延所得税费用＝50－75＝－25(万元)

(3) 编制确认所得税的会计分录：

借：所得税费用——当期所得税	2 100 000	
贷：应交税费——应交所得税		2 100 000
借：递延所得税资产	750 000	
贷：递延所得税负债		500 000
所得税费用——递延所得税		250 000

第五章　个人所得税会计

第一部分　内 容 概 要

一、个人所得税认知

(一) 个人所得税的概念

个人所得税是以个人取得的各项应税所得为征税对象所征收的一种税，是政府利用税收对个人收入进行调节的一种手段。

(二) 个人所得税的纳税人

个人所得税的纳税人泛指取得所得的自然人，包括中国公民、个体工商户、个人独资企业和合伙企业的自然人投资者、在中国有所得的外籍人员(包括无国籍人员)。依据住所和居住时间两个标准，分为居民个人和非居民个人。

(1) 居民个人是指在中国境内有住所，或无住所而一个纳税年度在中国境内居住累计满 183 天的个人。居民个人应就其来源于中国境内和境外的所得，履行全面纳税义务。

(2) 非居民个人是指在中国境内无住所又不居住，或者无住所而一个纳税年度在境内居住不满 183 天的个人。非居民个人只就其来源于中国境内的所得，履行有限纳税义务。

除国务院财政、税务主管部门另有规定外，下列所得，不论支付地点是否在中国境内，均为来源于中国境内的所得：因任职、受雇、履约等在中国境内提供劳务取得的所得；将财产出租给承租人在中国境内使用而取得的所得；许可各种特许权在中国境内使用而取得的所得；转让中国境内的不动产等财产或者在中国境内转让其他财产取得的所得；从中国境内企业、事业单位、其他组织以及居民个人取得的利息，股息、红利所得。

(三) 个人所得税的征税对象

个人所得税的征税对象为工资、薪金所得，劳务报酬所得，稿酬所得，特许权使用费所得，经营所得，财产租赁所得，财产转让所得，利息、股息、红利所得及偶然所得。

二、个人所得税应纳税额的计算

(一) 居民个人综合所得应纳税额的计算

1. 居民个人综合所得预扣预缴税额计算

1) 居民个人工资、薪金所得预扣预缴税额

$$\begin{matrix}\text{本期应预扣预缴}\\\text{个人所得税额}\end{matrix}=\left(\begin{matrix}\text{累计预扣预缴}\\\text{应纳税所得额}\end{matrix}\times\text{预扣率}-\text{速算扣除数}\right)-\text{累计减免税额}-\begin{matrix}\text{累计已预扣}\\\text{预缴税额}\end{matrix}$$

$$\begin{matrix}\text{累计预扣预缴}\\\text{应纳税所得额}\end{matrix}=\text{累计收入}-\begin{matrix}\text{累计免}\\\text{税收入}\end{matrix}-\begin{matrix}\text{累计减}\\\text{除费用}\end{matrix}-\begin{matrix}\text{累计专}\\\text{项扣除}\end{matrix}-\begin{matrix}\text{累计专项}\\\text{附加扣除}\end{matrix}-\begin{matrix}\text{累计依法确定}\\\text{的其他扣除}\end{matrix}$$

$$\text{累计减除费用}=5\,000\times\text{截至本月纳税人在本单位的任职受雇月份}$$

累计专项扣除是指截至本月居民个人按照国家规定范围和标准缴纳的“三险一金”。

累计专项附加扣除包括：

(1) 子女教育专项附加按每个子女每月 1 000 元的标准定额扣除。

(2) 继续教育专项附加在学历(学位)教育期间按每月 400 元定额扣除，同一学历(学位)继续教育的扣除期限不能超过 48 个月。纳税人接受技能人员职业资格继续教育、专业技术人员职业资格继续教育的支出，在取得相关证书的当年，按照每年 3 600 元定额扣除。

(3) 大病医疗专项附加按扣除医疗报销后个人负担累计超过 15 000 元的部分，在 80 000 元限额内据实扣除。

(4) 住房贷款利息专项附加按每月 1 000 元标准定额扣除，扣除期限最长不超过 240 个月。

(5) 住房租金专项附加按如下标准定额扣除：直辖市、省会(首府)城市、计划单列市以及国务院确定的其他城市，扣除标准为每月 1 500 元；除上述所列城市外，市辖区户籍人口超过 100 万的城市，扣除标准为每月 1 100 元；市辖区户籍人口不超过 100 万的城市，扣除标准为每月 800 元。

(6) 赡养老人专项附加按以下标准定额扣除：纳税人为独生子女的，按每月 2 000 元的标准定额扣除；纳税人为非独生子女的，由其与兄弟姐妹分摊每月 2 000 元的扣除额度，每人分摊的额度不能超过每月 1 000 元。

(7) 3 岁以下婴幼儿照护专项附加按每个婴幼儿每月 1 000 元的标准定额扣除。

累计依法确定的其他扣除包括个人缴纳的符合国家规定的企业(职工)年金、个人购买符合国家规定的商业健康保险(扣除限额为每人每月 200 元)、税收递延型养老保险的支出及国务院规定可以扣除的其他项目。

2) 居民个人劳务报酬、稿酬、特许权使用费所得预扣预缴税额计算

劳务报酬应预扣预缴税额 = 预扣预缴应纳税所得额 × 预扣率 − 速算扣除数

稿酬应预扣预缴税额 = 预扣预缴应纳税所得额 × 20%

特许权使用费应预扣预缴税额 = 预扣预缴应纳税所得额 × 20%

劳务报酬、稿酬、特许权使用费所得，每次收入不超过 4 000 元的，减除费用按 800 元计算；每次收入 4 000 元以上的，减除费用按 20%计算。稿酬所得可以在减除费用的基础上，再减按 70%计算确定预扣预缴应纳税所得额。

2. 居民个人综合所得汇算清缴税额计算

年应纳税额 = 年应纳税所得额 × 适用税率 − 速算扣除数

年应纳税所得额 = 年累计收入额 − 基本费用 − 专项扣除 − 专项附加扣除 − 依法确定的其他扣除

年累计收入额 = (年工资、薪金收入 − 年免税收入) + 年劳务报酬收入 × (1 − 20%) + 年稿酬收入 × (1 − 20%) × 70% + 年特许权使用费收入 × (1 − 20%)

(二) 非居民个人综合所得应纳税额的计算

适用非居民个人按月换算后的综合所得适用税率计算应纳税额。其中：非居民个人的工资、薪金所得，以每月收入额减除费用 5 000 元后的余额为应纳税所得额；非居民个人劳务报酬所得、特许权使用费所得，以收入减除 20%费用后的余额为应纳税所得额；非居民个

人稿酬所得以收入减除20%费用的基础上，再减按70%计算确定应纳税所得额。

（三）经营所得应纳税额的计算

本月预缴税额 = 本月累计应纳税所得额 × 税率 − 速算扣除数 − 上月累计已预缴税额

全年应纳税额 = 全年应纳税所得 × 税率 − 速算扣除数

汇算清缴税额 = 全年应纳税额 − 全年累计已预缴税额

（四）财产租赁所得应纳税额的计算

应纳税额 = 应纳税所得额 × 适用税率

（1）每次收入不超过4 000元的：

应纳税所得额 = 每次(月)收入额 − 准予扣除项目 − 修缮费用(800为限) − 800

（2）每次收入超过4 000元的：

应纳税所得额 =［每次(月)收入额 − 准予扣除项目 − 修缮费用(800为限)］×(1 − 20%)

（五）财产转让所得应纳税额的计算

应纳税额 =(每次收入额 − 财产原值 − 合理费用) × 20%

（六）利息、股息、红利所得及偶然所得应纳税额的计算

应纳税额 = 每次收入额 × 20%

以个人每次取得的收入额为应纳税所得额，不得扣除任何费用。

三、个人所得税的会计核算

纳税人取得工资、薪金所得，劳务报酬所得，稿酬所得，特许权使用费所得，财产租赁所得，财产转让所得，利息、股息、红利所得及偶然所得，扣缴义务人代扣个人所得税时，借记“应付职工薪酬”“管理费用”“销售费用”“生产成本”“财务费用”“应付股利”“其他应收款”“固定资产”“营业外支出”等科目，贷记“应交税费——代扣代交个人所得税”科目；实际缴纳时，借记“应交税费——代扣代交个人所得税”科目，贷记“银行存款”“库存现金”等科目。

纳税人取得经营所得，计提税款时，借记“留存利润”科目，贷记“应交税费——应交个人所得税”科目；实际预缴时，借记“应交税费——应交个人所得税”科目，贷记“银行存款”等科目。若需要补税，则按照需补缴金额，借记“留存利润”或“以前年度损益调整”科目，贷记“应交税费——应交个人所得税”科目；实际补缴时，借记“应交税费——应交个人所得税”科目，贷记“银行存款”等科目。若需税务机关退回多缴税款，则按退回的金额，借记“应交税费——应交个人所得税”科目，贷记“留存利润”或“以前年度损益调整”科目；实际收到退税款时，借记“银行存款”等科目，贷记“应交税费——应交个人所得税”科目。

四、个人所得税的征收管理

（一）个人所得税扣缴申报

工资、薪金所得，劳务报酬所得，稿酬所得，特许权使用费所得，利息、股息、红利所得，财产租赁所得，财产转让所得及偶然所得实行个人所得税全员全额扣缴申报。由扣缴义务人在代扣税款的次月 15 日内，向主管税务机关报送相关涉税信息资料。

税务机关对扣缴义务人按规定扣缴的税款，按年付给 2%的手续费。

（二）个人所得税自行申报

依据《个人所得税法》规定，纳税人有下列情形之一的，应按规定办理自行纳税申报：取得综合所得需要办理汇算清缴，取得应税所得没有扣缴义务人，取得应税所得扣缴义务人未扣缴税款，取得境外所得，因移居境外注销中国户籍，非居民个人在中国境内从两处以上取得工资、薪金所得及国务院规定的其他情形。

取得综合所得且符合下列情形之一的纳税人，应当依法办理汇算清缴：从两处以上取得综合所得，且综合所得年收入额减除专项扣除后余额超过 60 000 元；取得劳务报酬所得、稿酬所得、特许权使用费所得中一项或多项所得，且综合所得年收入额减除专项扣除的余额超过 60 000 元；纳税年度内预缴税额低于应纳税额；纳税人申请退税。

需要办理汇算清缴的纳税人，应当在取得所得的次年 3 月 1 日至 6 月 30 日，向任职、受雇单位所在地主管税务机关办理纳税申报。纳税人有两处以上任职、受雇单位的，选择向其中一处任职、受雇单位所在地主管税务机关办理纳税申报；纳税人没有任职、受雇单位的，向户籍所在地或经常居住地主管税务机关办理纳税申报。

第二部分　练　习　题

一、单项选择题

1. 下列各项所得中，不属于来源于中国境内所得的是（　　）。

A. 外籍个人因持有中国的各种股票、股权而从中国境内的公司、企业或者其他经济组织及个人取的股息、红利所得

B. 中国公民因任职、受雇、履约等而在中国境外提供各种劳务取得的所得

C. 外籍个人转让中国境内的建筑物、土地使用权等财产的所得

D. 外籍个人将设备出租给中国公司在境内使用取得的租金

2. 某法国人 2019 年 2 月 10 日来华工作，2020 年 3 月 17 日离华，2020 年 4 月 14 日又来华，2020 年 9 月 26 日离华，2020 年 10 月 9 日又来华，2021 年 5 月离华回国，则该纳税人（　　）。

A. 2019 年度为居民个人，2020 年度为非居民个人

B. 2019 年度为非居民个人，2020 年度为居民个人

C. 2019、2020 年度均为非居民个人

D. 2019、2020 年度均为居民个人

3. 个人所得税的纳税义务人不包括（　　）。

A. 一人有限公司　　B. 个体工商户

C. 合伙企业的合伙人　　D. 个人独资企业的投资者

4. 下列关于中国税法规定的住所标准和居住时间标准的说法正确的是（　　）。

A. 在判定居民身份时，中国税法规定的住所标准优先于时间标准

B. 在判定居民身份时，中国税法规定的时间标准优先于住所标准

C. 在判定居民身份时，必须同时满足中国税法规定的时间标准和住所标准

D. 在判定居民身份时，只需满足税法规定的时间标准和住所标准中的任何一个标准，就可以被认定为居民个人

5. 下列各项所得，按照“工资、薪金所得”缴纳个人所得税的是(　　)。

A. 年终加薪　　　　B. 托儿补助费

C. 差旅费津贴　　　　D. 误餐补助

6. 下列各项所得，按“工资、薪金所得”缴纳个人所得税的是(　　)。

A. 合伙人从合伙企业按月取得的劳动所得

B. 律师以个人名义聘请的其他人员从律师处获得的报酬

C. 任职于杂志社的记者在本杂志社上发表作品取得的稿费

D. 出版社的专业作者的作品，由本社以图书形式出版而取得的稿费

7. 下列应按“财产租赁所得”项目缴纳个人所得税的是(　　)。

A. 房产销售收入

B. 将房产提供给债权人使用而放弃的租金收入

C. 彩票中奖收入

D. 出版书籍取得的收入

8. 个人不在公司任职，仅在公司担任董事职务而取得的董事费收入，属于(　　)。

A. 劳务报酬所得　　　　B. 特许权使用费所得

C. 工资薪金所得　　　　D. 其他所得

9. 个人取得的下列报酬，应按“稿酬所得”缴纳个人所得税的是(　　)。

A. 出版社的专业作者翻译的小说由该出版社出版取得的报酬

B. 演员在企业的广告制作过程中提供形象取得的报酬

C. 杂志社记者在本社刊物发表文章取得的报酬

D. 高校教授为某杂志社审稿取得的报酬

10. 下列项目中，可以免征个人所得税的是(　　)。

A. 民间借贷利息

B. 个人举报、协查各种违法、犯罪行为而获得的奖金

C. 在超市购物中获得的中奖收入

D. 本单位自行规定发给的补贴、津贴

11. 个人取得的下列所得，应按“工资、薪金所得”缴纳个人所得税的是(　　)。

A. 杂志社财务人员在本单位的报刊上发表作品取得的所得

B. 退休人员再任职取得的收入

C. 个人取得特许权的经济赔偿收入

D. 职工个人以股份形式取得的企业量化资产参与企业分配而获得的股息

12. 某高校教师 2022 年 2 月取得的下列收入中，应计算缴纳个人所得税的是(　　)。

A. 国债利息收入　　　　B. 任职高校发放的误餐补助

C. 为某企业开设讲座取得的酬金　　　　D. 任职高校为其缴付的住房公积金

13. 下列利息、股息、红利所得应当征收个人所得税的是(　　)。

A. 国债利息　　　　B. 国家发行的金融债券利息

C. 个人取得的储蓄存款利息　　D. 企业的债券利息

14. 个人取得的下列报酬中，应按“稿酬所得”缴纳个人所得税的是(　　)。

A. 杂志社记者在本社刊物发表文章取得的报酬

B. 演员自己“走穴”演出取得的报酬

C. 高校教授为某杂志社审稿取得的报酬

D. 出版社的专业作者翻译的小说由该出版社出版取得的报酬

15. 下列收入中，应按“劳务报酬所得”项目缴纳个人所得税的是(　　)。

A. 对商品营销活动中，企业对营销业绩突出的非雇员以工作考察的名义组织旅游活动，通过免收差旅费、旅游费对个人实行的营销业绩奖励，应根据所发生费用的全额作为该营销人员当期的劳务收入

B. 退休后再受雇取得的收入

C. 在任职单位取得董事费收入

D. 个人购买彩票取得的中奖收入

16. 个人将其所得向公益事业捐赠，可以从应纳税所得额扣除的比例最高为(　　)。

A. 10%　　B. 15%

C. 20%　　D. 30%

17. 对纳税人所得按次征税的是(　　)。

A. 工资、薪金所得　　B. 个体工商户的生产经营所得

C. 财产转让所得　　D. 承包承租经营所得

18. 下列各项中，属于专项扣除的是(　　)。

A. 基本养老保险费　　B. 继续教育支出

C. 赡养老人支出　　D. 符合国家规定的商业保险

19. 某商场本月举办为期3天的有奖(现金兑付)销售活动，向消费者个人支付中奖所得总计10 000元，问应代扣个人所得税(　　)元。

A. 1 000　　B. 1 500

C. 2 000　　D. 3 500

20. 某画家于3月将其精选的书画作品交由某出版社出版，从出版社取得报酬10万元。该笔报酬在缴纳个人所得税时使用的税目是(　　)。

A. 劳务报酬所得　　B. 稿酬所得

C. 特许权使用费所得　　D. 工资、薪金所得

21. 某月，王某取得稿酬20 000元，讲课费4 000元。王某应预扣预缴个人所得税(　　)元。

A. 2 688　　B. 2 880

C. 3 840　　D. 4 800

22. 2022年6月歌星刘某某应邀参加W公司庆典活动的演出，按照协议刘某某演出4场，每场出场费为15 000元。刘某某此次演出应预扣预缴个人所得税为(　　)元。

A. 450　　B. 1 240

C. 12 400　　D. 14 200

23. 中国居民陈某是某高校的一名教授，同时担任一股份公司的独立董事，2022 年 1 月取得董事费收入 100 000 元。根据个人所得税的相关规定，陈某 1 月份取得董事费收入被预扣预缴的个人所得税为(　　)元。

A. 16 000　　B. 20 000

C. 22 000　　D. 25 000

24. 2022 年学者甲与乙合作出版了一部专著，一次取得稿酬 20 000 元，甲分得17 000元稿酬，乙分得 3 000 元稿酬，学者甲与乙共计应纳个人所得税为(　　)元。

A. 2 240　　B. 2 212

C. 3 160　　D. 3 200

25. 张某于 2022 年 1 月将城区自有住房按市价出租，月租金 2 000 元，年租金24 000元，租期 1 年，租金每月收取。不考虑税费，其 2022 年应纳个人所得税为(　　)元。

A. 2 880　　B. 1 440

C. 3 840　　D. 1 920

26. 下列计算个人所得税应纳税所得额时，采取定额与定率相结合扣除费用的是(　　)。

A. 个体工商户的生产经营所得　　B. 工资薪金所得

C. 劳务报酬所得　　D. 偶然所得

27. 在我国无住所的非居民个人汤姆，2022 年 7 月在我国境内出版一篇小说，取得稿酬收入 60 000 元。汤姆应在我国缴纳个人所得税(　　)元。

A. 6 720　　B. 5 740

C. 4 490　　D. 8 490

28. 下列各项中不应按特许权使用费所得，征收个人所得税的是(　　)。

A. 专利权　　B. 著作权

C. 稿酬　　D. 非专利技术

29. 下列关于专项附加扣除的表述中，正确的是(　　)。

A. 同一学历(学位)继续教育的扣除期限不能超过 24 个月

B. 纳税人接受技能人员职业资格继续教育的支出，在取得相关证书的当年，按照每月 3 600 元的标准定额扣除

C. 纳税人发生的首套住房贷款利息支出，扣除期限最长不超过 240 个月

D. 赡养老人支出中的被赡养人仅指年满 60 岁的父母

30. 根据《个人所得税法》的相关规定，下列各项专项附加扣除项目中，只能在办理汇算清缴时扣除的是(　　)。

A. 继续教育支出　　B. 大病医疗支出

C. 赡养老人支出　　D. 住房租金支出

31. 下列应税项目中，以 1 个月为一次确定应纳税所得额的是(　　)。

A. 劳务报酬所得　　B. 特许权使用费所得

C. 财产租赁所得　　D. 财产转让所得

32. 个人独资企业和合伙企业投资者作为个人所得税纳税义务人，其生产经营所得应

按照(　　)应税项目征收个人所得税。

A. 经营所得　　B. 工资、薪金所得

C. 劳务报酬所得　　D. 特许权使用费所得

33. 个人取得的下列所得,免征个人所得税的是(　　)。

A. 县级人民政府颁发的教育方面奖金

B. 按国家统一规定发放的补贴、津贴

C. 提前退休发放的一次性补贴

D. 转让国债的所得

34. 企业在向职工支付工资、薪金并按规定代扣、预扣职工个人所得税时,应借记(　　)科目。

A. "生产成本"　　B. "管理费用"

C. "应付职工薪酬"　　D. "留存利润"

35. 税人有两处以上任职、受雇单位的,个人所得税纳税申报的地点是(　　)。

A. 纳税人经常居住地

B. 税务局指定地点

C. 纳税人户籍所在地

D. 纳税人选择向其中一处任职、受雇单位所在地主管税务机关办理纳税申报

36. 纳税人取得综合所得需要办理汇算清缴的,应在(　　)到主管税务机关办理汇算清缴。

A. 次年3月1日至6月30日　　B. 次年1月1日至6月30日

C. 次年2月1日至6月30日　　D. 次年1月1日至3月31日

37. 根据个人所得税法的相关规定,下列(　　)纳税人不需要依法办理纳税申报。

A. 公民甲2019年综合所得需要办理汇算清缴

B. 公民乙取得境外所得

C. 公民丙移居境外但尚未注销中国户籍

D. 公民丁取得股息所得,但扣缴义务人未扣缴税款

38. 李某是个体工商户,其家庭所在地在甲市A区,工商注册地在甲市B区,实际经营地在甲市C区。以下说法正确的是(　　)。

A. 李某应在A区申报缴纳个人所得税

B. 李某应在B区申报缴纳个人所得税

C. 李某应在C区申报缴纳个人所得税

D. 李某可以任意选择A区、B区或C区申报缴纳个人所得税

39. 税务机关对扣缴义务人按照所扣缴的税款付给手续费的比例是(　　)。

A. 0.5%　　B. 1%

C. 1.5%　　D. 2%

40. 下列关于个人所得税申报地点的说法,错误的是(　　)。

A. 在中国境内多地提供劳务的临时来华人员,可提出申请,经批准后可固定在一地申报纳税

B. 从境外取得所得的，应向境内户籍所在地或经常居住地税务机关申报纳税
C. 要求变更申报纳税地点的，须经原主管税务机关备案
D. 申报纳税地点一般为户籍所在地税务机关

二、多项选择题

1. 下列有关居民个人的表述中，错误的有（　　）。
A. 在我国境内拥有住所的个人
B. 无住所但在一个纳税年度内在我国境内累计居住满 183 天的个人
C. 在我国境内无住所又不居住的个人
D. 在我国境内无住所且居住不满 183 天的个人
2. 将个人所得税的纳税义务人区分为居民个人和非居民个人，依据的标准有（　　）。
A. 境内有无住所　　　　B. 境内时间
C. 取得收入的工作地　　　　D. 境内居住时间
3. 根据《个人所得税法》规定，下列个人所得中，不论支付地点是否在境内，属于来源于中国境内所得的有（　　）。
A. 转让境内房产取得的所得
B. 许可专利权在境内使用取得的所得
C. 因任职在境内提供劳务取得的所得
D. 将财产出租给承租人在境外使用取得的所得
4. 下列个人所得中，适用 20%比例税率的有（　　）。
A. 工资、薪金所得　　　　B. 利息、股息、红利所得
C. 财产转让所得　　　　D. 企业职工的奖金所得
5. 下列各项中，应按“利息、股息、红利所得”项目征收个人所得税的有（　　）。
A. 法人企业为其股东购买小汽车将汽车办理在股东名下
B. 个人取得的国债转让所得
C. 个人独资企业业主用企业资金进行个人消费部分
D. 职工因拥有股票期权且在行权后取得企业税后利润分配收益
6. 下列各项所得中，可免征个人所得税的有（　　）。
A. 居民个人银行储蓄存款利息
B. 个人举报、协查各种违法犯罪行为而获得的奖金
C. 购买足球彩票时，获得的中奖所得
D. 事业单位自行规定发放的各种补贴或津贴
7. 非居民个人取得的下列（　　），应依法缴纳个人所得税。
A. 受雇于中国境内的公司而取得工资、薪金所得
B. 在中国境内从事生产、经营活动而取得的生产经营所得
C. 购买外国债券、股票而取得的所得
D. 转让中国境内的房屋而取得的财产转让所得
8. 下列各项中，不适用 5%～35%的五级超额累进税率征收个人所得税的有（　　）。

A. 工资、薪金所得　　B. 经营所得
C. 财产转让所得　　D. 财产租赁所得

9. 下列各项中,应按“工资、薪金所得”项目征税的有(　　)。
A. 个体工商户与企业联营而分得的利润　　B. 年终加薪
C. 个人取得的劳动分红　　D. 通讯费补贴收入

10. 下列个人所得中,在计算个人所得税时不得减除费用的有(　　)。
A. 利息、股息、红利所得　　B. 稿酬所得
C. 劳务报酬所得　　D. 偶然所得

11. 下列支出中,属于个人所得税专项附加扣除的有(　　)。
A. 子女教育支出　　B. 企业年金支出
C. 大病医疗支出　　D. 住房租金支出

12. 下列所得属于劳务报酬所得的有(　　)。
A. 在报纸上发表文章取得的收入
B. 取得技术咨询费
C. 讲课费
D. 公开拍卖自己的文字作品手稿原件取得的所得

13. 下列所得属于稿酬所得的有(　　)。
A. 个人图书被出版取得的收入　　B. 翻译资料取得的收入
C. 个人作品在杂志上连载取得的收入　　D. 剧本被使用取得的收入

14. 下列所得中,应按“偶然所得”征收个人所得税的有(　　)。
A. 个人取得单张所得超过 800 元的有奖发票奖金
B. 参加有奖销售所得奖金
C. 退休后再受雇取得的收入
D. 购买福利彩票所得奖金

15. 下列个人中,属于非居民个人的有(　　)。
A. 在中国境内无住所且不居住的甲
B. 在中国境内无住所,于 2019 年 9 月 1 日入境、2020 年 3 月 31 日离境的乙
C. 在中国境内无住所,于 2019 年 3 月 1 日入境、2019 年 10 月 31 日离境的丙
D. 在中国境内无住所,于 2019 年 2 月 1 日入境、2019 年 10 月 31 日离境,期间 5 月 1 日回国探亲、5 月 20 日返回的丁

16. 根据《个人所得税法》的有关规定,下列选项中,说法正确的有(　　)。
A. 个人在公司任职、受雇,同时兼任监事取得的监事费收入,按照“劳务报酬所得”项目征收个人所得税
B. 演员自己“走穴”演出取得的收入,按照“劳务报酬所得”项目征收个人所得税
C. 在校大学生勤工俭学取得的收入,按照“劳务报酬所得”项目征收个人所得税
D. 个人兼职取得的收入,应当按照“工资、薪金所得”项目征收个人所得税

17. 个人所取得的下列所得中在不超过 4 000 元收入额,费用扣除为 800 元的有(　　)。
A. 特许权使用费所得　　B. 财产租赁所得

C. 财产转让所得　　D. 个体工商户生产经营所得

18. 下列个人所得，在计算个人所得税时，不得减除费用的有（　　）。

A. 财产转让所得　　B. 稿酬所得

C. 股息所得　　D. 偶然所得

19. 下列应税项目，在计算应纳税所得额时，采用定额扣除费用的有（　　）。

A. 设计费 4 000 元　　B. 出租场地所得 30 000 元

C. 偶然所得 2 000 元　　D. 稿酬所得 2 000 元

20. 下列各项所得中，适用 20%个人所得税税率的有（　　）。

A. 稿酬所得　　B. 经营所得

C. 财产租赁所得（非个人按市价出租住宅）　D. 财产转让所得

21. 根据《个人所得税法》的有关规定，下列捐赠支出中，准予在个人所得税税前全额扣除的有（　　）。

A. 个人通过非营利性社会团体对公益性青少年活动场所的捐赠

B. 个人直接对某学校的捐赠

C. 个人通过国家机关向遭受严重自然灾害地区的捐赠

D. 个人通过非营利性的社会团体向福利性老年服务机构的捐赠

22. 下列关于各专项附加扣除项目的扣除金额的表述中，正确的有（　　）。

A. 纳税人的子女接受全日制学历教育的相关支出，按照每个子女每月 1 000 元的标准定额扣除

B. 纳税人在中国境内接受学历（学位）继续教育的支出，在学历（学位）教育期间按照每月 400 元定额扣除

C. 在一个纳税年度内，纳税人发生的与基本医保相关的医药费用支出，全额按照 80 000元的标准定额扣除

D. 纳税人为独生子女的赡养老人支出，按照每月 2 000 元的标准定额扣除

23. 根据《个人所得税法》的有关规定，在计算个体工商户的生产、经营所得时，下列费用准予在所得税前扣除的有（　　）。

A. 个体工商户发生的与生产经营有关的修理费用

B. 个体工商户向其从业人员实际支付的合理的工资、薪金支出

C. 个体工商户缴纳的税收滞纳金

D. 个体工商户业主的工资支出

24. 下列情形中，纳税人应当依法自行办理纳税申报的有（　　）。

A. 取得综合所得需要办理汇算清缴

B. 取得经营所得

C. 因移居境外注销中国户籍

D. 取得应税所得，扣缴义务人未扣缴税款

25. 个人所得税目前的主要纳税申报方式有（　　）。

A. 委托他人代为申报　　B. 邮寄申报

C. 定期定额申报　　D. 自行申报

26. 根据《个人所得税法》的有关规定，下列各项中有扣缴义务人的，由扣缴义务人扣缴税款的有（　　）。

A. 工资、薪金所得　　B. 劳务报酬所得

C. 经营所得　　D. 财产转让所得

27. 根据《个人所得税法》的相关规定，下列关于纳税申报的表述中，错误的有（　　）。

A. 非居民个人取得工资、薪金所得，有扣缴义务人的，由扣缴义务人代扣代缴税款，不办理汇算清缴

B. 纳税人取得经营所得，按年计算个人所得税，由纳税人在月度或者季度终了后15日内向税务机关报送纳税申报表，并预缴税款，在取得所得的次年3月1日至6月30日内办理汇算清缴

C. 非居民个人在中国境内从两处以上取得工资、薪金所得的，应当在取得所得的次月15日内申报纳税

D. 居民个人从中国境外取得所得的，应当在取得所得的次年3月31日前申报纳税

28. 下列各项中，不适用5%～35%的五级超额累进税率征收个人所得税的有（　　）。

A. 出租汽车经营单位将出租车所有权转移给驾驶员的，出租车驾驶员从事客货运营取得的收入

B. 个体工商户对外投资的所得

C. 个人经政府批准，取得执照，依法从事办学、医疗、咨询以及其他有偿服务活动取得的所得

D. 承租人对企业经营成果不拥有所有权取得的所得

29. 李某于2021年5月28日到6月4日为某大厦设计一个规划图，协议规定按完工进度分3次付款，5月份分别支付10 000元、15 000元，6月支付3 500元；7月份提供装潢获得收入5 000元，除个人所得税外不考虑其他税费，则下列表述正确的有（　　）。

A. 设计业务分3次预扣预缴个人所得税

B. 设计业务和装潢业务分别预扣预缴个人所得税

C. 装潢业务共预扣预缴个人所得税800元

D. 设计业务共预扣预缴个人所得税4 840元

30. 我国现行的个人所得税采取分项确定、分类扣除，下列关于扣除的处理办法的表述正确的有（　　）。

A. 对工资、薪金所得涉及的个人生计费用，采取定额扣除的办法

B. 经营所得，涉及生产、经营有关成本或费用的支出，采取会计核算办法扣除有关成本、费用或规定的必要费用

C. 对劳务报酬所得预扣预缴时采取定额和定率两种扣除办法

D. 偶然所得，不得扣除任何费用

三、判断题

1. 1个纳税年度内在中国境内居住累计满183天的外籍人员为居民个人。　　（　　）

2. 某西班牙公民于2021年3月1日至2021年7月30日在中国境内工作，该西班牙公

民不是我国个人所得税的居民个人。（　）

3. 个人从单位取得的年终加薪、劳动分红，应视同股息、红利征税。（　）

4. 工资、薪金所得适用超额累进税率，财产租赁所得与财产转让所得适用比例税率。（　）

5. 我国个人所得税实行的是分类征收制。（　）

6. 个人独资企业、合伙企业的个人投资者以企业资金为本人、家庭成员及其相关人员支付与企业生产经营无关的消费性支出及财产性支出，不需要缴纳个人所得税。（　）

7. 个体工商户和从事生产、经营的个人，取得的所有所得均按照“经营所得”缴纳个人所得税。（　）

8. 对个人转让自用达 5 年以上的家庭居住用房取得的所得，可以免纳个人所得税。（　）

9. 同一作品在报刊上连载取得收入的，以连载 1 个月内取得的收入为一次，计征个人所得税。（　）

10. 个人将其所得通过中国境内的公益性社会组织、国家机关向教育、扶贫、济困等公益事业的捐赠，捐赠额未超过纳税义务人申报的应纳税所得额 30%的部分，可以从其应纳税所得额中扣除。（　）

11. 两个或两个以上的纳税人共同取得同一项所得的，可以对每个人分得的收入分别减除费用，并计算各自应纳的税款。（　）

12. 作者将自己的文字作品手稿原件或复印件拍卖取得的所得，应按“特许权使用费”所得缴纳个人所得税。（　）

13. 张某承揽一项房屋装饰工程，工程 2 个月完工，房主第 1 个月支付给张某 15 000 元，第 2 个月支付 20 000 元。张某应预缴个人所得税税额为 5 600 元。（　）

14. 纳税人从两处或两处以上取得的工资、薪金所得的，应在两地税务机关分别申报纳税。（　）

15. 个人所得税扣缴义务人每月或每次预扣、代扣税款，应于次月 10 日内缴入国库。（　）

16. “扣缴义务人按规定扣缴的税款”包括税务机关、司法机关等查补或责令补扣的税款。（　）

17. 纳税人取得境外所得应自行办理纳税申报。（　）

18. 居民个人应只就其来源于中国境内的全部所得，依法缴纳个人所得税。（　）

19. 纳税人取得经营所得，按年计算个人所得税，由纳税人在月度或季度终了后 15 日内，向经营管理所在地主管税务机关办理预缴纳税申报。（　）

20. 我国《个人所得税法》规定的住所标准和居住时间标准，必须同时符合才可被认定为居民个人。（　）

21. 非居民个人无需向我国缴纳个人所得税。（　）

22. 托儿补助费属于“工资、薪金所得”项目征税范围，应依法征收个人所得税。（　）

23. 实行内部退养的个人在其办理内部退养手续后至法定离退休年龄之间从原任职单位取得的工资、薪金，应按“工资、薪金所得”项目计征个人所得税。（　）

24. 作者去世后，财产继承人取得的遗作稿酬，按“偶然所得”计征个人所得税。（　　）

25. 对个人按市场价格出租住房取得的所得，自 2001 年 1 月 1 日起减按 10%的税率计征个人所得税。（　　）

26. 专项扣除包括生育保险和工伤保险，不包括个人缴纳的其他商业保险。（　　）

27. 纳税人及其配偶在 1 个纳税年度内可以同时分别享受住房贷款利息和住房租金专项附加扣除。（　　）

28. 赡养岳父母或公婆的费用可以享受个人所得税赡养老人专项附加扣除。（　　）

29. 专项扣除、专项附加扣除和依法确定的其他扣除，以居民个人 1 个纳税年度的应纳税所得额为限额；1 个纳税年度扣除不完的，不结转以后年度扣除。（　　）

30. 因严重自然灾害造成重大损失的免征个人所得税。（　　）

四、业务题

1. 中国公民张先生为国内某企业高级技术员工。2021 年度取得的收入如下：

(1) 每月取得工资收入 6 800 元。

(2) 6 月参加某商场组织的有奖销售活动，中奖所得共计 15 000 元，其中将10 000元通过教育部门捐赠给农村义务教育事业。

(3) 7 月将自有的一项非职务专利技术提供给境外某公司使用，一次性取得特许权使用费收入 60 000 元，该项收入已在境外缴纳个人所得税 1 150 元。

(4) 8 月转让 2018 年购入的房屋，取得收入 650 000 元，已知该房屋的买价为480 000元，受赠和转让过程中发生的税费 91 000 元。

要求：

(1) 计算张先生 2021 年工资、薪金所得应预扣预缴的个人所得税税额。

(2) 计算张先生中奖所得应缴纳的个人所得税税额。

(3) 计算张先生提供专利技术所得，在我国应补缴个人所得税税额。

(4) 计算张先生转让房产应缴纳的个人所得税税额。

2. 中国居民王某为境内某上市公司的职员，2021 年取得收入情况如下：

(1) 每月工资 15 000 元，应按照所在省规定的办法和比例每月扣除住房公积金和各项社会保险费 3 500 元。

(2) 2 月将旅游见闻向某杂志投稿，取得稿酬收入 5 800 元。

(3) 11 月份购入企业债券 20 000 份，每份买入价 5 元，支付相关税费 1 000 元。12 月份卖出该债券 10 000 份，每份卖出价 7 元，支付相关税费 700 元。

(4) 12 月份因持有国内某公司股票取得分红 6 000 元。

其他相关资料：王某女儿就读小学二年级；王某作为独生子需要赡养年满 60 周岁的父母；王某发生的与基本医保相关的医药费用支出，扣除医保报销后王某自行负担（指医保目录范围内的自付部分）41 000 元。针对子女教育和赡养老人支出均由王某 100%扣除且选择在汇算清缴时扣除。

要求：

(1) 计算王某工资、薪金所得全年应预扣预缴的个人所得税税额。

(2) 计算王某稿酬所得应预扣预缴的个人所得税税额。

(3) 计算王某转让债券应缴纳的个人所得税税额。

(4) 计算王某取得分红应缴纳的个人所得税税额。

(5) 计算王某综合所得年底汇算清缴多退少补的个人所得税税额。

3. 徐女士2020年1月1日起将其位于市区的一套公寓住房按市价出租,每月收取租金5 200元。1月因卫生间漏水发生修缮费用1 400元,已取得合法有效的支出凭证。

要求:

(1) 计算徐女士因2020年1、2月份应缴纳的个人所得税总额。

(2) 请说明1 400元的修缮费用为什么要拆分为800元和600元分两期扣除。

4. 中国居民赵某为某大学教授,2021年收入情况如下:

(1) 每月应发工资均为30 000元,"三险一金"等专项扣除为4 500元/月。

(2) 10月份为某集团公司讲座,取得收入20 000元。

(3) 11月份出版教材一部,取得稿酬收入12 000元。

(4) 购买福利彩票中奖15 000元。

(5) 12月份按市价出租一套住房,每月收取租金2 600元。

(6) 转让自有的一处闲置车库,取得收入120 000元,转让过程中发生相关费用5 000元,该车库购买价格为80 000元。

其他相关资料:赵某有一对双胞胎女儿现就读高中二年级,针对子女教育支出由赵某按月扣除。

要求:

(1) 计算赵某1月份和2月份应预扣预缴的个人所得税税额。

(2) 计算赵某讲座收入应预扣预缴的个人所得税税额。

(3) 计算赵某出版教材应预扣预缴的个人所得税税额。

(4) 计算赵某福利彩票中将应缴纳个人所得税税额。

(5) 计算赵某出租住房应缴纳个人所得税税额。

(6) 计算赵某转让车库应缴纳个人所得税税额。

5. 中国公民宋某,2021年取得收入如下:

(1) 1月份工资、薪金共计10 300元,其中基本工资5 500元,加班补助2 500元,差旅费津贴1 900元,托儿补助费400元。

(2) 取得银行信托理财产品利息2 000元,国债利息3 400元。

(3) 遭遇交通事故,获得保险赔偿10 000元。

(4) 自有住房按市场价格出租,年租金36 000元。

(5) 从M国取得股息折合人民币10 000元,在M国缴纳了个人所得税折合人民币1 500元。

(6) 取得境内一次性稿酬15 000元。

要求:

(1) 计算宋某1月份工资、薪金应被预扣预缴的个人所得税税额。

(2) 计算宋某利息收入应缴纳个人所得税税额。

(3) 计算宋某交通事故保险赔偿应缴纳个人所得税税额。

(4) 计算宋某出租住房应缴纳个人所得税税额。

(5) 计算宋某源于境外的所得在我国应补缴个人所得税税额。

(6) 计算宋某稿酬所得预扣预缴的个人所得税税额。

6. 中国居民方某为境内甲上市公司的职员，2021 年 1 月取得收入情况如下：

(1) 应发工资为 11 000 元，"三险一金"等专项扣除为 3 200 元，从 1 月起享受子女教育专项附加扣除 1 000 元，没有减免收入及减免税额等情况。

(2) 为境内乙公司提技术培训服务，取得技术咨询费 15 000 元。

(3) 参加丙商场组织的有奖销售活动，中奖所得共计 5 000 元。

(4) 从丁股份有限公司分得现金股利 20 000 元。

(5) 将 2 年前购买的房屋转让给戊公司，原价为 600 000 元，购入时缴纳相关税费 23 000 元，方某转让房屋的相关税费为 35 500 元，售价为 850 000 元。

假定上述事项中，相关公司均已代扣代缴个人所得税，且不考虑增值税等其他事项。

要求：

(1) 计算甲公司为方某代扣代缴的个人所得税税额并编制相关会计分录。

(2) 计算乙公司为方某代扣代缴的个人所得税税额并编制相关会计分录。

(3) 计算丙商场为方某代扣代缴的个人所得税税额并编制相关会计分录。

(4) 计算丁公司为方某代扣代缴的个人所得税税额并编制相关会计分录。

(5) 计算戊公司为方某代扣代缴的个人所得税税额并编制相关会计分录。

第三部分 参考答案

一、单项选择题

1. **【答案】** B

【解析】 除国务院财政、税务主管部门另有规定外，下列所得，不论支付地点是否在中国境内，均为来源于中国境内的所得：①因任职、受雇、履约等在中国境内提供劳务取得的所得；②将财产出租给承租人在中国境内使用而取得的所得；③许可各种特许权在中国境内使用而取得的所得；④转让中国境内的不动产等财产或者在中国境内转让其他财产取得的所得；⑤从中国境内企业、事业单位、其他组织以及居民个人取得的利息、股利、红利所得。因此选项 ACD，属于来源于中国境内的所得，选项 B，不属于来源于中国境内的所得。

2. **【答案】** D

【解析】 我国《个人所得税法》规定，在中国境内无住所但在 1 个纳税年度在中国境内居住累计满 183 天的个人为居民个人。该法国人 2019 年与 2020 年在中国境内居住均累计满 183 天，因此 2019 年与 2020 年都是居民个人。

3. **【答案】** A

【解析】 个人所得税的纳税人泛指取得所得的自然人，包括中国公民、个体工商户、个人独资企业和合伙企业的自然人投资者、在中国有所得的外籍人员(包括无国籍人员)。

因此选项BCD应缴纳个人所得税,选项A应缴纳企业所得税。

4.【答案】D

【解析】《个人所得税法》规定的住所标准和居住时间标准,是判定居民身份的两个并列标准,个人只要符合或达到其中任何一个标准,就可以被认定为居民个人。

5.【答案】A

【解析】"工资、薪金所得"是指个人因任职或者受雇而取得的工资、薪金、奖金、年终加薪、劳动分红、津贴、补贴以及与任职或者受雇有关的其他所得。独生子女补贴、执行公务员工资制度未纳入基本工资总额的补贴、津贴和家属成员的副食品补贴、托儿补助费及差旅费津贴、误餐补助不属于"工资、薪金所得"项目征税范围,不征收个人所得税。

6.【答案】C

【解析】选项A,按照"个体工商户的生产、经营所得"缴纳个人所得税;选项B,按照"劳务报酬所得"缴纳个人所得税;选项D,按照"稿酬所得"缴纳个人所得税。

7.【答案】B

【解析】选项A,按照"财产转让所得"缴纳个人所得税。选项C,按照"偶然所得"缴纳个人所得税。选项D,按照"稿酬所得"缴纳个人所得税。

8.【答案】A

【解析】个人担任公司董事、监事,且不在公司任职、受雇的情形,属于劳务报酬性质,按劳务报酬所得项目征税;个人在公司(包括关联公司)任职、受雇,同时兼任董事、监事的,应将董事费、监事费与个人工资收入合并,统一按"工资、薪金所得"项目缴纳个人所得税。

9.【答案】A

【解析】选项BD,按"劳务报酬所得"缴纳个人所得税。选项C,按"工资、薪金所得"缴纳个人所得税。

10.【答案】B

【解析】选项A,按照"利息、股息、红利所得"项目缴纳个人所得税。选项B,属于暂免征收个人所得税。选项C,按照"偶然所得"项目缴纳个人所得税。选项D,除独生子女补贴、执行公务员工资制度未纳入基本工资总额的补贴、津贴和家属成员的副食品补贴、托儿补助费、差旅费津贴、误餐补助,按照"工资、薪金所得"项目缴纳个人所得税。

11.【答案】B

【解析】选项A,应按照"稿酬所得"项目征收个人所得税。选项C,应按"特许权使用费所得"项目征收个人所得税。选项D,应按照"利息、股息、红利所得"项目征收个人所得税。

12.【答案】C

【解析】选项A,免征个人所得税。选项B,差旅费津贴、误餐补助不征收个人所得税。选项C,按照"劳务报酬所得"项目缴纳个人所得税。选项D,个人按照国家规定范围和标准承担缴纳的基本养老保险、基本医疗保险、失业保险和住房公积金属于专项扣除项目,单位为职工缴纳的不超过规定标准的住宅公积金不需并入工资总额缴纳个人所得税。

13.【答案】D

【解析】选项 AB,国债和国家发行的金融债券利息免征个人所得税。选项 C,自 2008 年 9 月 1 日起,对储蓄存款利息所得暂免征收个人所得税。

14.【答案】D

【解析】选项 A,应按"工资、薪金所得"项目缴纳个人所得税。选项 BC,均应按"劳务报酬所得"项目缴纳个人所得税。

15.【答案】A

【解析】选项 B,退休后再任职取得的收入,属于工资、薪金所得。选项 C,在任职单位取得的董事费收入,属于"工资、薪金所得";在非任职单位取得的董事费收入,属于劳务报酬所得。选项 D,个人购买彩票取得的中奖收入属于"偶然所得"。

16.【答案】D

【解析】个人将其所得对教育、扶贫、济困等公益慈善事业进行捐赠,捐赠额未超过纳税人申报的应纳税所得额 30%的部分,可以从其应纳税所得额中扣除。

17.【答案】C

【解析】选项 A,居民个人取得工资、薪金所得,劳务报酬所得,稿酬所得和特许权使用费所得(合成为综合所得),按年合并计算个人所得税。选项 BD,经营所得的应纳税额实行按年计算、分月或分季预缴、年终汇算清缴、多退少补的方法。选项 C,财产转让所得以个人每次转让财产取得的收入额减除财产原值和相关税、费后的余额为应纳税所得额计征个人所得税。

18.【答案】A

【解析】专项扣除是居民个人按照国家规定范围和标准缴纳的"三险一金"即基本养老保险、基本医疗保险、失业保险和住房公积金;专项附加扣除包括子女教育、继续教育、大病医疗、住房贷款利息、住房租金、赡养老人、3 岁以下婴幼儿照护。

19.【答案】C

【解析】该所得属于"偶然所得",应代扣个人所得税＝10 000×20%＝2 000(元)。

20.【答案】B

【解析】"稿酬所得"是指个人因其作品以图书、报刊形式出版、发表而取得的所得。这里所说的作品,包括文学作品、书画作品、摄影作品以及其他作品。题中所得属于"稿酬所得"。

21.【答案】B

【解析】"稿酬所得"可以在减除费用的基础上,再减按 70%计算确定预扣预缴应纳税所得额,稿酬所得税率为 20%。王某讲课费属于"劳务报酬所得",劳务报酬以每次收入减除费用后的余额为预扣预缴应纳税所得额,每次收入不超过 4 000 元的减除费用按 800 元计算,每次收入 4 000 元以上的减除费用按 20%计算;因此王某讲课费应纳税所得额＝4 000－800＝3 200(元),适用税率为 20%,速算扣除数为 0。综上,王某应预扣预缴个人所得税税额＝20 000×(1－20%)×70%×20%＋(4 000－800)×20%＝2 880(元)。

22.【答案】C

【解析】"劳务报酬所得"属于一次性收入的,以取得该项收入为一次。4 次出场费收入

60 000 元属于歌星刘某的“一次性收入”，不属于“连续性收入”。劳务报酬每次收入不超过 4 000 元的减除费用按 800 元计算，每次收入 4 000 元以上的减除费用按 20%计算；因此刘某演出的应纳税所得额＝60 000×(1－20%)＝48 000(元)，适用预扣率为 30%，速算扣除数为 2 000 元。刘某演出应预扣预缴个人所得税税额＝60 000×(1－20%)×30%－2 000＝12 400(元)。

23. **【答案】** D

【解析】 陈某取得的董事费收入应按照“劳务报酬所得”缴纳个人所得税。劳务报酬每次收入不超过 4 000 元的减除费用按 800 元计算，每次收入 4 000 元以上的减除费用按 20%计算。因此，陈某的应纳税所得额＝100 000×(1－20%)＝80 000(元)，适用的扣除率为 40%，速算扣除数为 7 000 元。陈某 1 月份取得董事费收入被预扣预缴的个人所得税税额＝100 000×(1－20%)×40%－7 000＝25 000(元)。

24. **【答案】** B

【解析】 “稿酬所得”可以在减除费用的基础上，再减按 70%计算确定预扣预缴应纳税所得额，稿酬所得税率为 20%。稿酬所得每次收入不超过 4 000 元的，减除费用按 800 元计算；每次收入 4 000 元以上的，减除费用按 20%计算。因此，甲取得稿酬应纳个人所得税＝17 000×(1－20%)×70%×20%＝1 904(元)；乙取得稿酬应纳个人所得税＝(3 000－800)×70%×20%＝308(元)。学者甲与乙共计应纳个人所得税税额＝1 904＋308＝2 212(元)。

25. **【答案】** B

【解析】 “财产租赁所得”以 1 个月内取得的收入为一次。每次收入不超过 4 000 元的，定额扣除费用 800 元；每次收入在 4 000 元以上的，定率减除收入额 20%的费用。对个人按市场价格出租住房取得的所得，自 2001 年 1 月 1 日起减按 10%的税率计征个人所得税。张某 2019 年应纳个人所得税税额＝(2 000－800)×10%×12＝1 440(元)。

26. **【答案】** C

【解析】 选项 A，个体工商户的生产经营所得，以每一纳税年度的收入总额减除成本、费用损失后的余额为应纳税所得额，计征个人所得税。选项 B，扣缴义务人在 1 个纳税年度内预扣预缴工资、薪金个人所得税税款时，以纳税人在本单位截至当前月份工资、薪金所得累计收入减除累计免税收入、累计减除费用、累计专项扣除、累计专项附加扣除、累计依法确定的其他扣除后的余额为“累计预扣预缴应纳税所得额”，计征个人所得税额。选项 C，劳务报酬减除费用标准为：每次收入不超过 4 000 元的减除费用按 800 元计算，每次收入 4 000 元以上的减除费用按 20%计算。选项 D，“偶然所得”以个人每次取得的收入额为应纳税所得额，不扣除任何费用。

27. **【答案】** B

【解析】 非居民个人稿酬所得，以每次收入额为应纳税所得额，适用非居民个人按月换算后的综合所得适用税率计算应纳税额。稿酬以收入减除 20%费用的基础上，再减按 70%计算确定应纳税额。因此，汤姆取得稿酬所得的收入额＝60 000×(1－20%)×70%＝33 600(元)，适用的所得税率为 25%，速算扣除数为 2 660 元。

汤姆应在我国缴纳的个人所得税税额＝33 600×25%－2 660＝5 740(元)。

28. 【答案】C

【解析】"特许权使用费所得"是指个人提供专利权、商标权、著作权、非专利技术以及其他特许的使用权取得的所得，其中，提供著作权的使用权取得的所得，不包括稿酬所得。

29. 【答案】C

【解析】选项A，同一学历(学位)继续教育的扣除期限不能超过48个月。选项B，纳税人接受技能人员职业资格继续教育、专业技术人员职业资格继续教育的支出，在取得相关证书的当年，按照3 600元定额扣除。选项D，纳税人赡养一位及以上被赡养人(年满60岁的父母，及子女均已去世的年满60的祖父母、外祖父母)的赡养支出。

30. 【答案】B

【解析】选项ACD，子女教育、继续教育、住房贷款利息或住房租金、赡养老人支出、3岁以下婴幼儿照护，自符合条件开始，可以向支付工资、薪金所得的扣缴义务人提供相关信息，由扣缴义务人在预扣预缴税款时，按其在本单位本年可享受的累计扣除额办理扣除；也可以在次年3月1日至6月30日内向汇缴地主管税务机关办理汇算清缴申报时扣除。

31. 【答案】C

【解析】选项AB，劳务报酬、稿酬、特许权使用费所得，属于一次性收入的以取得该项收入为一次，属于同一项目连续性收入的以一个月内取得的收入为一次。选项D，财产转让所得以一件财产的所有权一次转让取得的收入为一次。

32. 【答案】A

【解析】"经营所得"是指个体工商户从事生产、经营活动取得的所得；个人依法从事办学、医疗、咨询以及其他有偿服务活动取得的所得；个人独资企业投资人、合伙企业的个人合伙人来源于境内注册的个人独资企业、合伙企业生产、经营的所得；个人对企业、事业单位承包经营、承租经营以及转包、转租取得的所得；个人从事其他生产、经营活动取得的所得。

33. 【答案】B

【解析】选项A，省级人民政府颁发的教育方面的奖金，免征个人所得税，县级人民政府颁发的奖金不免个人所得税。选项C，提前退休发放的一次性补贴，不属于免税的离退休工资收入，应按照"工资、薪金所得"项目征收个人所得税。选项D，国债利息免征个人所得税，转让国债的所得不免税，要缴纳个人所得税。

34. 【答案】C

【解析】企业在向职工支付工资、薪金并按规定代扣、预扣职工个人所得税时，借记"应付职工薪酬"科目，贷记"银行存款""应交税费——代扣代交个人所得税"等科目；实际缴纳代扣、预扣的个人所得税时，借记"应交税费——代扣代交个人所得税"科目，贷记"银行存款"等科目。

35. 【答案】D

【解析】纳税人有两处以上任职、受雇单位的，选择向其中一处任职、受雇单位所在地主管税务机关办理纳税申报。

36. 【答案】A

【解析】需要办理汇算清缴的纳税人，应当在取得所得的次年3月1日至6月30日，向任职、受雇单位所在地主管税务机关办理纳税申报。

37.【答案】C

【解析】有下列情形之一的，纳税人应依法办理纳税申报：①取得综合所得需要办理汇算清缴；②取得应税所得没有扣缴义务人；③取得应税所得，扣缴义务人未扣缴税款；④取得境外所得；⑤因移居境外注销中国户籍；⑥非居民个人在中国境内从两处以上取得工资、薪金所得；⑦国务院规定的其他情形。因此，选项C，公民丙未注销中国户籍，不属于应依法办理纳税申报的情形。

38.【答案】C

【解析】纳税人取得经营所得，按年计算个人所得税，由纳税人在月度或季度终了后15日内，向经营管理所在地主管税务机关办理预缴纳税申报，并报送《个人所得税经营所得纳税申报表(A表)》。在取得所得的次年3月31日前，向经营管理所在地主管税务机关办理汇算清缴，并报送《个人所得税经营所得纳税申报表(B表)》；从两处以上取得经营所得的，选择向其中一处经营管理所在地主管税务机关办理年度汇总申报，并报送《个人所得税经营所得纳税申报表(C表)》。

39.【答案】D

【解析】税务机关对扣缴义务人按规定扣缴的税款，按年付给2%的手续费。

40.【答案】D

【解析】选项D，申报纳税地点一般应为收入来源地的税务机关，所以选项D是不正确的。纳税人在两处或两处以上取得工资、薪金所得的，可选择并固定在一地税务机关申报纳税；从境外取得所得的，应向境内户籍所在地或经常居住地税务机关申报纳税。

二、多项选择题

1.【答案】CD

【解析】选项AB属于居民个人，我国税法规定的居民个人是指在中国境内有住所(包括在中国境内定居的中国公民和外国侨民)，或者无住所而1个纳税年度在中国境内居住累计满183天(包括1个纳税年度在中国境内居住累计满183天的外国人、海外侨胞和中国港澳台同胞)的个人。选项CD属于非居民个人，我国税法规定的非居民个人是指在中国境内无住所又不居住，或者无住所而1个纳税年度在境内居住不满183天的个人(包括在1个纳税年度中没有在中国境内居住或在中国境内居住累计不满183天的外国人)。

2.【答案】AD

【解析】我国《个人所得税法》所规定的住所标准和居住时间标准是判定居民身份的两个并列性标准，只要符合其中一个，即可被认定为居民个人。

3.【答案】ABC

【解析】选项D，将财产出租给承租人在境内使用取得的所得属于来源于中国境内的所得。

4.【答案】BC

【解析】选项A，适用七级超额累进税率。选项D，属于“工资、薪金所得”，适用七级超额累进税率。

5.【答案】AD

【解析】选项 B,按“财产转让所得”项目征收个人所得税。选项 C,按“经营所得”项目征收个人所得税。

6.【答案】AB

【解析】选项 C,按“偶然所得”项目征收个人所得税。选项 D,按“工资、薪金所得”项目征收个人所得税。

7.【答案】ABD

【解析】非居民纳税人只就其来源于中国境内的所得向我国政府履行有限纳税义务。除国务院财政、税务主管部门另有规定外,下列所得,不论支付地点是否在中国境内,均为来源于中国境内的所得:①因任职、受雇、履约等在中国境内提供劳务取得的所得;②将财产出租给承租人在中国境内使用而取得的所得;③许可各种特许权在中国境内使用而取得的所得;④转让中国境内的不动产等财产或者在中国境内转让其他财产取得的所得;⑤从中国境内企业、事业单位、其他组织以及居民个人取得的利息、股利、红利所得。选项 ABD 属于来源于中国境内的所得,非居民个人应依法缴纳个人所得税。

8.【答案】ACD

【解析】选项 A,适用七级超额累进税率。选项 CD,适用 20%的比例税率。

9.【答案】BCD

【解析】选项 A,按“利息、股息、红利所得”项目征收个人所得税。选项 BCD,“工资、薪金所得”是指个人因任职或者受雇而取得的工资、薪金、奖金、年终加薪、劳动分红、津贴、补贴以及与任职或者受雇有关的其他所得。

10.【答案】AD

【解析】选项 AD,利息、股息、红利所得及偶然所得以个人每次取得的收入额为应纳税所得额,不得扣除任何费用;选项 BC,稿酬所得减除费用标准为:每次收入不超过 4 000元的减除费用按 800 元计算,每次收入 4 000 元以上的减除费用按 20%计算。

11.【答案】ACD

【解析】专项附加扣除,包括子女教育、继续教育、大病医疗、住房贷款利息或者住房租金、赡养老人、3 岁以下婴幼儿照护等支出。选项 B,属于其他扣除项目。

12.【答案】BC

【解析】选项 A,在职、受雇于报纸、杂志等单位的记者、编辑等专业人员,因在本单位的报纸、杂志上发表作品取得的所得,应与其当月工资收入合并,按“工资、薪金所得”项目计征个人所得税;除上述专业人员以外的其他人员在报纸、杂志上发表作品取得的所得,按“稿酬所得”项目计征个人所得税。选项 D,按“特许权使用费所得”项目计征个人所得税。

13.【答案】AC

【解析】选项 AC,“稿酬所得”是指个人因其作品以图书、报刊形式出版、发表而取得的所得。选项 B,“劳务报酬所得”是个人独立从事某种技艺,独立提供某种劳务而取得的所得,包括个人从事翻译、演出、表演、广告、展览等。选项 D,自 2002 年 5 月 1 日起,编剧从电视剧的制作单位取得的剧本使用费，不再区分剧本的使用方是否为其任职单位，统一按“特许权使用费所得”项目计征个人所得税。

14.【答案】ABD

【解析】选项 ABD，“偶然所得”是指个人得奖、中奖、中彩以及其他偶然性质的所得。选项 C，退休人员再任职取得的收入，在减除按税法规定的费用扣除标准后，按“工资、薪金所得”项目计征个人所得税。

15.【答案】AB

【解析】居民个人是指在中国境内有住所（包括在中国境内定居的中国公民和外国侨民），或者无住所而一个纳税年度在中国境内居住累计满 183 天（包括一个纳税年度在中国境内居住累计满 183 天的外国人）的个人；非居民个人是指在中国境内无住所又不居住，或者无住所而一个纳税年度在境内居住不满 183 天的个人（包括在一个纳税年度中没有在中国境内居住或在中国境内居住累计不满 183 天的外国人、海外侨胞或中国港澳台同胞）。选项 A，属于非居民个人。选项 B，2019 年、2020 年两个纳税年度，乙在中国境内居住时间均不满 183 天，因此，属于非居民个人。选项 CD，虽然在中国境内无住所，但丙、丁 2019 年度在中国境内居住时间均满 183 天，因此丙、丁属于居民个人。

16.【答案】BC

【解析】选项 A，个人担任公司董事、监事，且不在公司任职、受雇的情形，属于劳务报酬性质，按劳务报酬所得项目征税；个人在公司（包括关联公司）任职、受雇，同时兼任董事、监事的，应将董事费、监事费与个人工资收入合并，统一按“工资、薪金所得”项目缴纳个人所得税。选项 D，个人兼职取得的收入，应当按照“劳务报酬所得”项目征收个人所得税。

17.【答案】AB

【解析】选项 AB，劳务报酬、稿酬、特许权使用费、财产租赁所得，每次收入不超过 4 000元的，减除费用按 800 元计算；每次收入 4 000 元以上的，减除费用按 20%计算。选项 C，财产转让所得是以个人每次转让财产取得的收入额减除财产原值和相关税、费后的余额为应纳税所得额。选项 D，个体工商户生产经营所得以每 1 纳税年度的收入总额减除成本、费用损失后的余额为应纳税所得额。

18.【答案】CD

【解析】选项 A，“财产转让所得”是以个人每次转让财产取得的收入额减除财产原值和相关税、费后的余额为应纳税所得额。选项 B，稿酬所得，每次收入不超过 4 000 元的减除费用按 800 元计算，每次收入 4 000 元以上的减除费用按 20%计算。选项 CD，利息、股息、红利所得及偶然所得以个人每次取得的收入额为应纳税所得额，不得扣除任何费用。

19.【答案】AD

【解析】选项 A，设计所得按“劳务报酬所得”计征个人所得税，劳务报酬每次收入不超过 4 000 元的减除费用按 800 元计算，每次收入 4 000 元以上的，减除费用按 20%计算，因此“设计费 4 000”采用定额 800 元扣除费用。选项 B，出租场地所得按“财产租赁所得”计征人所得税，财产租赁所得每次收入不超过 4 000 元的减除费用按 800 元计算，每次收入 4 000 元以上的减除费用按 20%计算，因此“出租场地所得 30 000 元”采用定率 20%扣除费用。选项 C，“偶然所得”以个人每次取得的收入额为应纳税所得额，不得扣除任何费用。选项 D，“稿酬所得”每次收入不超过 4 000 元的减除费用按 800 元计算，每次收入 4 000 元以上的减除费用按 20%计算，因此“稿酬所得 2 000 元”采用定额 800 元扣除费用。

20. **【答案】** CD

【解析】 选项 A，“稿酬所得”预扣预缴个人所得税的预扣率为 20%；年度按综合所得汇算清缴个人所得税适用的税率为七级超额累进税率。选项 B，经营所得适用五级超额累进税率。

21. **【答案】** AD

【解析】 个人将其所得通过中国境内的公益性社会组织、国家机关向教育、扶贫、济困等公益事业的捐赠，捐赠额未超过纳税人申报的应纳税所得额 30%的部分，可以从其应纳税所得额中扣除。因此，选项 B，“个人直接对某学校的捐赠”不可以在计算个人所得税时扣除。选项 C，未超过纳税人申报的应纳税所得额 30%的部分，可以从其应纳税所得额中扣除。

22. **【答案】** ABD

【解析】 选项 C，在 1 个纳税年度内，纳税人发生的与基本医疗保险相关的医药费用支出，扣除医疗报销后个人负担(指医保目录范围内的自付部分)累计超过 15 000 元的部分，由纳税人在办理年度汇算清缴时，在 80 000 元限额内据实扣除。

23. **【答案】** AB

【解析】 选项 C，个体工商户下列支出不得扣除：个人所得税税款，税收滞纳金，罚金、罚款和被没收财物的损失，不符合扣除规定的捐赠支出，赞助支出，用于个人和家庭的支出，与取得生产经营收入无关的其他支出，国家税务总局规定不准扣除的支出。选项 D，在计算个体工商户应纳税所得额时，个体工商户业主的工资、薪金支出不得在税前扣除。

24. **【答案】** ABCD

【解析】 有下列情形之一的，纳税人应依法办理纳税申报：①取得综合所得需要办理汇算清缴；②取得应税所得没有扣缴义务人；③取得应税所得，扣缴义务人未扣缴税款；④取得境外所得；⑤因移居境外注销中国户籍；⑥非居民个人在中国境内从两处以上取得工资、薪金所得；⑦国务院规定的其他情形。纳税人取得经营所得，由纳税人在月度或季度终了 15 日内向税务机关报送纳税申报表，并缴纳税款；在取得所得次年 3 月 31 日前办理汇算清缴。

25. **【答案】** ABD

【解析】 纳税人可采用直接到主管税务机关申报、委托他人代为申报以及邮寄方式申报纳税。

26. **【答案】** ABD

【解析】 选项 C，纳税人取得经营所得，按年计算个人所得税，由纳税人在月度或季度终了后 15 日内，向经营管理所在地主管税务机关办理预缴纳税申报，并报送《个人所得税经营所得纳税申报表(A 表)》。

27.【答案】BD

【解析】选项B,纳税人取得经营所得,按年计算个人所得税,由纳税人在月度或季度终了后15日内,向经营管理所在地主管税务机关办理预缴纳税申报,在取得所得的次年3月31日前,向经营管理所在地主管税务机关办理汇算清缴。选项D,居民个人从中国境外取得所得的,应当在取得所得的次年3月1日至6月30日,向税务机关办理纳税申报。

28.【答案】BD

【解析】选项B,个体工商户对外投资的所得按照"利息、股息、红利所得"计征个人所得税,适用20%的比例税率。选项D,承租人对企业经营成果不拥有所有权取得的所得,应按"工资、薪金所得"计征个人所得税,适用七级超额累进税率。

29.【答案】BCD

【解析】劳务报酬规定凡属于一次性收入的,以取得该收入为一次,按次确定应纳税所得额;凡属于同一项目连续性收入的,1个月的收入作为一次,据以确定应纳税所得;设计业务取得3次收入属于李某的"一次性收入",不属于"连续性收入"。设计业务应预扣预缴个人所得税税额=(10 000+15 000+3 500)×(1-20%)×30%-2 000=4 840(元);提供设计业务和装潢业务不属于同一项目,不能合并纳税,装潢业务应预扣预缴个人所得税税额=5 000×(1-20%)×20%=800(元)。

30.【答案】ABCD

三、判断题

1.【答案】√

【解析】我国《个人所得税法》规定,在中国境内无住所但在一个纳税年度在中国境内居住累计满183天的个人为居民个人。

2.【答案】√

【解析】该西班牙公民2021年在我国境内居住累计不满183天,且中国不是其习惯性住所,因此不是我国个人所得税的居民个人。

3.【答案】×

【解析】"工资、薪金所得"项目中的年终加薪、劳动分红不分种类和取得情况,一律按工资、薪金所得课税。

4.【答案】√

【解析】工资、薪金所得适用七级超额累进税率,财产租赁所得与财产转让所得适用20%的比例税率。

5.【答案】×

【解析】自2019年1月1日起,我国个人所得税采用混合征收,即将"工资、薪金所得""劳务报酬所得""稿酬所得"和"特许权使用费所得"采用综合征收,其他各项所得采用分类征收。

6.【答案】×

【解析】个人独资企业、合伙企业的个人投资者以企业资金为本人、家庭成员及其相关人员支付与企业生产经营无关的消费性支出及购买汽车、住房等财产性支出，视为企业对个人投资者的利润分配，并入投资者个人的生产经营所得，依照“个体工商户的生产、经营所得”项目计征个人所得税。

7.【答案】×

【解析】个体工商户和从事生产、经营的个人，取得的与生产、经营活动无关的其他各项应税所得，应分别按照有关规定计征个人所得税。如个人独资企业对外投资分回的利息或股息、红利，不并入企业收入，单独作为投资者个人取得的利息、股息、红利所得，按“利息、股利、红利所得”项目计征个人所得税。

8.【答案】×

【解析】个人转让自用达 5 年以上，并且是唯一的家庭生活用房取得的所得暂免征收个人所得税。

9.【答案】√

【解析】劳务报酬、稿酬、特许权使用费所得，属于一次性收入的，以取得该项收入为一次；属于同一项目连续性收入的，以 1 个月内取得的收入为一次。

10.【答案】√

11.【答案】√

【解析】两个以上的个人共同取得同一项收入的，应对每个人取得的收入分别按照个人所得税的规定计算纳税，即按“先分、后扣、再缴”的办法计算各自应该缴纳的个人所得税。

12.【答案】√

13.【答案】×

【解析】劳务报酬所得，属于一次性收入的，以取得该项收入为一次，张某提供房屋装饰工程虽然分两次收款，但仍然属于一次性劳务报酬收入，共 35 000 元。劳务报酬以每次收入额为预扣预缴应纳税所得额，每次收入 4 000 元以上的，减除费用按 20%计算，因此张某劳务报酬预扣预缴应纳税所得额＝35 000×(1－20%)＝28 000(元)，适用预扣税率为 30%，速算扣除数为 2 000 元。

张某预缴个人所得税税额＝(15 000＋20 000)×(1－20%)×30%－2 000＝6 400(元)。

14.【答案】×

【解析】纳税人从两处或两处以上取得工资、薪金所得的，可选择并固定在其中一地税务机关申报纳税。

15.【答案】×

【解析】扣缴义务人每月或每次预扣、代扣税款，应于次月 15 日内缴入国库，并向税务机关报送《个人所得税扣缴申报表》。

16.【答案】×

【解析】“扣缴义务人按规定扣缴的税款”不包括税务机关、司法机关等查补或责令补扣的税款。

17.【答案】√

【解析】依据《个人所得税法》规定，纳税人有下列情形之一的，应按规定办理自行纳税申报：取得综合所得需要办理汇算清缴；取得应税所得没有扣缴义务人；取得应税所得扣缴义务人未扣缴税款;取得境外所得;因移居境外注销中国户籍;非居民个人在中国境内从两处以上取得工资、薪金所得;国务院规定的其他情形。

18.【答案】×

【解析】居民个人应就其来源于中国境内和境外的所得,向我国政府履行全面纳税义务。

19.【答案】√

20.【答案】×

【解析】《个人所得税法》规定的住所标准和居住时间标准,是判定居民身份的两个并列性标准,只要符合其中一个,即可被认定为居民个人。

21.【答案】×

【解析】非居民个人应就其来源于中国境内的所得向我国政府履行有限纳税义务。

22.【答案】×

【解析】下列津贴、补贴不属于"工资、薪金所得"项目征税范围,不征收个人所得税:独生子女补贴;执行公务员工资制度未纳入基本工资总额的补贴、津贴和家属成员的副食品补贴;托儿补助费;差旅费津贴、误餐补助。

23.【答案】√

【解析】实行内部退养的个人在其办理内部退养手续后至法定离退休年龄之间从原任职单位取得的工资、薪金,不属于离退休工资,应按"工资、薪金所得"项目计征个人所得税。

24.【答案】×

【解析】作者去世后,财产继承人取得的遗作稿酬,按"稿酬所得"计征个人所得税。

25.【答案】√

26.【答案】×

【解析】专项扣除不包括生育保险、工伤保险及个人缴纳的其他商业保险。

27.【答案】×

【解析】纳税人及其配偶在一个纳税年度内不能同时分别享受住房贷款利息和住房租金专项附加扣除。

28.【答案】×

【解析】赡养岳父母或公婆的费用不能享受个人所得税赡养老人专项附加扣除。

29.【答案】√

30.【答案】×

【解析】有下列情形之一的可以减征个人所得税,具体幅度和期限由省、自治区、直辖市人民政府规定,并报同级人民代表大会常务委员会备案:残疾、孤老人员和烈属的所得;因严重自然灾害造成重大损失的;其他经国务院财政部门批准减税的。

四、业务题

1.【答案】

(1) 工资、薪金所得应预扣预缴个人所得税税额=(6 800×12－5 000×12)×3%=648(元)

(2) 对教育事业的捐赠可以全额扣除,所以税前允许扣除的捐赠是10 000元。

应缴纳的个人所得税税额=(15 000−10 000)×20%=1 000(元)

(3) 境内外综合所得应缴纳个人所得税税额

=[6 800×12+60 000×(1−20%)−5 000×12]×10%−2 520=4 440(元)

境外综合所得个税抵免限额

=4 440×60 000×(1−20%)÷[6 800×12+60 000×(1−20%)]=1 644.44(元)

在境外已纳税额=1 150(元)

可以抵免个人所得税税额=1 150(元)

应补缴个人所得税税额=1 644.44−1 150=494.44(元)

(4) 应缴纳的个人所得税税额=(650 000−480 000−91 000)×20%=15 800(元)

2. **【答案】**

(1) 累计预扣预缴应纳税所得额税额=15 000×12−5 000×12−3 500×12=78 000(元)

全年累计应预扣预缴税额=78 000×10%−2 520=5 280(元)

(2) 稿酬所得应预扣预缴税额=5 800×(1−20%)×70%×20%=649.6(元)

(3) 转让债券应纳税额=$(10\ 000\times7-(20\ 000\times5+1\ 000)\times\frac{10\ 000}{20\ 000}-700)\times20\%$

$=3\ 760$(元)

(4) 分红应纳个人所得税税额=6 000×20%=1 200(元)

(5) 工资与稿酬所得应税收入=15 000×12+5 800×(1−20%)×70%=183 248(元)

专项附加扣除=12 000+24 000+(41 000−15 000)=62 000(元)

应纳税所得额=183 248−5 000×12−3 500×12−62 000=19 248(元)

全年综合所得应纳税额=19 248×3%=577.44(元)

577.44−5 280−649.6=−5 352.16(元)

年底应退个人所得税税额 5 352.16 元。

3. **【答案】**

(1) 应纳个人所得税税额=(5 200−800)×(1−20%)×10%+(5 200−600)×(1−20%)×10%

=352+368=720(元)

(2) 确定财产租赁的应纳税所得额时,证明由纳税人负担的该出租财产实际开支的修缮费用,可以从租赁收入中扣除,允许扣除的修缮费用,以每次 800 元为限。一次扣除不完的,准予在下一次继续扣除,直到扣完为止。本题中,修缮费用 1 400 元,超过 800 元的限额,所以要分两期扣除,1 月扣除 800 元,2 月再扣除剩余的 600 元。

4. **【答案】**

(1) 1 月份工资薪金累计预扣预缴应纳税所得额

=30 000−5 000−4 500−2 000=18 500(元)

1 月份工资薪金应预扣预缴个人所得税税额=18 500×3%=555(元)

2 月份工资薪金累计预扣预缴应纳税所得额

=30 000×2−5 000×2−4 500×2−2 000×2=37 000(元)

2月份工资薪金应预扣预缴个人所得税税额＝37 000×10％－2 520－555＝625(元)

(2) 劳务报酬所得预扣预缴应纳税所得额＝20 000×(1－20％)＝16 000(元)

应预扣预缴个人所得税税额＝16 000×20％＝3 200(元)

(3) 稿酬所得预扣预缴应纳税所得额＝12 000×(1－20％)×70％＝6 720(元)

应预扣预缴个人所得税税额＝6 720×20％＝1 344(元)

(4) 中奖所得应缴纳的个人所得税税额＝15 000×20％＝3 000(元)

(5) 出租住房应缴纳个人所得税税额＝(2 600－800)×10％＝180(元)

(6) 转让车库应缴纳个人所得税税额＝(120 000－5 000－80 000)×20％＝7 000(元)

5. **【答案】**

(1) 差旅费津贴和托儿补助费不属于工资、薪金所得，不计入工资、薪金所得征税。

1月份工资应被预扣预缴的个人所得税税额＝(5 500＋2 500－5 000)×3％＝90(元)

(2) 国债利息收入免征个人所得税。

利息收入应缴纳个人所得税税额＝2 000×20％＝400(元)

(3) 保险赔偿收入免征个人所得税。

交通事故保险赔偿应缴纳个人所得税税额＝0

(4) 租金收入以一个月内的所得为一次，并且每次所得不超过 4 000 元的，需要定额减除 800 元，每次所得超过 4 000 元的，按 20％扣除费用。

租金收入应缴纳个人所得税税额＝(36 000÷12－800)×10％×12＝2 640(元)

(5) B国的抵免限额＝10 000×20％＝2 000(元)

境外已纳税额为 1 500 元，需在我国补缴个人所得税税额＝2 000－1 500＝500(元)

(6) 稿酬所得被预扣预缴的个人所得税税额＝15 000×(1－20％)×70％×20％＝1 680(元)

6. **【答案】**

(1) 1月份应预扣预缴个人所得税税额＝(11 000－5 000－3 200－1 000)×3％＝54(元)

甲公司发放工资的同时预扣个人所得税时编制会计分录：

借：应付职工薪酬	11 000	
贷：银行存款		7 746
应交税费——代扣代交个人所得税		54
其他应付款——代扣代交三险一金		3 200

甲公司实际缴纳预扣的个人所得税时编制会计分录：

借：应交税费——代扣代交个人所得税	54	
贷：银行存款		54

甲公司实际缴纳应由个人承担的三险一金时编制会计分录：

借：其他应付款——代扣代交三险一金	3 200	
贷：银行存款		3 200

(2) 乙公司应预扣预缴的个人所得税税额＝15 000×(1－20％)×20％＝2 400(元)

乙公司支付技术培训费时编制会计分录：

借：管理费用　　15 000

　贷：银行存款　　12 600

　　应交税费——代扣代交个人所得税　　2 400

乙公司实际缴纳预扣预缴个人所得税时编制会计分录：

借：应交税费——代扣代交个人所得税　　2 400

　贷：银行存款　　2 400

(3) 丙商场应代扣代缴个人所得税税额＝5 000×20%＝1 000(元)

丙商场支付方某中奖金额时编制会计分录：

借：销售费用　　5 000

　贷：银行存款　　4 000

　　应交税费——代扣代交个人所得税　　1 000

丙商场实际缴纳代扣的个人所得税时：

借：应交税费——代扣代交个人所得税　　1 000

　贷：银行存款　　1 000

(4) 丁公司为方某代扣代缴个人所得税税额＝20 000×20%＝4 000(元)

丁公司宣告分派现金股利时编制会计分录：

借：利润分配——应付股利　　20 000

　贷：应付股利　　20 000

丁公司实际发放现金股利时编制会计分录：

借：应付股利　　20 000

　贷：银行存款　　16 000

　　应交税费——代扣代交个人所得税　　4 000

丁公司实际缴纳代扣的个人所得税时：

借：应交税费——代扣代交个人所得税　　4 000

　贷：银行存款　　4 000

(5) 戊公司为方某代扣代缴个人所得税税额

＝(850 000－600 000－23 000－35 500)×20%＝38 300(元)

戊公司支付购买房屋款项并代扣个人所得税时的编制会计分录：

借：固定资产　　850 000

　贷：银行存款　　811 700

　　应交税费——代扣代交个人所得税　　38 300

戊公司实际缴纳代扣个人所得税时：

借：应交税费——代扣代交个人所得税　　38 300

　贷：银行存款　　38 300

第六章　土地增值税会计

第一部分　内容概要

一、土地增值税认知

土地增值税是对有偿转让国有土地使用权及地上建筑物和其附着物产权，取得增值收入的单位和个人征收的一种税。土地增值税的纳税人是指转让国有土地使用权、地上建筑物及其附着物并取得收入的单位和个人。土地增值税的征税范围是有偿转让国有土地使用权、地上建筑物及其附着物产权所取得的增值额。土地增值税采用四级超率累进税率。

二、土地增值税应纳税额的计算

（一）土地增值税的计税依据

土地增值税的计税依据是纳税人转让房地产所取得的增值额。转让房地产的增值额是指纳税人转让房地产的收入额减除税法规定的扣除项目金额后的余额。土地增值额的大小，取决于转让房地产的收入额和扣除项目金额两个因素。

纳税人转让房地产取得的应税收入应包括转让房地产的全部价款及有关的经济收益。从收入的形式来看，包括货币收入、实物收入和其他收入。

扣除项目及其金额确定如表 6-1 所示。

表 6-1　　土地增值税计税依据中的扣除项目

转让项目	扣除项目名称	扣除项目内容
新建房地产项目转让	取得土地使用权所支付的金额	纳税人为取得土地使用权所支付的地价款；纳税人在取得土地使用权时按国家统一规定缴纳的有关费用和税金
	房地产开发成本	纳税人开发房地产项目实际发生的成本，包括土地的征用及拆迁补偿费、前期工程费、建筑安装工程费、基础设施费、公共配套设施费、开发间接费用等
	房地产开发费用	与房地产开发项目有关的销售费用、管理费用和财务费用，在计算土地增值税时，房地产开发费用并不是按照纳税人实际发生额进行扣除的，应分情况进行扣除
	与转让房地产有关的税金	在转让房地产时缴纳的城市维护建设税、教育费附加、印花税
	财政部确定的其他扣除项目	对从事房地产开发的纳税人可按规定计算的金额之和，加计 20%扣除
旧房及建筑物的扣除金额	纳税人转让旧房及建筑物，凡不能取得评估价格，但能提供购房发票的，经当地税务部门确认，《土地增值税暂行条例》规定的扣除项目的金额，可按发票所载金额并从购买年度起至转让年度止每年加计 5%计算。对于纳税人购房时缴纳的契税，凡能够提供契税完税凭证的，准予作为“与转让房地产有关的税金”予以扣除，但不作为加计 5%的基数；取得土地使用权所支付的地价款和按国家统一规定缴纳的有关费用；转让环节的税金及附加，包括城市维护建设税、印花税和教育费附加	

（二）土地增值税应纳税额的计算

土地增值税应纳税额的计算可分为以下四步：

（1）计算增值额，公式如下：

$$增值额 = 房地产转让收入 - 扣除项目金额$$

（2）计算增值率，公式如下：

$$增值率 = \frac{增值额}{扣除项目金额} \times 100\%$$

（3）确定适用税率。按照计算出的增值率，从土地增值税税率表中确定适用税率和速算扣除系数。

（4）计算应纳税额，公式如下：

$$土地增值税应纳税额 = \sum(每级距的增值额 \times 适用税率)$$

或：

$$土地增值税应纳税额 = 增值额 \times 适用税率 - 扣除项目金额 \times 速算扣除系数$$

三、土地增值税的会计核算

企业为核算土地增值税，应在“应交税费”科目下设“应交土地增值税”明细科目。该科目的贷方反映企业应缴纳的土地增值税，借方反映企业实际缴纳的土地增值税；余额在贷方，反映应交而未交的土地增值税。

（一）房地产企业土地增值税的会计核算

房地产企业在计提土地增值税时，借记“税金及附加”科目，贷记“应交税费——应交土地增值税”科目。在实际上缴时，借记“应交税费——应交土地增值税”科目，贷记“银行存款”等科目。

（二）非房地产企业转让或销售房地产缴纳土地增值税的会计核算

企业转让国有土地使用权连同地上已完工交付使用的建筑物及附着物时，借记“固定资产清理”科目，贷记“应交税费——应交土地增值税”科目。在上缴税金时，借记“应交税费——应交土地增值税”科目，贷记“银行存款”科目。

四、土地增值税的征收管理

（1）土地增值税的纳税期限。纳税人应在转让房地产合同签订后 7 日内，到房地产所在地主管税务机关办理纳税申报。

（2）土地增值税的纳税地点。土地增值税纳税人发生应税行为应向房地产所在地主管税务机关缴纳税款。房地产所在地是指房地产的坐落地。纳税人转让的房地产坐落在两个或两个以上地区的，应按房地产所在地分别申报纳税。

第二部分 练 习 题

一、单项选择题

1. 个人之间互换自有居住用房地产，经当地税务机关核实，可以(　　)。

A. 免征土地增值税　　B. 不征收土地增值税

C. 减半征收土地增值税　　D. 按照正常计税规则征收土地增值税

2. 计算土地增值税时，纳税人如果不能按照转让房地产项目计算分摊利息支出的，其房地产开发费用按取得土地使用权所支付的金额和房地产开发成本之和的(　　)以内计算扣除。

A. 10%　　B. 12%

C. 15%　　D. 30%

3. 纳税人转让旧房的，应按房屋及建筑物的评估价格、取得土地使用权所支付的地价款和按国家统一规定缴纳的有关费用以及在转让环节缴纳的税金作为扣除项目金额计征土地增值税，评估价格须经(　　)确认。

A. 海关　　B. 财政机关

C. 当地税务机关　　D. 省、自治区、直辖市人民政府

4. 某商贸公司转让一幢使用过的办公楼，取得不含税收入500万元，办公楼原价480万元，已提折旧300万元。经房地产评估机构评估，该办公楼重置成本价为800万元，成新度折扣率为五成，转让时缴纳相关税费6.85万元(不含增值税)。该公司转让该办公楼应缴纳土地增值税(　　)万元。

A. 27.95　　B. 28.02

C. 30　　D. 60

5. 下列有关土地增值税的表述中，不正确的是(　　)。

A. 对纳税人既建造普通标准住宅，又建造其他房地产的，应分别核算增值额；不分别核算增值额或不能准确核算增值额的，其建造的普通标准住宅不适用免税规定

B. 房地产企业销售存量房，在计算土地增值税扣除项目时，其缴纳的印花税准予作为与转让房地产有关的税金扣除

C. 出让国有土地使用权的行为属于土地增值税征收范围

D. 土地增值税的纳税义务人包括外国企业

6. 法人企业转让的房地产坐落地与其机构所在地或经营所在地不在一地的，应(　　)申报缴纳土地增值税。

A. 向销售方机构所在地的主管税务机关　　B. 向购买方机构所在地的主管税务机关

C. 向房地产的坐落地的主管税务机关　　D. 向合同签订地的主管税务机关

7. 根据土地增值税的有关规定，下列说法不正确的是(　　)。

A. 对于利息支出，凡不能按转让房地产项目计算分摊利息的，其允许扣除的房地产开发费用按照取得土地使用权所支付的金额和房地产开发成本之和的5%以内扣除

B. 房地产开发企业为取得土地使用权所支付的契税，计入"取得土地使用权所支付的

金额”中扣除

C. 房地产开发企业逾期开发缴纳的土地闲置费不得扣除

D. 土地增值税清算时，已经计入房地产开发成本的利息支出，应调整至财务费用中计算扣除

8. 下列各项中，不属于土地增值税纳税人的是（　　）。

A. 与国有企业换房的外资企业　　B. 合作建房后出售房产的企业

C. 转让国有土地使用权的企业　　D. 将办公楼用于出租的企业

9. 下列行为中，应该缴纳土地增值税的是（　　）。

A. 某工业企业将闲置厂房对外出租

B. 双方合作建房，建成后转让

C. 经税务机关核实的个人之间互换自有居住用房地产

D. 房地产评估增值

10. 房地产开发企业将开发的部分房地产用于下列项目中的（　　），不属于视同销售房地产，不用缴纳土地增值税。

A. 职工福利　　B. 与其他单位交换非货币性资产

C. 抵偿债务　　D. 办公自用

11. 根据土地增值税相关规定，下列行为中，需要缴纳土地增值税的是（　　）。

A. 国家依法征用收回的房地产

B. 某人将个人的房产无偿赠与自己的子女

C. 某房地产开发企业以建造的商品房作价入股进行对外投资

D. 某企业通过残疾人联合会将一套房产无偿赠与当地一家福利企业

12. 出售旧房及建筑物计算土地增值税的增值额时，其扣除项目金额中的旧房及建筑物的评估价格应按（　　）计算。

A. 账载余额　　B. 重置成本

C. 账载原值乘以成新度折扣率　　D. 重置成本乘以成新度折扣率

二、多项选择题

1. 下列情形中，不征收土地增值税的有（　　）。

A. 继承房地产

B. 房地产的评估增值

C. 房地产开发企业将自建的商品房用于职工福利

D. 企业将自有房产等价交换其他企业土地使用权

2. 下列情形中，应当计算缴纳土地增值税的有（　　）。

A. 合作建房，建成后对外出售　　B. 通过教育局将房屋赠与教育事业

C. 向其他企业转让国有土地使用权　　D. 房地产开发企业收取的代建收入

3. 根据土地增值税相关规定，土地增值税的征税范围包括（　　）。

A. 转让国有土地使用权

B. 出让国有土地使用权

C. 转让集体土地
D. 地上的建筑物及其附着物连同国有土地使用权一并转让
4. 下列业务应缴纳土地增值税的有(　　)。
A. 房地产的评估增值
B. 某商业企业以土地作价入股投资开办工厂
C. 将自有房产赠送给客户的
D. 出地、出资双方合作建房,建成后又转让的
5. 下列行为中,可以免征土地增值税的有(　　)。
A. 双方合作建房,建成后分房自用的
B. 企业的房地产评估增值
C. 因国家收回国有土地使用权而使房地产权属发生转
D. 无力偿还借款,以房屋抵债
6. 下列关于取得土地使用权所支付的金额的表述,正确的有(　　)。
A. 取得土地使用权所支付的金额是指纳税人取得土地使用权支付的地价款和按国家统一规定缴纳的有关费用之和
B. 以行政划拨方式取得土地使用权的,为补缴的土地出让金
C. 以出让方式取得土地使用权的,为缴纳的相关费用
D. 以转让方式取得土地使用权的,为补缴的出让金和费用
7. 转让旧房,计算其土地增值税增值额时准予扣除的项目有(　　)。
A. 旧房的评估价格　　B. 支付评估机构的费用
C. 建造旧房的重置成本　　D. 转让环节缴纳的各种税费
8. 计算土地增值税扣除项目金额时,不得扣除的项目有(　　)。
A. 取得土地使用权所支付的金额　　B. 土地征用及拆迁补偿费
C. 超过国家的有关规定上浮的利息　　D. 超过贷款期限的利息部分
9. 下列各项中,属于土地增值税中房地产开发成本的有(　　)。
A. 土地出让金　　B. 公共配套设施费
C. 借款利息费用　　D. 土地征用及拆迁补偿费
10. 按照相关规定,房地产开发的纳税人加计20%扣除项目的基数有(　　)。
A. 房地产开发成本　　B. 房地产开发费用
C. 取得土地使用权所支付的金额　　D. 转让房地产的税金

三、判断题

1. 纳税人转让旧房及建筑物时,为确定房地产的评估价值而发生的评估费用,允许在计算土地增值税时予以扣除。(　　)

2. 土地增值税的纳税人为转让土地使用权、地上的建筑物及其附着物并取得收入的单位和个人。(　　)

3. 纳税人转让房地产取得的收入,包括转让房地产的全部价款及有关的经济收益,但不包括实物收入。(　　)

4. 对于代收费用未作为转让房地产的收入计税的，在计算增值税额时不允许扣除代收费用。（　　）

5. 对于个人购入房地产再转让按发票所载金额并从购买年度起至转让年度止每年加计5%计算的，对其在购入时已缴纳的契税，准予作为“转让房地产有关的税金”予以扣除。（　　）

6. 对于个人购入房地产再转让按旧房及建筑物的评估价计算扣除的，对其在购入时已缴纳的契税，不另作为“与转让房地产有关的税金”予以扣除。（　　）

7. 房地产开发企业将开发产品用于职工福利、奖励，应在房产移交使用时视同销售房地产。（　　）

8. 房地产开发企业开发建造的与清算项目配套的公共设施，建成后产权属于全体业主所有的，不计算收入，其成本、费用也不得扣除。（　　）

9. 企业为核算土地增值税，应在“应交税费”科目下设“应交土地增值税”明细科目。该科目的贷方反映企业应缴纳的土地增值税，借方反映企业实际缴纳的土地增值税；余额在贷方，反映应交而未交的土地增值税。（　　）

10. 企业转让国有土地使用权连同地上已完工交付使用的建筑物及附着物时，应借记“固定资产清理”科目，贷记“应交税费——应交土地增值税”科目。（　　）

四、业务题

1. 某市房地产开发企业2020年转让一幢新建办公楼取得收入8 000万元，已知该单位为取得土地使用权支付的地价款和有关费用为1 000万元，投入的房地产建造成本为3 000万元，其利息支出不能提供金融机构贷款证明，转让办公楼准予扣除的相关税费为440万元，已知该企业所在地政府规定的房地产开发费用的计算扣除比例为10%。

要求：计算该企业的转让行为应缴纳的土地增值税税额。

2. 某市一家房地产开发公司，2020年1月发生业务如下：

(1) 销售一栋旧办公楼，取得含税销售收入2 000万元，公司选择增值税简易计税方法。因无法取得评估价格，公司提供了原始购房发票显示：办公楼购于2014年1月，购置价款为500万元，已缴纳契税15万元，并能提供契税完税凭证。

(2) 通过竞拍取得一宗土地使用权，支付价款、税费合计3 000万元，本年度占用60%开发写字楼。开发期间发生开发成本4 200万元、发生管理费用1 200万元、销售费用1 500万元、利息费用500万元(能提供金融机构贷款证明且能按照转让房地产项目计算分摊)。该写字楼竣工验收后，房地产开发公司将写字楼总面积的40%直接销售，取得不含税销售收入19 000万元，允许税前扣除的相关税费为1 045万元。剩余总面积的60%对外出租，当年取得租金收入200万元。当地政府规定，房地产开发企业其他房地产开发费用准予扣除的比例为4%，地方教育附加的征收比率为2%。

要求：

(1) 计算该房地产开发公司计算转让旧办公楼土地增值税的增值额时，准予扣除项目金额。

(2) 计算该房地产开发公司转让旧办公楼，应缴纳土地增值税税额。

(3) 计算该房地产开发公司计算销售写字楼土地增值税的增值额时，准予扣除项目金额。

(4) 计算该房地产开发公司销售写字楼应缴纳土地增值税税额。

3. 2020 年某房地产开发公司销售其新建商品房一幢，取得销售收入 1.4 亿元。该公司支付与商品房相关的土地使用权费及开发成本合计为 4 800 万元，公司没有按房地产项目计算分摊银行借款利息。该商品房所在地的省政府规定计征土地增值税时房地产开发费用扣除比例为 10%。销售商品房缴纳的有关税金 770 万元。

要求：计算该公司销售该商品房应缴纳的土地增值税税额，并做会计处理。

第三部分　参考答案

一、单项选择题

1. 【答案】A

【解析】个人之间互换自有居住用房地产，经当地税务机关核实，可以免征土地增值税。

2. 【答案】A

【解析】计算土地增值税时，纳税人如果不能按照转让房地产项目计算分摊利息支出或不能提供金融机构证明的，其房地产开发费用按取得土地使用权所支付的金额和房地产开发成本之和的 10%以内计算扣除。

3. 【答案】C

【解析】旧房及建筑物的评估价格须经当地税务机关确认。

4. 【答案】A

【解析】纳税人转让旧房的，应按房屋及建筑物的评估价格、取得土地使用权所支付的地价款和按国家统一规定缴纳的有关费用以及转让环节缴纳的增值税以外的税费作为扣除项目金额。

增值额＝500－800×50%－6.85＝93.15(万元)

增值率＝93.15÷(800×50%＋6.85)×100%＝22.90%

增值额未超过扣除项目金额的 50%，税率为 30%，

该公司转让办公楼应纳土地增值税＝93.15×30%＝27.95(万元)

5. 【答案】C

【解析】出让国有土地使用权的行为不属于土地增值税征收范围。

6. 【答案】C

【解析】纳税人是法人的，当纳税人转让的房地产坐落地与其机构所在地或经营所在地不在一地，则应在房地产坐落地的主管税务机关申报纳税。

7. 【答案】A

【解析】选项 A，对于利息支出，凡不能按转让房地产项目计算分摊利息支出或不能提供金融机构证明的，其允许扣除的房地产开发费用按照取得土地使用权所支付的金额和房地产开发成本之和的 10%以内扣除。

8. 【答案】D

【解析】出租房产时，房屋产权并没有发生转移，不需缴纳土地增值税。

9.【答案】B

【解析】将不动产出租不属于土地增值税的征税范围；双方合作建房，建成后转让的，应征收土地增值税；对个人之间互换自有居住用房地产的，免征土地增值税；房地产评估增值不属于土地增值税的征税范围。

10.【答案】D

【解析】房地产开发企业开发的部分房地产转为企业自用或用于出租等商业用途时，产权未发生转移，不征收土地增值税。

11.【答案】C

【解析】选项A，国家收回土地使用权、征用地上建筑物和附着物，不属于土地增值税的征税范围。选项B，房产所有人、土地使用权所有人将房屋产权、土地使用权赠与直系亲属或承担直接赡养义务人，免征土地增值税。选项D，通过社会团体捐赠房产给教育、民政和其他社会福利公益事业，免征土地增值税。

12.【答案】D

【解析】旧房及建筑物的评估价格是指在转让已使用的房屋及建筑物时，由政府批准的房地产评估机构评定的重置成本乘以成新度折扣率后的价格。

二、多项选择题

1.【答案】AB

【解析】选项C，将自建商品房用于职工福利是视同销售，要征收土地增值税。选项D，企业之间换房应征收土地增值税。

2.【答案】AC

【解析】选项B，通过境内非营利的社会团体、国家机关，赠与教育、民政和其他社会福利、公益事业，属于公益性捐赠，不征土地增值税。选项D，代建收入未发生产权转移，不属于土地增值税征税范围，不需缴纳土地增值税。

3.【答案】AD

【解析】出让国有土地不征土地增值税；土地属于国有，土地的所有权不可以转让；转让集体土地，属违法行为，不征收土地增值税。

4.【答案】CD

【解析】房地产的评估增值，没有发生房地产权属的转让，不属于征收土地增值税的范围；非房地产企业以房地产作价入股进行投资或者联营的，暂免征收土地增值税；对于一方出地，一方出资金，双方合作建房，建成后按比例分房自用的，暂免征收土地增值税；建成后转让的，应征收土地增值税。

5.【答案】AC

【解析】房地产评估增值，没有发生房地产权属的转让，不属于土地增值税的征收范围；企业无力偿还借款，以房抵债，应征收土地增值税。

6.【答案】AB

【解析】取得土地使用权所支付的金额是指纳税人为取得土地使用权支付的地价款和按国家统一规定缴纳的有关费用之和。“取得土地使用权所支付的金额”有三种形式：

①以出让方式取得土地使用权的，为支付的土地出让金；②以行政划拨方式取得土地使用权的，为转让土地使用权时按规定补缴的出让金；③以转让方式取得土地使用权的，为支付的地价款。

7.【答案】ABD

【解析】重置成本要乘以成新率才是扣除成本，选项C错误。

8.【答案】CD

【解析】财政部、国家税务总局对扣除项目金额中利息支出的计算作了专门规定：利息的上浮幅度按国家有关规定执行，超过上浮幅度部分不允许扣除；对于超过贷款期限的利息部分不允许扣除。

9.【答案】BD

【解析】开发成本是指纳税人开发房地产项目实际发生的成本，包括土地的征用及拆迁补偿费、前期工程费、建筑安装工程费、基础设施费、公共配套设施费、开发间接费用等。土地出让金属于取得土地使用权支付的金额。借款利息费用属于房地产开发费用。

10.【答案】AC

【解析】对从事房地产开发的纳税人允许按取得土地使用权支付的金额和房地产开发成本之和，加计扣除20%。对于县级及县级以上人民政府要求房地产开发企业在售房时代收的各项费用，如果代收费用是计入房价中向购买方一并收取的，可作为转让房地产所取得的收入计税，在计算扣除项目金额时可以扣除，但不允许作为加计20%扣除的基数。

三、判断题

1.【答案】√

2.【答案】×

【解析】土地增值税的纳税人是指转让国有土地使用权、地上的建筑物及其附着物产权并取得收入的单位和个人。

3.【答案】×

【解析】转让房地产取得收入包括转让房地产的全部价款及有关的经济收益，包括货币收入、实物收入或其他形式收入。

4.【答案】√

5.【答案】√

6.【答案】√

7.【答案】×

【解析】房地产开发企业将开发产品用于职工福利、奖励，发生所有权转移时应视同销售房地产。

8.【答案】×

【解析】房地产开发企业开发建造的与清算项目配套的公共设施，建成后产权属于全体业主所有的，不计算收入，其成本、费用可以扣除。

9.【答案】√

10.【答案】√

四、业务题

1.【答案】

收入总额=8 000(万元)

扣除项目金额=1 000+3 000+440+(1 000+3 000)×10%+(1 000+3 000)×20%
=5 640(万元)

增值额=8 000−5 640=2 360(万元)

增值率=$\frac{2\ 360}{5\ 640}$×100%=41.84%,适用税率为 30%

应纳土地增值税税额=2 360×30%=708(万元)

2.【答案】

(1) 转让旧办公楼应纳的增值税=$\frac{2\ 000-500}{1+5\%}$×5%=71.43(万元)

转让旧办公楼应缴纳的城市建设维护税及附加=71.43×(7%+3%+2%)=8.57(万元)

准予扣除项目金额共计=500×(1+6×5%)+8.57+2 000×0.5‰+15=674.57(万元)

(2) 土地增值税额=(2 000−71.43)−674.57=1 254(万元)

增值率=$\frac{1\ 254}{674.57}$×100%=185.90%,适用税率 50%,速算扣除系数 15%

应纳土地增值税税额=1 254×50%−674.57×15%=525.81(万元)

(3) 允许扣除的取得土地使用权所支付的金额=3 000×60%×40%=720(万元)

允许扣除的房地产开发成本=4 200×40%=1 680(万元)

允许扣除的房地产开发费用=500×40%+(720+1 680)×4%=296(万元)

与转让房地产有关的税金=1 045(万元)

加计扣除项目=(720+1 680)×20%=480(万元)

准予扣除项目金额共计=720+1 680+296+1 045+480=4 221(万元)

(4) 增值额=19 000−4 221=14 779(万元)

增值率=$\frac{14\ 779}{4\ 221}$×100%=350.13%,适用税率 60%,速算扣除系数 35%

应纳土地增值税税额=14 779×60%−4 221×35%=7 390.05(万元)

3.【答案】

(1) 扣除金额=4 800+4 800×10%+770+4 800×20%=7 010(万元)

(2) 土地增值额=14 000−7 010=6 990(万元)

(3) 增值率=6 990÷7 010×100%=99.71%

(4) 适用税率 40%,速算扣除系数 5%

应纳土地增值税税额=6 990×40%−7 010×5%=2 445.5(万元)

会计分录如下：

借：税金及附加　　24 455 000

　贷：应交税费——应交土地增值税　　24 455 000

第七章　其他税种会计

第一部分　内容概要

一、城市维护建设税、教育费附加及地方教育费附加会计

城市维护建设税、教育费附加及地方教育费附加是对从事工商经营，缴纳增值税、消费税的单位（包括外商投资企业和外国企业）和个人（包括外籍个人）征收的一种税和附加费。

纳税人所在地为城市市区的，城市维护建设税税率为7%；所在地在县城、建制镇的，城市维护建设税税率为5%；所在地不在城市市区、县城、建制镇的，城市维护建设税税率为1%。教育费附加计征比率为3%，地方教育费附加计征比率为2%。

城市维护建设税、教育费附加及地方教育费附加具有“进口不征，出口不退”的特点。对由于减免增值税、消费税而发生的退税，同时退还已纳的城市维护建设税、教育费附加及地方教育费附加；对增值税、消费税实行先征后返、先征后退、即征即退办法的，除另有规定外，对随“二税”附征的城市维护建设税、教育费附加及地方教育费附加，一律不予退还。

计算公式如下：

$$\begin{matrix}\text{应纳城市维护建设税/}\\ \text{教育费附加/}\\ \text{地方教育费附加}\end{matrix} = \begin{matrix}\text{纳税人实际缴纳的}\\ \text{增值税和消费税税额}\end{matrix} \times \begin{matrix}\text{适用}\\ \text{税率}\end{matrix}$$

企业核算城市维护建设税、教育费附加及地方教育费附加，应设置“应交税费——应交城市维护建设税”“应交税费——应交教育费附加”“应交税费——应交地方教育费附加”科目。企业按规定计提应缴纳税费时，应借记“税金及附加”“固定资产清理”等科目，贷记“应交税费——应交城市维护建设税”“应交税费——应交教育费附加”“应交税费——应交地方教育费附加”科目；实际缴纳时，借记“应交税费——应交城市维护建设税”“应交税费——应交教育费附加”“应交税费——应交地方教育费附加”科目，贷记“银行存款”科目。

二、关税会计

（一）关税的概念

关税是由海关根据国家制定的有关法律，以进出关境的货物和物品为征税对象而征收的一种商品税。纳税义务人为进口货物的收货人、出口货物的发货人及进出境物品的所有人。

（二）关税完税价格

进口货物的完税价格由海关以该货物的成交价格为基础审查确定，并应包括该货物运抵中华人民共和国境内输入地点起卸前的运输费、保险费。如果进口货物的保险费无法确定或未实际发生，海关应按“货价”和“运费”两者总额的3‰计算保险费。以境外边境口岸价

格条件成交的铁路或公路运输进口货物，海关应按境外边境口岸价格的1%计算运输费、保险费。

出口货物的完税价格由海关以该货物的成交价格为基础审查确定，并应当包括货物运至中华人民共和国境内输出地点装载前的运输费、保险费。在货物价款中单独列明的货物运至中华人民共和国境内输出地点装载后的运输费、保险费，以及在货物价款中单独列明由卖方承担的佣金不计入出口货物完税价格。

（三）关税应纳税额的计算

（1）从价税应纳税额的计算公式如下：

关税税额 = 应税进（出）口货物数量 × 单位完税价格 × 税率

（2）从量税应纳税额的计算公式如下：

关税税额 = 应税进（出）口货物数量 × 单位货物税额

（3）复合税应纳税额的计算公式如下：

关税税额 = 应税进（出）口货物数量 × 单位完税价格 × 税率
+ 应税进（出）口货物数量 × 单位货物税额

（4）滑准税应纳税额的计算公式如下：

关税税额 = 应税进（出）口货物数量 × 单位完税价格 × 滑准税税率

（四）关税的会计核算

关税的会计核算如表7-1所示。

表7-1　关税会计核算表

<table>
<tr><th>类型</th><th>企业及业务类型</th><th>会计核算</th></tr>
<tr><td rowspan="3">进口</td><td>工业企业</td><td rowspan="2">纳税人计提关税时，借记“在途物资”“原材料”等科目，贷记“应交税费——应交进口关税”科目；实际缴纳关税时，借记“应交税费——应交进口关税”科目，贷记“银行存款”科目，也可不通过“应交税费”科目核算，而直接借记“在途物资”“原材料”等科目，贷记“银行存款”“应付账款”等科目</td></tr>
<tr><td>商业企业自营进口</td></tr>
<tr><td>商业企业代理进口</td><td>在会计核算上通过设置“应交税费——应交进口关税”科目来反映，其对应科目是“应付账款”“应收账款”“银行存款”等科目</td></tr>
<tr><td rowspan="3">出口</td><td>工业企业</td><td rowspan="2">计提关税时，借记“税金及附加”科目，贷记“应交税费——应交出口关税”科目；实际缴纳出口关税时，借记“应交税费——应交出口关税”科目，贷记“银行存款”科目。也可不通过“应交税费——应交出口关税”科目核算，直接借记“税金及附加”科目，贷记“银行存款”科目</td></tr>
<tr><td>商业企业自营进口</td></tr>
<tr><td>商业企业代理进口</td><td>代理出口企业按计算代缴关税额，借记“应收账款”科目，贷记“应交税费——应交出口关税”科目；实际缴纳出口关税时，借记“应交税费——应交出口关税”科目，贷记“银行存款”科目</td></tr>
</table>

三、资源税会计

资源税是对在我国领域和管辖的其他海域开发应税资源的单位和个人，就其应税产品销售额或销售数量和自用数量为计税依据而征收的一种税。我国资源税的征税范围主要涉及矿产品和盐两大类，具体包括能源矿产、金属矿产、非金属矿产、水气矿产和盐。对取用地表水或者地下水的单位和个人试点征收水资源税。

资源税的计征方式有从价定率和从量定额两种：

（1）从价定率应纳税额的计算公式为：

$$应纳税额 = 销售额 \times 适用税率$$

（2）水资源以外其他从量计税资源税额的计算公式为：

$$应纳税额 = 销售数量 \times 单位税额$$

企业核算资源税应设置“应交税费——应交资源税”科目。直接销售应税产品企业计提资源税时，借记“税金及附加”科目，贷记“应交税费——应交资源税”科目；实际缴纳资源税时，借记“应交税费——应交资源税”科目，贷记“银行存款”等科目。自产自用应税产品纳税人计提资源税时，借记“生产成本”“制造费用”“税金及附加”等科目，贷记“应交税费——应交资源税”科目；实际缴纳资源税时，借记“应交税费——应交资源税”科目，贷记“银行存款”等科目。

四、城镇土地使用税会计

城镇土地使用税是以国有土地和集体土地为征税对象，对拥有土地使用权的单位和个人征收的一种税。城镇土地使用税的纳税人是指在城市、县城、建制镇、工矿区范围内使用土地的单位和个人。

城镇土地使用税的应纳税额可以通过纳税人实际占用的土地面积乘以该土地所在地段的适用税额求得，计算公式为：

$$应纳税额(年) = 应税土地的实际占用面积(平方米) \times 适用税额$$

企业核算城镇土地使用税应设置“应交税费——应交城镇土地使用税”科目。纳税人纳税义务发生计提税款时，应借记“税金及附加”科目，贷记“应交税费——应交城镇土地使用税”科目；实际缴纳税款时，应借记“应交税费——应交城镇土地使用税”科目，贷记“银行存款”科目。

五、耕地占用税会计

耕地占用税是对占用耕地建设建筑物、构筑物或从事非农业建设的单位和个人，就其实际占用的耕地按面积征收的一种税。耕地占用税的纳税人是指在中华人民共和国境内占用耕地建设建筑物、构筑物或从事非农业建设的单位和个人。

耕地占用税以纳税人实际占用的耕地面积为计税依据，按照规定的适用税额一次性征收，应纳税额的计算公式为：

$$应纳税额 = 实际占用耕地面积(平方米) \times 适用定额税率$$

耕地占用税是企业在实际占用耕地之前一次性缴纳，因此企业缴纳耕地占用税时，借记“在建工程”科目，贷记“银行存款”科目。

六、印花税会计

印花税是对经济活动和经济交往中书立、使用、领受具有法律效力的应税凭证征收的一种税。凡在我国境内书立、领受、使用属于征税范围内所列凭证的单位和个人，都是印花税的纳税义务人，包括各类企业、事业、机关、团体、部队，以及中外合资经营企业合作经营企业、外资企业、外国公司企业和其他经济组织及其在华机构等单位和个人。纳税人可分为以下4类：立合同人、立账簿人、立据人、使用人。

印花税的计算公式如下：

$$应纳税额 = 计税金额 \times 适用比例税率$$

印花税一般是由纳税人自行计算、购买、贴花并注销的方式完成纳税义务，会计上无须通过“应交税费”科目核算。企业在购买印花税票时，直接借记“税金及附加”“固定资产”“固定资产清理”等科目，贷记“银行存款”科目。

七、契税会计

契税是以所有权发生转移的不动产为征税对象，向产权承受人征收的一种财产税。在中华人民共和国境内转移土地、房屋权属，承受的单位和个人为契税的纳税义务人。

契税的计税依据不含增值税，具体金额按照土地、房屋交易的不同情况确定：土地使用权出让、出售、房屋买卖，计税依据为成交价格；土地使用权赠与、房屋赠与以及其他没有价格的转移土地，房屋权属行为。其计税依据由征收机关参照土地使用权出售、房屋买卖的市场价格核定；土地使用权互换、房屋互换，计税依据是所互换的土地使用权、房屋的价格差额。契税应纳税额的计算公式为：

$$应纳税额 = 计税依据 \times 税率$$

契税通过“应交税费——应交契税”科目进行核算。企业在取得房产所有权，按规定计算应纳契税税额时，借记“固定资产”“在建工程”“无形资产”等科目，贷记“应交税费——应交契税”科目；实际缴纳税款时，借记“应交税费——应交契税”科目，贷记“银行存款”科目。

八、房产税会计

房产税是以房屋为征税对象，以房屋的计税余值或租金收入为计税依据，向房屋产权所有人征收的一种财产税，其纳税人为房屋产权所有人，具体包括产权所有人、承典人、房产代管人或使用人。房产税的征税范围为城市、县城、建制镇和工矿区范围内的房产，不包括农村。

房产税的计征方式有从价计征和从租计征两种：

（1）从价计征计算公式为：

$$\begin{aligned}（年）应纳税额 &= 房产计税余值 \times 1.2\% \\ &= 应税房产原值 \times (1 - 扣除比例) \times 1.2\%\end{aligned}$$

（2）从租计征计算公式为：

$$应纳税额 = 租金收入 \times 12\%（或4\%）$$

企业核算房产税应设置“应交税费——应交房产税”科目。企业按规定计提应缴纳的房产税时，应借记“税金及附加”科目，贷记“应交税费——应交房产税”科目；实际缴纳房产税时，借记“应交税费——应交房产税”科目，贷记“银行存款”科目。

九、车船税会计

车船税是对在中华人民共和国境内属于《中华人民共和国车船税法》中《车船税税目税额表》所规定的车辆、船舶(以下简称车船)的所有人或管理人征收的一种税。在中华人民共和国境内属于税法规定的车船的所有人或管理人，为车船税的纳税人。

车船税应纳税额计算公式为：

应纳税额 =(适用的年基准税额 ÷ 12)× 应纳税月份数

公式中的应纳税月份数应根据不同情况确定：购置的新车船，购置当年的应纳税额自纳税义务发生的当月起按月计算；已办理退税的被盗抢车船，失而复得的，纳税人应从公安机关出具相关证明的当月起计算缴纳车船税。

为核算应缴纳的车船税，企业应在“应交税费”科目下设置“应交车船税”明细科目。企业计算应缴纳的车船税时，借记“税金及附加”科目，贷记“应交税费——应交车船税”科目；实际缴纳车船税时，借记“应交税费——应交车船税”科目，贷记“银行存款”科目。

十、车辆购置税会计

车辆购置税是以在中国境内购置规定的车辆为课税对象、在特定的环节向车辆购置者征收的一种税。在中华人民共和国境内购置汽车、有轨电车、汽车挂车、排气量超过150毫升的摩托车(以下统称应税车辆)的单位和个人，为车辆购置税的纳税人，应当依照规定缴纳车辆购置税。车辆购置税以列举的车辆作为征税对象，未列举的车辆不纳税。其征税范围包括汽车、有轨电车、汽车挂车、排气量超过150毫升的摩托车。

车辆购置税实行统一比例税率，税率为10%。

车辆购置税实行从价计征方式计算应纳税额，计算公式为：

应纳税额 = 计税依据 × 税率

(1) 纳税人购买自用的应税车辆，计税价格为纳税人实际支付给销售者的全部价款，不包括增值税税款，应纳税额计算公式为：

应纳税额 = 不含增值税价款 × 税率

(2) 纳税人进口自用的应税车辆以组成计税价格为计税依据，若进口车辆属于消费税征税范围，则应纳税额计算公式为：

应纳税额 =(关税完税价格 + 关税 + 消费税)× 税率

如果进口车辆不属于消费税征税范围，则应纳税额计算公式为：

应纳税额 =(关税完税价格 + 关税)× 税率

(3) 纳税人自产自用应税车辆应纳税额的计算公式如下：

应纳税额 = 同类应税车辆销售价格(或组成价税价格)× 税率

(4) 以受赠、获奖或者其他方式取得自用应税车辆应纳税额的计算公式如下：

应纳税额 = 购置应税车辆时相关凭证载明的价格 × 税率

核算车辆购置税应设置“应交税费——应交车辆购置税”科目。企业缴纳的车辆购置税应计入车辆成本，计提时应借记“固定资产”科目，贷记“应交税费——应交车辆购置税”科目；实际缴纳税款时，应借记“应交税费——应交车辆购置税”科目，贷记“银行存款”科目。

第二部分 练 习 题

一、单项选择题

1. 城市维护建设税纳税人所在地在县城、建制镇的，其适用的城市维护建设税税率为(　　)。

A. 7%　　B. 5%

C. 3%　　D. 1%

2. 位于某县城的酿酒厂代为某大城市一家企业加工一批白酒，则该酒厂所代收代缴城市维护建设税的纳税地点应与其缴纳代收代缴(　　)的纳税地点相同。

A. 增值税　　B. 消费税

C. 印花税　　D. 企业所得税

3. 下列对城市维护建设税的表述不正确的是(　　)。

A. 城市维护建设税是一种附加税

B. 税款专门用于城市的公用事业和公用设施的维护建设

C. 外商投资企业和外国企业应征收城市维护建设税

D. 海关对进口产品代征增值税、消费税、城市维护建设税

4. 2022 年 3 月，某市区一居民企业被查补增值税 40 000 元、消费税 10 000 元、企业所得税 20 000 元，被加收滞纳金 2 500 元，被处罚款 7 500 元。该企业应补缴城市维护建设税和教育费附加(　　)元。

A. 5 000　　B. 6 000

C. 7 000　　D. 8 000

5. 设在市区的甲企业按税法规定代收代缴设在县城的乙企业的消费税，则下列处理正确的是(　　)。

A. 由甲企业按 5%的税率代收代缴城市维护建设税

B. 由乙企业按 5%的税率回所在地缴纳城市维护建设税

C. 由甲企业按 7%的税率代收代缴城市维护建设税

D. 由乙企业按 7%的税率回所在地缴纳城市维护建设税

6. 下列关于城市维护建设税和教育费附加的减免规定中，表述正确的是(　　)。

A. 海关对进口产品代征增值税、消费税的，不代征城市维护建设税，但代征教育费附加

B. 对增值税、消费税实行先征后返、先征后退、即征即退办法的，除另有规定外，对随同增值税、消费税附征的城市维护建设税，一律不予退(返)还

C. 对出口产品退还增值随、消费税的，可以申请退还已征的城市维护建设税和教育费附加

D. 对因减免税而需要进行增值税、消费税退库的，可以退还已征的城市维护建设税，但不可以退还已征的教育费附加

7. 下列关于关税的概念和特点的解释中，正确的是(　　)。

A. 当一个国家在境内设立自由贸易区域或自由港时，关境大于国境

B. 在境内和境外流通的货物，不进出关境的需征关税

C. 关税是多环节的价内税

D. 关税只对进出关境的货物和物品征收

8. 下列关于关税纳税义务人的说法中，错误的是(　　)。

A. 对于携带进境的物品，推定其携带人为所有人

B. 对分离运输的行李，推定相应的进出境旅客为所有人

C. 对以邮递方式进境的物品，推定其收件人为所有人

D. 以邮递或其他运输方式出境的物品，推定其收件人为所有人

9. 根据关税的有关规定，以境外边境口岸价格条件成交的铁路或者公路运输进口货物，海关应当按照境外边境口岸价格的(　　)计算运输及其相关费用、保险费。

A. 1%　　B. 3%

C. 1‰　　D. 3‰

10. 某贸易公司 2022 年 3 月进口一批货物，买卖双方合同中规定货物成交价格为 500 万元，货物报关前发生的运费和保险费共 7 万元，货物进口后发生安装费 10 万元、技术培训费 2 万元，购货佣金 3 万元，以上金额均为人民币。该货物的关税完税价格为(　　)万元。

A. 510　　B. 519

C. 507　　D. 522

11. 某企业 2022 年 3 月进口一台设备，设备的成交价格折合人民币 58 万元，支付购货佣金 2 万元，支付设备进口后发生的装配费用 1 万元，该货物运抵我国境内输入地点起卸前发生运费 5 万元，保险费无法确定。已知设备的关税税率为 20%，该企业进口设备应缴纳的关税为(　　)万元。

A. 11.6　　B. 12.6

C. 12.64　　D. 13.2

12. 某生产企业 2022 年 3 月将机器运往境外修理，出境时已向海关报明，并在海关规定期限内复运进境。该机器原值为 120 万元，已提折旧 40 万元，报关出境前发生运费和保险费 0.8 万元，境外修理费 6 万元，修理料件费 1.5 万元，复运进境发生的运费和保险费 2 万元，以上金额均以人民币计价，关税税率为 10%。该机器再次报关入境时应申报缴纳关税(　　)万元。

A. 8.75　　B. 0.75

C. 8.95　　D. 0.95

13. 在税则中预先按产品的价格高低分档制定若干不同的税率，然后根据进出口商品价格的变动而增减进出口税率的关税属于(　　)。

A. 从价税　　B. 复合税

C. 选择税　　D. 滑准税

14. 某公司进口一批货物，海关于 2022 年 1 月 1 日填发税款缴款书，但公司迟至 1 月 27 日才缴纳 400 万元的关税。海关应征收关税滞纳金为（　　）万元。

A. 2.4　　B. 2.6

C. 5.2　　D. 5.4

15. 2020 年 7 月 1 日，某企业进口一台设备，享受免征进口关税优惠，海关审核的完税价格为 110 万元，经调试后投入使用的设备账面原值 120 万元，使用年限 10 年，海关监管期 5 年。2022 年 1 月 5 日，企业将该设备转让，转让收入 80 万元，已提折旧 12 万元。设备关税税率为 8%，则该企业转让设备应补缴关税为（　　）万元。

A. 6.05　　B. 6.16

C. 6.40　　D. 8.80

16. 出口货物以海关审定的成交价格为基础的售予境外的离岸价格，扣除出口关税后作为完税价格，完税价格的计算公式为（　　）。

A. 完税价格＝离岸价格÷(1＋出口税率)　　B. 完税价格＝离岸价格÷(1－出口税率)

C. 完税价格＝离岸价格×(1＋出口税率)　　D. 完税价格＝离岸价格×(1－出口税率)

17. 下列说法中，表达错误的是（　　）。

A. 关税的缴纳地点是指货物的进出口地海关即进出口地的通关地为纳税人的纳税地

B. 复合税是征税时既采用从量标准又采用从价标准而征收的关税

C. 关税征税主体是国家，由海关负责征收

D. 海关对法定减免税货物一般不进行后续管理

18. 依据关税的有关规定，出口货物的纳税义务人应当自出口货物运抵海关监管区后装货的（　　），向货物出境地海关进行申报。

A. 24 小时以前　　B. 48 小时以前

C. 14 日内　　D. 15 日内

19. 下列关于资源税的表述中，不正确的是（　　）。

A. 资源税是价内税

B. 所有矿产品的资源税与增值税计税依据一致

C. 凡缴纳资源税的产品，也是缴纳增值税的货物

D. 稀土、钨、钼资源税实行从价征收

20. 根据资源税法律制度的规定，下列情形中，不应缴纳资源税的是（　　）。

A. 自产的应税资源产品用于捐赠

B. 自产的应税资源产品用于连续生产非应税产品

C. 进口资源产品

D. 自产的应税资源产品用于对外投资

21. 下列关于代扣代缴资源税的说法中，正确的是（　　）。

A. 扣缴义务人代扣代缴税款的纳税义务发生时间为支付全部货款的当天

B. 联合企业收购未税矿产品的，适用本单位应税产品税额、税率标准

C. 收购未税矿产品的单位和个人是资源税的代扣代缴义务人

D. 扣缴义务人代扣代缴的资源税，应当向应税产品的开采地或生产地主管税务机关缴纳

22. 企业生产或开采的下列资源产品中，不征收或免征资源税的是(　　)。

A. 取用污水处理再生水　　B. 深水油气田开采的天然气

C. 高含硫天然气　　D. 高凝油

23. 某油田为增值税一般纳税人，2022 年 2 月开采原油 500 万吨，销售原油 300 万吨，每吨不含税价格为 600 元，油田修井用原油 0.6 万吨，对外捐赠原油 2 万吨，原油资源税税率 6%，则该油田 2022 年 2 月应缴纳资源税税额为(　　)万元。

A. 10 893.6　　B. 10 872

C. 18 036　　D. 18 000

24. 根据资源税法律制度的规定，下列各项中，不正确的是(　　)。

A. 开采原油过程中，用于加热的原油免税

B. 深水油气田资源税税额减征 20%

C. 从衰竭期矿山开采的矿产品资源税减征 30%

D. 从低丰度油气田开采的原油、天然气，资源税减征 20%

25. 下列关于城镇土地使用税的陈述中，不正确的是(　　)。

A. 土地使用税以纳税人实际占用的土地面积为计税依据，依照规定税额计算征收

B. 企业自办的学校、医院、托儿所、幼儿园自用的土地，暂免征收土地使用税

C. 对单独的地下建筑用地，应暂按应征税款的 50%征收城镇土地使用税

D. 土地使用权共有的，由双方协商，确定由一方计算缴纳土地使用税

26. 下列选项中，不可以作为城镇土地使用税计税依据的是(　　)。

A. 实际占用的土地面积

B. 房地产管理部门核发的土地使用证书上确认的土地面积

C. 纳税人据实申报的土地面积

D. 税务机关核定的土地面积

27. 经省级人民政府批准，经济落后地区的城镇土地使用税适用税额标准可适当降低，但不超过规定最低税额的(　　)。

A. 20%　　B. 30%

C. 50%　　D. 100%

28. 某市公园实际占用土地面积为 40 000 平方米，其中供公共参观游览用地 28 000 平方米，公园内附设影剧院用地 5 000 平方米，附设饮食部、照相馆用地各 2 000 平方米，公园管理单位办公用地 3 000 平方米。已知当地城镇土地使用税年税额为 10 元/平方米，则该公园每年应缴纳城镇土地使用税税额为(　　)元。

A. 90 000　　B. 70 000

C. 400 000　　D. 120 000

29. 下列选项中，应按照规定征收城镇土地使用税的是(　　)。

A. 直接从事种植、养殖、饲养的专业用地

B. 宗教寺庙、公园、名胜古迹自用的土地

C. 企业厂区内绿化带占用的土地

D. 企业自办的学校、医院、托儿所、幼儿园自用的土地

30. 某公司2022年3月通过挂牌取得一宗土地，土地出让合同约定2022年4月交付，土地使用证记载占地面积为6 000平方米。土地使用税年税额4元/平方米，该公司2022年应缴纳城镇土地使用税税额为(　　)元。

A. 24 000　　B. 20 000

C. 18 000　　D. 16 000

31. 根据耕地占用税的有关规定，下列各项不属于耕地的是(　　)。

A. 种植经济作物的农田　　B. 园地

C. 田间道路　　D. 企业废弃仓库所占土地

32. 根据耕地占用税有关规定，各地区耕地占用税的适用税额，由(　　)根据人均耕地面积和经济发展等情况，在规定的税额幅度内提出，报同级人民代表大会常务委员会决定，并报全国人民代表大会常务委员会和国务院备案。

A. 财政部　　B. 各省、自治区、直辖市人民政府

C. 各省、自治区、直辖市税务机关　　D. 国家税务总局

33. 下列各项中，不属于耕地占用税征税范围的是(　　)。

A. 占用田间道路建设公路

B. 占用园地建造写字楼

C. 占用居民点内部的绿化林木用地建造厂房

D. 占用人工牧草地建房

34. 在人均耕地低于0.5亩的地区，省、自治区、直辖市可以根据当地经济发展情况，适当提高耕地占用税的适用税额，但提高的部分不得超过规定的适用税额的(　　)。

A. 10%　　B. 30%

C. 40%　　D. 50%

35. 某企业2022年3月经批准占用园地5 000平方米用于建造厂房，占用菜地3 000平方米用于种植经济作物。已知，当地耕地占用税适用税额为8元/平方米，则该企业应缴纳耕地占用税税额为(　　)元。

A. 40 000　　B. 64 000

C. 32 000　　D. 20 000

36. 农村居民王某，2021年10月经批准占用耕地2 000平方米，其中1 500平方米用于种植大棚蔬菜，500平方米用于新建自用住宅。假设耕地占用税为20元/平方米，王某当年应缴纳耕地占用税税额为(　　)元。

A. 5 000　　B. 10 000

C. 30 000　　D. 40 000

37. 根据印花税的有关规定，下列不属于印花税纳税义务人的是(　　)。

A. 财产转移书据的立据人　　B. 营业账簿的立账簿人

C. 凭证的担保人　　D. 借款合同的立合同人

38. 下列行为中，属于印花税列举应税合同范围的是(　　)。

A. 某银行向另一银行签订的拆借 50 000 万元人民币的合同

B. 企业与主管部门签订的租赁承包合同

C. 科技公司签订的技术服务合同

D. 某公司和会计师事务所签订的管理咨询合同

39. 下列关于印花税计税依据的说法中,错误的是(　　)。

A. 建筑工程合同,为合同记载的金额

B. 运输合同为运输、保险、装卸等各项费用合计

C. 融资租赁合同为租赁费

D. 以物易物的购销合同所载的购销金额合计

40. 甲乙双方签订了一份保管合同,合同上注明货物金额 500 万元,保管费用 10 万元。已知保管合同印花税税率为 1‰,则甲乙双方共应缴纳印花税税额为(　　)元。

A. 100　　B. 200

C. 2 550　　D. 5 100

41. 2022 年 5 月,甲服装厂办理综合财产保险一份,与保险公司签订合同,保额 500 000元,合同约定保险费 25 000 元;同月甲服装厂将一项专利权转让,签订转让合同,合同约定转让金额为 10 000 元,双方约定次月收取款项。已知:财产保险合同印花税税率为 1‰,技术合同印花税税率为 0.3‰,产权转移书据印花税税率为 0.5‰。则甲服装厂 2022 年 5 月应缴纳印花税税额为(　　)元。

A. 28　　B. 30

C. 528　　D. 530

42. 2022 年 7 月,甲公司成立,领取了工商营业执照、土地使用证和房屋产权证各一件。记载资金的账簿注明实收资本 100 万元、资本公积 20 万元。当月新启用其他营业账簿 6 本。已知记载资金的营业账簿的印花税税率为 0.25‰。甲公司 2022 年 7 月应缴纳印花税税额为(　　)元。

A. 300　　B. 315

C. 300　　D. 645

43. 下列关于契税的说法中,不正确的是(　　)。

A. 有助于增加地方财政收入　　B. 契税属于财产转移税

C. 有利于通过法律形式确定产权关系　　D. 由财产售卖人缴纳

44. 单位和个人发生下列行为中,应缴纳契税的是(　　)。

A. 转让土地使用权　　B. 转让不动产所有权

C. 承受不动产所有权　　D. 赠与不动产所有权

45. 下列关于契税减免税优惠的说法中,不正确的是(　　)。

A. 驻华领事馆外交人员承受土地、房屋权属免征契税

B. 金融租赁公司通过售后回租承受承租人房屋土地权属的,照章征收契税

C. 单位承受荒滩用于仓储设施开发的,免征契税

D. 军事单位承受土地、房屋对外经营的,照章征收契税

46. 承受的房屋附属设施权属单独计价的,应按照(　　)计征契税。

A. 与房屋相同的税率　　B. 固定的 3%的税率
C. 当地确定的适用税率　　D. 固定的 5%的税率

47. 2021 年 5 月甲企业将厂房赠与有业务往来的乙企业，甲企业购买厂房时的购置价款是 80 万元(不含税，下同)，税务机关参照房屋买卖的市场价格依法核定的契税计税价格为 100 万元。已知当地契税税率为 3%，针对赠与厂房的行为，下列说法中，正确的是(　　)。
A. 甲企业缴纳契税　　B. 乙企业不缴纳契税
C. 乙企业应缴纳契税 2.4 万元　　D. 乙企业应缴纳契税 3 万元

48. 下列符合契税纳税地点的是(　　)。
A. 土地、房屋的所在地　　B. 纳税人的居住地
C. 单位的注册地　　D. 企业的登记地

49. 处于下列范围中的房产，不属于房产税征税范围的是(　　)。
A. 工矿区　　B. 县城
C. 建制镇　　D. 农村

50. 2021 年某企业拥有房产原值共计 8 000 万元，其中生产经营用房原值 6 500 万元、内部职工医院用房原值 500 万元、托儿所用房原值 300 万元、超市用房原值 700 万元。当地政府规定计征房产税的扣除比例为 20%，2021 年该企业应缴纳房产税税额为(　　)万元。
A. 62.4　　B. 69.12
C. 76.8　　D. 77.92

51. 某县城一家企业于 2021 年 4 月 30 日将一闲置的房产出租给另一家企业，租期 5 年，每年租金为 20 万元。该房产原值为 100 万元，当地政府规定的扣除比例为 30%。计算该企业该房产本年应纳的房产税税额为(　　)万元。
A. 1.68　　B. 0.84
C. 1.88　　D. 0.96

52. 纳税人将房产出租的，依照房产租金收入计征房产税，税率为(　　)。
A. 1.2%　　B. 12%
C. 10%　　D. 30%

53. 下列房产应征收房产税的是(　　)。
A. 全额预算管理事业单位自用办公房　　B. 老年服务机构自用的房产
C. 自收自支的事业单位　　D. 宗教寺庙、公园、名胜古迹自用的房产

54. 下列出租住房的行为中，不分用途一律减按 4%的税率征收房产税的是(　　)。
A. 企业出租在农村的住房　　B. 个人出租在城市的住房
C. 事业单位出租在县城的住房　　D. 社会团体出租在工矿区的住房

55. 下列车辆中，应缴纳车船税的是(　　)。
A. 挂车　　B. 插电式混合动力汽车
C. 国际组织驻华代表机构使用的车辆　　D. 武装警察部队专用的车辆

56. 某公司 2021 年有如下车辆：货车 3 辆，每辆整备质量 15 吨；7 月份购入挂车 4 辆，每辆整备质量 5 吨，公司所在地政府规定货车年税额 98 元/吨。2021 年该公司应缴纳的车船税税额为(　　)元。

A. 1 960　　B. 4 410
C. 4 900　　D. 5 390

57. 下列关于车船税计税单位的说法中,不正确的是(　　)。
A. 摩托车以“每辆”为计税单位
B. 客车以“每辆”为计税单位
C. 机动船舶以“净吨位每吨”为计税单位
D. 游艇以“整备质量每吨”为计税单位

58. 下列各项中,属于依法需要办理登记的车船的纳税地点的是(　　)。
A. 纳税人机构所在地　　B. 车船登记地
C. 纳税人经常居住地　　D. 车船的购买地

59. 车船税的扣缴义务人是(　　)。
A. 国家税务总局
B. 主管税务机关
C. 购买车船的消费者
D. 从事机动车第三者责任强制保险业务的保险机构

60. 下列根据车船税法的相关规定中,表述不正确的是(　　)。
A. 扣缴义务人代收代缴后,车辆登记地主管税务机关不再征收车船税
B. 已经缴纳车船税的车船,因质量原因,被退回生产企业的,纳税人不得享受申请退还已缴纳的税款
C. 拖船和非机动驳船分别按照机动船舶税额的50%计算车船税
D. 已缴纳车船税的车船在同一纳税年度内办理转让过户的,不另纳税,也不退税

61. 下列依据车辆购置税的有关规定中,说法中不正确的是(　　)。
A. 车辆购置税实行定额税率
B. 应当向车辆登记注册地的主管税务机关申报纳税
C. 购置不需要办理车辆登记注册手续的应税车辆,应当向纳税人所在地的主管税务机关申报纳税
D. 车辆购置税的征税环节为车辆的使用环节

62. 下列根据现行车辆购置税的有关规定中,表述中不正确的是(　　)。
A. 车辆购置税价外征收,并最终转嫁税负
B. 车辆购置税实行一车一申报制度
C. 车辆购置税实行一次性征收
D. 购置已征车辆购置税的车辆,不再征收车辆购置税

63. 某汽车生产企业发生的下列行为中,需要计算缴纳车辆购置税的是(　　)。
A. 销售自产的小汽车
B. 将自产的小汽车赠送给股东王某
C. 从拍卖会上通过拍卖取得一辆小汽车自用
D. 进口小汽车用于抵偿债务

64. 下列关于车辆购置税的说法中,正确的是(　　)。

A. 进口自用应税小汽车的计税价格为关税完税价格

B. 进口自用应税小汽车的计税价格为组成计税价格，包括关税完税价格、关税、消费税

C. 购买自用应税小汽车的计税价格包括增值税

D. 进口自用应税小汽车的计税价格不包括消费税

65. 2022 年 6 月，王某从汽车 4S 店购置了一辆排气量为 1.8 升的乘用车，支付购车款（含增值税）226 000 元并取得“机动车销售统一发票”，支付购买工具件价款（含增值税）1 000元并取得汽车 4S 店开具的普通发票。王某应缴纳的车辆购置税税额为（　　）元。

A. 20 000　　B. 20 085.47

C. 20 088.5　　D. 24 000

66. 某汽车公司 2021 年 8 月接受关联方捐赠的排气量为 2.0 升的小汽车 8 辆自用。已知该小汽车的成本为 10 万元/辆，成本利润率为 8%，消费税税率为 9%；关联方购置小汽车时相关凭证载明的价格为 15 万元/辆（不含增值税），该汽车公司应缴纳车辆购置税税额为（　　）万元。

A. 8　　B. 9.49

C. 0　　D. 12

二、多项选择题

1. 纳税人的下列支出中，不得作为城市维护建设税和教育费附加计税依据的有（　　）。

A. 查补的“二税”税额　　B. 偷漏“二税”被处的罚款支出

C. 欠缴“二税”支付的滞纳金　　D. 被查补的城市维护建设税税额

2. 下列关于城市维护建设税纳税地点的表述中，正确的有（　　）。

A. 无固定纳税地点的个人，为户籍所在地

B. 代收代缴“二税”的单位，为税款代收地

C. 代扣代缴“二税”的个人，为税款代扣地

D. 纳税人直接缴纳“二税”的，在缴纳“二税”地缴纳城市维护建设税

3. 符合城市维护建设税和教育费附加税收减免规定的有（　　）。

A. 随“二税”的减免而减免

B. 随“二税”的退库而退库

C. 按照减免“二税”后实际缴纳的税额计征

D. 个别缴纳城建税有困难的，可由税务局批准给予减免

4. 单位或个人发生的下列行为，在缴纳相关税金时，（　　）无须缴纳城市维护建设税。

A. 私营企业销售货物　　B. 个人取得工资薪金收入

C. 企业购置车辆　　D. 个人购买住房

5. 下列税费中，应计入进口货物关税完税价格的有（　　）。

A. 进口环节缴纳的增值税

B. 单独支付的境内技术培训费

C. 由买方负担的境外包装材料费用

D. 由买方负担的与该货物视为一体的容器费

6. 纳税人进出口下列货物，免征关税的有(　　)。

A. 外国企业无偿赠送的物资

B. 无商业价值的广告品和货样

C. 在海关放行前损失的货物

D. 进出境运输工具装载的途中必需的燃料、物料和饮食用品

7. 关税纳税义务人发现多缴税款的，下列说法正确的有(　　)。

A. 自缴纳税款之日起3年内，可以要求海关退还

B. 自缴纳税款之日起1年内，可以要求海关退还

C. 可以口头形式要求海关加算银行同期活期存款利息

D. 可以以书面形式要求海关退还多缴纳的税款，并加算银行同期活期存款利息

8. 我国海关法规定，减免进出口关税的权限属中央政府，关税的减免形式有(　　)。

A. 法定减免　　B. 特定减免

C. 临时减免　　D. 困难减免

9. 下列各项中，属于关税征税对象的有(　　)。

A. 贸易性商品

B. 个人邮寄物品

C. 馈赠物品或以其他方式进境的个人物品

D. 入境旅客随身携带的行李和物品

10. 按规定有下列情形之一的，进出口货物的纳税义务人可以自缴纳税款之日起1年内，书面声明理由，向海关申请退税并加算银行同期活期存款利息的有(　　)。

A. 因海关误征，多纳税款的

B. 海关核准免验进口的货物，在完税后，发现有短卸情形，经海关审查认可的

C. 因纳税人计算错误，多纳税款的

D. 因残损被免费更换的原进口货物

11. 根据关税的有关规定，下列各项中，符合关税的强制执行措施的有(　　)。

A. 关税滞纳金的起征点为50元

B. 纳税人自海关填发缴款书之日起2个月仍未缴纳税款的，经海关关长批准，海关可以采取强制措施

C.《海关法》赋予海关可以采取的强制措施有征收关税滞纳金和强制征收

D. 海关将应税货物依法变卖，以变卖所得抵缴税款，这属于变价抵缴强制措施

12. 按照现行资源税规定，下列资源中，属于资源税征税范围的有(　　)。

A. 人造石油　　B. 井矿盐

C. 地下水　　D. 进口铁矿石

13. 按照现行资源税的规定，下列说法正确的有(　　)。

A. 水资源税纳税义务发生时间为纳税人取用水资源的当日

B. 纳税人采取预收货款方式销售应税产品的，其纳税义务发生时间为发出应税产品的当天

C. 资源税按月或按季申报缴纳，不能按固定期限计算缴纳的，可以按次申报缴纳
D. 资源税一律实行从量计征办法
14. 下列关于资源税纳税地点的说法中，正确的有(　　)。
A. 扣缴义务人代扣代缴资源应当向收购地主管税务机关缴纳
B. 海洋原油资源税向国家税务总局海洋石油税务管理机构缴纳
C. 除特殊情形外，水资源税的纳税地点为纳税人生产经营所在地
D. 煤矿资源税在销售地缴纳
15. 稀土、钨、钼实行从价计征资源税，其计税销售额中包括(　　)。
A. 资源税　　B. 增值税销项税
C. 延期付款利息　　D. 优质费
16. 对同时符合下列(　　)条件的运杂费用，资源税纳税人在计算应税产品计税销售额时，可予以扣减。
A. 包含在应税产品销售收入中
B. 运送应税产品从坑口或者洗选(加工)地到车站、码头或者购买方指定地点的运杂费用
C. 取得相关运杂费用发票或者其他合法有效凭据
D. 将运杂费用与计税销售额分别进行核算
17. 下列关于城镇土地使用税的表述中，正确的有(　　)。
A. 城镇土地使用税采用有幅度的差别税额，每个幅度税额的差距为 20 倍
B. 经批准开山填海整治的土地和改造的废弃土地，从使用的月份起免缴城镇土地使用税 10～20 年
C. 免税单位的职工家属宿舍用地免税
D. 经济落后地区，城镇土地使用税的适用税额标准可适当降低，但降低额不得超过规定最低税额的 30%
18. 根据《城镇土地使用税法》规定，下列表述不正确的有(　　)。
A. 城市郊区的土地不缴纳土地使用税
B. 土地使用权未确定或权属纠纷未解决的，暂不缴纳土地使用税
C. 土地使用权共有的，由共有各方分别纳税
D. 建立在城市、县城、建制镇和工矿区以外的工矿企业不需要缴纳城镇土地使用税
19. 下列各项中，符合城镇土地使用税规定的有(　　)。
A. 城镇土地使用税实行按年计算、分期缴纳的征收方式
B. 纳税人使用土地不属于同一省的，由纳税人向注册地税务机关缴纳
C. 纳税单位无偿使用免税单位的土地，纳税单位应当缴纳城镇土地使用税
D. 纳税人实际占有土地但尚未核发土地使用证书，由税务机关核定计税依据
20. 下列占用农村土地的行为中，需要计算缴纳耕地占用税的有(　　)。
A. 占用菜地开发果园　　B. 占用花圃开发茶园
C. 占用鱼塘建设公路　　D. 占用苗圃建设住房
21. 下列占用土地的行为中，不征收或免征耕地占用税的有(　　)。

A. 农田水利占用耕地的

B. 建设直接为农业生产服务的生产设施占用林地、牧草地、农田水利用地、养殖水面以及渔业水域滩涂等其他农用地的

C. 农村居民经批准搬迁，原宅基地恢复耕种，新建自用住宅占用耕地不超过原宅基地面积的

D. 农村居民占用耕地新建住宅

22. 下列各项中，需要缴纳耕地占用税的有（　　）。

A. 医院内专门用于提供医护服务的场所占用耕地

B. 学校教职工住房占用耕地

C. 铁路线路占用耕地

D. 飞机场跑道占用耕地

23. 下列关于耕地占用税的说法中，正确的有（　　）。

A. 耕地占用税兼具资源税与特定行为税的性质

B. 耕地占用税采用地区差别定额税率

C. 耕地占用税在占用耕地环节一次性课征

D. 耕地占用税按年计算、分期缴纳

24. 下列凭证中，不属于印花税征税范围的有（　　）。

A. 纳税人以电子形式签订的购销凭证

B. 发电厂与电网之间签订的购售电合同

C. 电网与用户之间签订的供用电合同

D. 订阅单位和个人之间订立的音像征订凭证

25. 下列各项中，适用印花税 1‰比例税率的有（　　）。

A. 租赁合同　　　　B. 财产保险合同

C. 证券交易　　　　D. 运输合同

26. 下列关于印花税纳税义务人的表述中，正确的有（　　）。

A. 各类电子应税凭证的签订人为纳税人

B. 合同鉴定人为纳税义务人

C. 书立经济合同的以合同各方当事人为纳税人

D. 资金账簿的立账簿人为纳税人

27. 根据税法的规定，下列关于印花税计税依据的表述中，正确的有（　　）。

A. 对于由委托方提供原材料、受托方提供辅助材料并收取加工费的加工合同，以辅助材料和加工费合计数，依照承揽合同计税，原材料按购销合同计税

B. 运输合同的计税依据为所运输货物的金额

C. 借款合同的计税依据为借款金额

D. 记载资金的营业账簿，计税依据为实收资本和资本公积之和

28. 关于契税计税依据的下列表述中，符合法律制度规定的有（　　）。

A. 以协议方式出让国有土地使用权的，以成交价格为计税依据

B. 受赠房屋的，由征收机关参照房屋买卖的市场价格规定计税依据

C. 交换土地使用权的，以交换土地使用权的价格差额为计税依据

D. 房屋买卖的，以成交价格为计税依据

29. 契税纳税义务发生时间可以为(　　)。

A. 取得具有房地产权属转移合同性质凭证的当天

B. 签订房地产权属转移合同的当天

C. 办理房地产产权证的当天

D. 缴纳房地产预付款的当天

30. 范某将自有的两栋住房中的一栋赠与其儿子，另一栋无偿赠与其朋友张某，已向税务机关提交经审核并签字盖章的个人无偿赠与不动产登记表。下列关于缴纳契税的表述中，正确的有(　　)。

A. 范某的儿子应缴纳契税

B. 范某应缴纳契税

C. 张某应缴纳契税

D. 范某与张某的儿子均不需要缴纳契税

31. 下列关于契税征管的说法中，正确的有(　　)。

A. 自纳税义务发生之日起的 15 日内缴纳契税

B. 在土地、房屋所在地缴纳契税

C. 先办权属变更登记，再缴纳契税

D. 在办理房屋权属变更登记前退房的，可退还已纳契税

32. 下列关于房产税纳税义务发生时间的说法中，正确的有(　　)。

A. 将原有房产用于生产经营的，从生产经营次月起计征房产税

B. 自建的房屋用于生产经营的，从建成之日的次月起计征房产税

C. 购置新建商品房，自房屋交付使用之月起计征房产税

D. 出租的房产，自交付出租房产之次月起计征房产税

33. 房产税的计税依据有(　　)。

A. 房产原值　　B. 房产租金收入

C. 房产售价　　D. 房产余值

34. 根据房产税法律制度的规定，下列有关房产税纳税人的表述中，正确的有(　　)。

A. 产权属于国家所有的房屋，其经营管理单位为纳税人

B. 产权属于集体所有的房屋，该集体单位为纳税人

C. 产权属于个人所有的营业用的房屋，该个人为纳税人

D. 产权出典的房屋，出典人为纳税人

35. 下列各项中，属于房产税纳税义务人的有(　　)。

A. 房屋的产权所有人　　B. 房屋使用人

C. 房屋承典人　　D. 房屋代管人

36. 下列对车船税的相关规定中，表述正确的有(　　)。

A. 车船税属于财产税

B. 车船税纳税义务发生时间为取得车船所有权或者管理权的当月

C. 车船税可以调节财富分配
D. 扣缴义务人代收代缴车船税的，纳税地点为扣缴义务人所在地
37. 下列关于车船税征收管理的说法中，正确的有(　　)。
A. 依法需要办理登记的车船，车船税的纳税地点为纳税人经常居住地
B. 对于依法不需要购买机动车交强险的车辆，纳税人应当向主管税务机关申报纳税
C. 购买的船舶，纳税义务发生时间为购买发票或其他证明文件所载日期的当月
D. 车船税按年申报，分月缴纳，纳税年度为公历 1 月 1 日至 12 月 31 日
38. 下列关于车船税应纳税额计算的表述中，正确的有(　　)。
A. 购置的新车船，购置当年的应纳税额自纳税义务发生的当月起按月计算
B. 已办理退税的被盗抢车船，失而复得的，纳税人应当从公安机关出具相关证明的次月起计算缴纳车船税
C. 在一个纳税年度内，纳税人在非车辆登记地由保险机构代收代缴机动车车船税，且能够提供合法有效完税证明的，不再向车辆登记地的税务机关缴纳车辆车船税
D. 已缴纳车船税的车船在同一纳税年度内办理转让过户的，对新承受方征税，同时对原纳税人应退税
39. 下列车船中，以"整备质量每吨"作为车船税计税单位的有(　　)。
A. 乘用汽车　　B. 挂车
C. 半挂牵引车　　D. 游艇
40. 下列行为中，属于车辆购置税应税行为的有(　　)。
A. 销售应税车辆的行为　　B. 对外捐赠应税车辆的行为
C. 进口自用应税车辆的行为　　D. 自产自用应税车辆的行为
41. 下列车辆属于车辆购置税征税范围的有(　　)。
A. 汽车　　B. 有轨电车
C. 汽车挂车　　D. 排气量超过 150 毫升的摩托车
42. 车辆购置税属于(　　)。
A. 直接税　　B. 间接税
C. 中央税　　D. 地方税
43. 根据车辆购置税的相关规定，下列说法正确的有(　　)。
A. 纳税人购买自用的应税车辆，自购买之日起 30 日内申报纳税
B. 车辆购置税是在应税车辆上牌登记注册前的使用环节征收
C. 免税车辆发生转让，但仍属于免税范围的，受让方应当自购买或取得车辆之日起 90 日内到主管税务机关重新申报免税
D. 需要办理车辆登记注册手续的纳税人，车辆购置税的纳税地点为应税车辆登记注册地

三、判断题

1. 由受托方代收代缴消费税的，其应代收代缴的城市维护建设税应按委托方所在地的适用税率计算。(　　)

2. 根据《城市维护建设税暂行条例》的有关规定，纳税人在被查补增值税、消费税时，应同时对其偷漏的城市维护建设税进行补税。（　）

3. 我国城市维护建设税的计税依据是纳税人应当缴纳的增值税、消费税税额之和。（　）

4. 教育费附加的纳税义务发生时间和纳税期限与“二税”一致。（　）

5. 纳税人缴纳了“二税”之后，不按规定缴纳城市维护建设税和教育费附加，可对其单独罚款或加收滞纳金。（　）

6. 进口货物以海关审定的成交价格为基础的到岸价格作为完税价格，到岸价格就是货价。（　）

7. 运往境外加工的货物，出境时向海关报明，并在海关规定期限内复运进境的，应当以加工后的货物进境时的到岸价格作为完税价格。（　）

8. 出口货物的完税价格是由海关以该货物向境外销售的成交价格为基础审查确定，包括货物运至我国境内输出地点装卸前的运输费、保险费，但不包括出口关税。（　）

9. 按照关税有关规定，进出口货物完税后，如因纳税人违反规定造成少征或漏征的税款，海关可以自缴纳税款或者货物放行之日起1年内向纳税人补征。（　）

10. 纳税义务人应自海关填发税款缴款书之日起7日内向指定银行缴纳税款。（　）

11. 已征出口关税的货物，因故未装运出口，申报退关，经海关查明属实的，纳税人可以自缴纳税款之日起1年内申请退还税款。（　）

12. 纳税义务人因不可抗力或国家税收政策调整不能按期缴纳税款的，依法提供税款担保后，可以直接向海关办理延期缴纳税款手续，但延期纳税最长不超过6个月。（　）

13. 企业自营出口产品应缴纳的出口关税，支付时可直接借记“主营业务成本”科目，贷记“应交税费——应交出口关税”科目。（　）

14. 纳税人以应税产品生产非应税产品、投资、分配、抵债、赠与、以物易物等，应视同销售缴纳资源税。（　）

15. 纳税人开采或生产不同税目应税产品的，应分别核算不同税目应税产品的销售额或销售量；未分别核算不同税目应税产品销售额或销售量的，从低适用税率。（　）

16. 纳税人采取预收货款方式销售资源税应税产品的，其纳税义务发生时间为收到预收款的当天。（　）

17. 纳税人开采或生产应税产品过程中，因意外事故遭受重大失的，免征资源税。（　）

18.《资源税税目税率表》中规定可以选择实行从价计征或从量计征的，具体计征方式由省、自治区、直辖市人民政府提出。（　）

19. 纳税人以应税产品生产非应税产品，在计提资源税时，借记“生产成本”科目，贷记“应交税费——应交资源税”科目。（　）

20. 城镇土地使用税是以城镇国有土地为征税对象，对拥有土地经营权的单位和个人征收的一种税。（　）

21. 城镇土地使用税实行按年计算、分期缴纳的征收方法，具体纳税期限由省、自治区、直辖市人民政府确定。（　）

22. 纳税单位无偿使用免税单位的土地免征城镇土地使用税；免税单位无偿使用纳税单位的土地照章征收城镇土地使用税。 （ ）

23. 纳税人购置新建商品房，自房屋交付使用之日起，缴纳城镇土地使用税。 （ ）

24. 占用耕地建设农田水利设施的，需缴纳耕地占用税。 （ ）

25. 耕地占用税以纳税人实际占用的耕地面积为计税依据，按照规定的适用税额一次性征收。 （ ）

26. 耕地占用税的征税范围包括纳税人占用耕地建设建筑物、构筑物或者从事非农业建设的国家所有和集体所有的耕地。 （ ）

27. 占用基本农田的，应当按照税法规定确定的当地适用税额，加按 100%征收耕地占用税。 （ ）

28. 耕地占用税纳税义务发生时间为纳税人收到自然资源主管部门办理占用耕地手续的书面通知的当日。 （ ）

29. 凡是由两方或两方以上当事人共同书立的应税凭证，其当事人各方都是印花税的纳税人，应各自就其所持凭证的计税金额全额完税。 （ ）

30. 已缴纳印花税的凭证的副本或抄本免税。 （ ）

31. 现行税法规定，财产所有人将财产赠送给政府、社会团体、学校、社会福利单位所立书据免征印花税。 （ ）

32. 立合同人是指合同的当事人，即指对凭证有直接权利义务关系的单位和个人，但不包括合同的担保人、证人、鉴定人。 （ ）

33. 甲公司受乙公司委托加工一批材料，双方签订一份加工合同，甲公司提供价值 30 万元的辅助材料并收取加工费 25 万元，乙公司提供价值 100 万元的原材料。甲公司应纳印花税税额为 275 元。 （ ）

34. 高某以获奖方式取得房屋产权，高某不需要缴纳契税。 （ ）

35. 郑某依法继承其父母的土地、房屋权属，应以市场价格为计税依据缴纳契税。

（ ）

36. 买卖装修的房屋，装修费用应包括在契税计税依据内。 （ ）

37. 自 2010 年 10 月 1 日起，对个人购买 90 平方米及以下且属家庭唯一住房的普通住房，减按 1%税率征收契税。 （ ）

38. 外商投资企业在中华人民共和国境内承受房屋权属的，不缴纳契税。 （ ）

39. 房产税是按房产租金征收的一种税。 （ ）

40. 纳税人将原有房产用于生产经营的，从生产经营之月起计征房产税。 （ ）

41. 房地产开发企业建造的商品房在出售前，不征收房产税，但对出售前房地产开发企业已使用或出租、出售的房产应按规定征收房产税。 （ ）

42. 一个坐落在房产税开征地区范围之内的工厂，其仓库设在房产税开征地区范围之外，那么，这个仓库不征收房产税。 （ ）

43. 纳税人对原有房屋进行改建、扩建的，无须增加房屋的原值。 （ ）

44. 根据车船税的相关规定，车辆的具体适用税额由省、自治区、直辖市税务机关依照规定的税额幅度和国务院的规定确定。 （ ）

45. 商用货车按“每辆”为计税单位，机动船舶以“净吨位每吨”为计税单位。（　　）

46. 车船税的征税范围是在车船管理部门登记的车船以及依法不需要在车船管理部门登记，在单位内部场所行驶或者作业的机动车辆和船舶。（　　）

47. 以车辆整备质量、净吨位、艇身长度等为计税单位，有尾数的一律按尾数进行四舍五入后的计税单位计算应纳税额。（　　）

48. 车船的管理人也可以是车船税的纳税人。（　　）

49. 纳税人以受赠、获奖或者其他方式取得的自用应税车辆，计税价格按照购置应税车辆时相关凭证载明的价格确定，包括增值税税款。（　　）

50. 车辆购置税为定额税率。（　　）

51. 车辆购置税实行一车一申报制度。购置已征车辆购置税的车辆，不再征收车辆购置。（　　）

52. 纳税人购置需要办理车辆登记的应税车辆的，应当向车辆登记地的主管税务机关申报缴纳车辆购置税；购置不需要办理车辆登记的应税车辆的，不必向纳税人所在地的主管税务机关申报缴纳车辆购置税。（　　）

四、业务题

1. 某企业地处县城，2020 年 3 月按应纳增值税税额足额纳税，该企业应缴纳增值税税额为 157 万元，其中包含进口商品应缴纳增值税 10 万元，被查补的增值税 3 万元，因符合有关规定而被退库的增值税 6 万元，实际缴纳消费税 21 万元。被加收滞纳金和罚款 0.8 万元。

要求：

（1）计算该企业应缴纳的城市维护建设税税额。

（2）计算该企业应缴纳的教育费附加和地方教育费附加金额。

（3）编制相关会计分录。

2. 某企业为增值税一般纳税人，关税不通过“应交税费”科目核算。2020 年 3 月，该企业进口一台需要安装的设备，成交价格为 500 万元，出口方出售该设备的国际市场价格为 650 万元。此外，该企业承担设备包装材料费 40 万元，同时，支付给出口方设备进口后的安装费用 15 万元。全部款项以银行存款付讫。已知该设备的进口关税税率为 10%，增值税税率为 13%。

要求：计算该企业进口设备应缴纳的关税、增值税税额并编制相关会计分录。

3. 某进出口公司进口一批机器设备，经海关审定的成交价为人民币 300 万元。货物运抵我国境内输入地点起卸前的运输费为人民币 15 万元，保险费为人民币 30 万元，由买方负担的购货佣金为人民币 6 万元，包装劳务费为人民币 3 万元。该机器设备适用关税税率为 12%。

要求：计算进口该批货物应缴纳的关税税额。

4. 某企业为增值税一般纳税人，2020 年 3 月生产经营情况如下：

（1）专门开采天然气 45 000 千立方米，开采原煤 450 万吨。

（2）销售原煤 280 万吨，取得不含税销售额 148 400 万元。

（3）以原煤直接加工洗选煤 120 万吨，全部对外销售，取得不含税销售额 72 000 万元。

(4) 企业职工食堂领用原煤 2 500 吨,同类产品不含增值税市场售价为 132.5 万元。

(5) 销售天然气 37 000 千立方米,取得不含税销售额 7 400 万元。

原煤资源税税率为 5%,天然气资源税税率为 6%;洗选煤折算率为 70%。

要求:计算该企业当月应纳资源税总额并编制计提资源税相关的会计分录。

5. 好友超级市场与某娱乐中心共同使用一块面积为 1 800 平方米的土地,其中超级市场实际使用的土地面积占这块土地总面积的 2/3,另外 1/3 归娱乐中心使用。当地每平方米土地使用税年税额为 5 元,税务机关每半年征收一次城镇土地使用税。

要求:计算该超级市场每季度应纳城镇土地使用税税额。

6. 某市某购物中心实行统一核算,土地使用证上载明,该企业实际占用土地情况为:中心店占地面积为 8 200 平方米,一分店占地 3 600 平方米,二分店占地 5 800 平方米,企业仓库占地 6 300 平方米,企业自办托儿所占地 360 平方米。经税务机关确认,该企业所占用土地分别适用市政府确定的以下税额:中心店位于一等地段,每平方米年税额为 7 元;一分店和托儿所位于二等地段,每平方米年税额为 5 元;二分店位于三等地段,每平方米年税额为 4 元;仓库位于五等地段,每平方米年税额为 1 元。另外,该市政府规定,企业自办托儿所,幼儿园、学校用地免征城镇土地使用税。

要求:计算该购物中心年应纳城镇土地使用税税额并编制相关会计分录。

7. 某航空公司经批准占用耕地 500 000 平方米,于 2022 年 5 月 31 日办妥占用耕地手续,其中用于建设飞机场跑道、停机坪占地 320 000 平方米、候机厅占地 100 000 平方米、宾馆和办公楼占地 80 000 平方米。当地耕地占用税税额为每平方米 12 元。

要求:计算航空公司应缴纳耕地占用税税额并编制会计分录。

8. 甲企业为生产型外商投资企业,2022 年 7 月发生以下业务:

(1) 领取土地使用证、商标注册证、卫生许可证、银行开户许可证各一份。

(2) 销售自产产品,签订买卖合同,合同注明销售额为 400 000 元。

(3) 签订受托加工合同,为乙企业加工工作服。根据合同规定,由乙企业提供面料和主要衬料 80 万元,本企业代垫辅料 2 万元并收取加工费 3 万元,该合同本月签订但当月未执行。

(4) 转让一项专利申请权,签订转让合同,协议转让金额 1 万元,在当月取得转让收入。

(5) 购买一项土地使用权,签订土地使用权转让合同,合同注明价款为 60 万元。

(6) 出租设备一台,签订财产租赁合同,合同约定年租金 18 万元,租赁期为 2 年。

已知买卖合同印花税税率为 0.3‰,承揽合同印花税税率为 0.3‰,技术合同印花税税率为 0.3‰,产权转移书据印花税税率为 0.5‰,租赁合同印花税税率为 1‰。

要求:

(1) 计算甲企业领取权利、许可证照应缴纳印花税税额。

(2) 计算甲企业签订产品买卖合同应缴纳印花税税额。

(3) 计算甲企业签订受托加工合同应缴纳印花税税额。

(4) 计算甲企业签订转让专利申请权合同应缴纳印花税税额。

(5) 计算甲企业签订土地使用权转让合同应缴纳印花税税额并编制相应会计分录。

(6) 计算甲企业签订财产租赁合同应缴纳印花税税额并编制相应会计分录。

9. 2020 年，居民甲发生下列事项（当地确定的契税税率为 4%，金额均不含增值税）：

(1) 将一套市价为 60 万元的房产抵偿了乙 60 万元的债务。

(2) 将一套市价为 40 万元的房产作股投入本人独资经营的企业。

(3) 将一套市价为 95 万元的房产与丙进行房屋交换，并收取丙支付的差价款 10 万元。

(4) 将一套房产赠送给其朋友丁，征收机关核定甲赠送给丁的房屋价值为 28 万元。

(5) 购买一套 120 平方米的住房，合同总价款 134.8 万元，其中含装修费用 14.8 万元。

要求：逐一分析业务(1)至(5)的契税纳税义务人，并计算其应缴纳的契税税额。

10. 某房地产开发企业 2020 年开发 10 栋房产待售，房产原值共计 1 500 万元且每栋房产原值一致，2021 年 4 月 30 日，将其中的 7 栋对外出售，另外 1 栋作为本企业固定资产使用，2 栋对外出租，年租金共计为 12 万元（不含增值税），房产所在地人民政府规定计算房产余值的扣除比例为 30%。

要求：计算该房地产开发企业 2021 年的应纳房产税税额。

11. 某运输公司 2021 年拥有净吨位 4 000 吨的机动船 10 艘，净吨位 200 吨的非机动驳船 4 艘，整备质量为 5 吨的载货汽车 20 辆，整备质量为 4 吨的挂车 8 辆。已知机动船舶车船税计税标准为净吨位 200 吨以下（含 200 吨）的，每吨 3 元；净吨位 201 吨至 2 000 吨的，每吨 4 元；净吨位 2 001 吨至 10 000 吨的，每吨 5 元；该公司所在地载货汽车车船税年税额为整备质量每吨 20 元。

要求：假设当地政府规定车船税按年缴纳，计算该运输公司 2021 年应缴纳的车船税税额并编制会计分录。

12. 2021 年 10 月，宋某从某汽车有限公司购买一辆小汽车供自己使用支付了含增值税税款在内的款项 226 000 元，支付工具件和零配件价款 3 390 元，车辆装饰费 1 130 元。已经收到相关票据并通过银行存款缴纳车辆购置税。

要求：计算宋某应纳车辆购置税税额并编制相应会计分录。

13. 某公司 2021 年购置小汽车 3 辆，每辆含增值税的价款为 226 000 元，购置载货汽车 3 辆，每辆含增值税的价款为 67 800 元，进口摩托车 4 辆，每辆关税完税价格为 7 000元。车辆购置税已通过银行存款缴纳。已知摩托车关税税率为 6%，摩托车消费税税率为 10%。

要求：计算该公司应纳车辆购置税税额并编制购置小汽车和载货汽车的相应会计分录。

第三部分　参考答案

一、单项选择题

1. **【答案】** B

【解析】 纳税人所在地为城市市区的，税率为 7%；纳税人所在地为县城、建制镇的，税率为 5%；纳税人所在地不在城市市区、县城、建制镇的，税率为 1%。

2. **【答案】** B

【解析】 代收代缴增值税、消费税的企业单位，同时代收代缴城市维护建设税。“酿酒厂代为某大城市一家企业加工一批白酒”应代收代缴消费税，并同时代收代缴城市维护建设税。

3.【答案】D

【解析】海关对进口产品代征增值税、消费税的，不征收城市维护建设税。

4.【答案】A

【解析】城市维护建设税以纳税人实际缴纳的增值税、消费税税额为计税依据，其实际缴纳税额不包括加收的滞纳金和罚款，位于市区企业城市维护建设税适用税率为7%，教育费附加适用税率为3%。

该企业应补缴城市维护建设税和教育费附加=(40 000+10 000)×(7%+3%)=5 000(元)

5.【答案】C

【解析】代收代缴增值税、消费税的企业单位，同时代收代缴城市维护建设税，且由代收代缴“二税”的单位和个人按纳税人缴纳“二税”所在地的规定税率就地缴纳。因此，由甲企业按7%的税率代收代缴城市维护建设税。

6.【答案】B

【解析】选项AC，城市维护建设税和教育费附加都有“进口不征、出口不退”的计征规则。选项D，对由于减免增值税、消费税而发生退税的，可以同时退还已征收的城市维护建设税和教育费附加。

7.【答案】D

【解析】选项A，当一个国家在境内设立自由贸易区域或自由港时，国境大于关境。选项B，在境内和境外流通的货物，不进出关境的不征关税。选项C，关税是单一环节的价内税。

8.【答案】D

【解析】以邮递或其他运输方式出境的物品，推定其寄件人或托运人为所有人。

9.【答案】A

【解析】以境外边境口岸价格条件成交的铁路或者公路运输进口货物，海关应当按照境外边境口岸价格的1%计算运输及其相关费用、保险费。

10.【答案】C

【解析】进口货物的完税价格包括货物的货价、货物运抵我国境内输入地点起卸前的运输及相关费用、保险费；不包括：①向自己的采购代理人支付的购货佣金和劳务费用；②货物进口后发生的安装、运输等费用；③进口关税和进口环节海关代征的国内税；④为在境内复制进口货物而支付的复制权费用；⑤境内外技术培训及境外考察费用；⑥买方为购买进口货物而融资所产生的符合条件的利息费用。因此，完税价格=500+7=507(万元)。

11.【答案】C

【解析】该企业进口设备应缴纳的关税税额=(58+5)×(1+3‰)×20%=12.64(万元)。

12.【答案】B

【解析】运往境外修理的货物，规定期限内复运进境的，以海关审定的境外修理费、料件费为基础确定完税价格，该企业应纳关税税额＝(6＋1.5)×10%＝0.75(万元)。

13.【答案】D

【解析】在税则中预先按产品的价格高低分档制定若干不同的税率，然后根据进出口商品价格的变动而增减进出口税率的关税属于滑准税。

14.【答案】A

【解析】滞纳12天，应征收关税滞纳金＝400×12×0.5‰＝2.4(万元)。

15.【答案】B

【解析】减免税进口的货物需补税时，关税完税价格＝海关审定的该货物原进口时的价格×[1－补税时实际已进口的时间(月)÷(监管年限×12)]。

关税完税价格＝110×[1－18÷(12×5)]＝77(万元)，应补缴关税税额＝77×8%＝6.16(万元)。

16.【答案】A

17.【答案】A

【解析】选项A，进(出)口货物的纳税义务人应向货物进(出)境地海关办理申报手续。为方便纳税义务人，经申请且海关同意，进(出)口货物的纳税义务人可以在设有海关的指运地(起运地)办理海关申报、纳税手续。

18.【答案】A

【解析】进口货物自运输工具申报进境之日起14日内，出口货物在货物运抵海关监管区后装货的24小时以前，应由进出口货物的纳税人向货物进(出)境地海关申报。

19.【答案】B

【解析】选项B，资源税计税依据包括计税销售额或者销售数量，增值税计税依据为销售额，且资源税从价计征时不含运杂费。

20.【答案】D

【解析】纳税人以自产应税产品用于非货币性资产交换、捐赠、偿债、赞助、集资、投资、广告、样品、职工福利、利润分配或者连续生产非应税产品等，应视同销售缴纳资源税。选项C，资源税在开发销售时缴纳，进口、批发、零售环节不缴纳资源税。

21.【答案】B

【解析】选项A，扣缴义务人代扣代缴资源税的，其纳税义务发生时间为支付首笔货款或者首次开具支付货款凭据的当天。选项C，收购未税矿产品的独立矿山、联合企业和其他单位(不含个人)为资源税的扣缴义务人。选项D，扣缴义务人代扣代缴的资源税，应当向收购地主管税务机关缴纳。

22.【答案】A

【解析】选项A，取用污水处理再生水，免征水资源税。选项B，对深水油气田资源税减征30%。选项C，2020年9月1日前，高含硫天然气，资源税减征40%；2020年9月1日起，高含硫天然气，资源税减征30%。选项D，高凝油资源税减征40%。

23.【答案】B

【解析】开采原油过程中的修井用原油免征资源税，对外捐赠的原油属于视同销售，需要缴纳资源税。该油田2022年2月应缴纳资源税税额＝(300＋2)×600×6%＝10 872(万元)。

24.【答案】B

【解析】从深水油气田开采的原油、天然气，资源税减征30%。

25.【答案】D

【解析】土地使用权共有的各方，应按其实际使用的土地面积占总面积的比例，分别计算缴纳城镇土地使用税。

26.【答案】D

【解析】城镇土地使用税以纳税人实际占用的土地面积为计税依据。实际占用的土地面积按下列办法确定：有房地产管理部门核发的土地使用证书的，以证书确认的土地面积为准；尚未核发土地使用证书的，应由纳税人据实申报土地面积，据以纳税，待核发土地使用证后再作调整。

27.【答案】B

【解析】经省级人民政府批准，经济落后地区的城镇土地使用税适用税额标准可适当降低，但不超过规定最低税额的30%。

28.【答案】A

【解析】公园内供公共参观游览的用地及其管理单位的办公用地免征城镇土地使用税，公园中附设的营业场所，如影剧院、饮食部、茶社、照相馆等用地，应征收城镇土地使用税。该公园每年应缴纳城镇土地使用税税额＝(40 000－28 000－3 000)×10＝90 000(元)。

29.【答案】C

【解析】选项ABD，免征城镇土地使用税。选项C，对企业厂区以内的绿化用地，应照章征收城镇土地使用税。

30.【答案】D

【解析】通过招标、拍卖、挂牌方式取得的建设用地，不属于新征用的耕地，纳税人应按照规定从合同约定交付土地时间的次月起缴纳城镇土地使用税。

该公司应缴纳城镇土地使用税税额＝6 000×4×8÷12＝16 000(元)。

31.【答案】D

【解析】耕地是指用于种植农作物的土地，如种植粮食作物、经济作物的农田，还包括种植蔬菜和果树的菜地、园地。耕地还包括其附属的土地，如田间道路等。

32.【答案】B

【解析】各地区耕地占用税的适用税额，由省、自治区、直辖市人民政府根据人均耕地面积和经济发展等情况，在规定的税额幅度内提出，报同级人民代表大会常务委员会决定，并报全国人民代表大会常务委员会和国务院备案。各省、自治区、直辖市耕地占用税适用税额的平均水平，不得低于《各省、自治区、直辖市耕地占用税平均税额表》规定的平均税额。

33.【答案】C

【解析】选项C，占用林地、牧草地、农田水利地、养殖水面以及渔业水域滩涂等其他农用地建设建筑物、构筑物或从事非农业建设，比照占用耕地征收耕地占用税。林地包括有林地、灌木林地、疏林地、未成林地、迹地、苗圃等，不包括居民点内部的绿化林木用地、铁路、公路征地范围内的林木用地，以及河流、沟渠的护堤林用地。

34. **【答案】** D

【解析】 在人均耕地低于0.5亩的地区，省、自治区、直辖市可以根据当地经济发展情况，适当提高耕地占用税的适用税额，但提高的部分不得超过规定的适用税额的50%。

35. **【答案】** A

【解析】 耕地占用税是对占用耕地建设建筑物、构筑物或从事非农业建设的单位和个人征收的一种税。占用菜地用于种植经济作物不需要缴纳耕地占用税。

该企业应缴纳耕地占用税税额＝5 000×8＝40 000(元)

36. **【答案】** A

【解析】 农村居民在规定用地标准以内占用耕地新建自用住宅，按照当地适用税额减半征收耕地占用税。应缴纳耕地占用税税额＝500×20×50%＝5 000(元)

37. **【答案】** C

【解析】 对于同一凭证，如果由两方或者两方以上当事人签订并各执一份，各方均为纳税人，应当由各方就所持凭证的各自金额贴花。当事人是指对凭证有直接权利义务关系的单位和个人，不包括担保人、证人、鉴定人。

38. **【答案】** C

【解析】 印花税相关法规明确规定：借款合同中的银行同业拆借所签的借款合同，企业与主管部门签订的租赁承包合同，技术服务合同中的会计、税务、法律咨询合同不属于印花税规定的列举征税范围。

39. **【答案】** B

【解析】 运输合同的计税依据为运输费用，不包括其他费用。

40. **【答案】** B

【解析】 保管合同的计税依据为保管的费用(保管收入)。甲乙双方共应缴纳印花税税额＝10×1‰×10 000×2＝200(元)。

41. **【答案】** B

【解析】 财产保险合同的印花税计税依据为支付(收取)的保险费，不包括所保财产的金额。专利权转让合同，应按产权转移书据贴花。甲服装厂2022年5月应缴纳印花税税额＝25 000×1‰＋10 000×0.5‰＝25＋5＝30(元)。

42. **【答案】** A

【解析】 营业账簿税目中记载资金的账簿的计税依据为“实收资本”与“资本公积”两项的合计金额。甲公司应缴纳印花税税额＝(100＋20)×10 000×0.25‰＝300(元)。

43. **【答案】** D

【解析】 契税属于土地、房屋产权发生交易过程中的财产税，由承受人即买方纳税。

44. **【答案】** C

【解析】 契税的纳税人是房屋、土地权属的承受方。房屋、土地权属的转让方无须缴纳契税。

45. 【答案】C

【解析】承受荒山、荒沟、荒丘、荒滩土地使用权，并用于农、林、牧、渔业生产的，免征契税。

46. 【答案】C

【解析】承受的房屋附属设施权属单独计价的，按照当地确定的适用税率征收契税；与房屋统一计价的，适用与房屋相同的契税税率。

47. 【答案】D

【解析】选项 AB，契税的纳税人，是指在我国境内承受土地、房屋权属转移的单位和个人；对于厂房赠与，乙企业承受了厂房的权属，所以乙企业是契税的纳税人。选项 CD，房屋赠与，契税的计税依据为税务机关参照房屋买卖的市场价格依法核定的价格，乙企业应缴纳契税＝100×3%＝3(万元)。

48. 【答案】A

【解析】纳税人应自纳税义务发生之日起 10 日内，向土地、房屋所在地的征收机关办理纳税申报，并在契税征收机关核定的期限内缴纳税款。

49. 【答案】D

【解析】房产税在城市、县城、建制镇和工矿区征收，其征税范围不包括农村。

50. 【答案】B

【解析】企业自办的各类学校、医院、托儿所、幼儿园自用的房产，免征房产税。

2019 年该企业应纳房产税税额＝(8 000－500－300)×(1－20%)×1.2%＝69.12(万元)。

51. 【答案】C

【解析】房产税应纳税额＝100×(1－30%)×1.2%÷12×4＋20÷12×8×12%＝1.88(万元)。

52. 【答案】B

【解析】房产税从租计征税率为 12%。

53. 【答案】C

【解析】选项 ABD 免征房产税。

54. 【答案】B

【解析】个人出租住房，不分用途，按 4%的税率征收房产税。选项 A，房产税征税范围不包括农村。选项 CD，需要限定用途，即按市场价格向个人出租用于居住的住房按 4%的税率计征房产税，否则按 12%计税。

55. 【答案】A

【解析】挂车按照货车税额的 50%计算车船税。选项 BCD 免征车船税。

56. 【答案】C

【解析】计算此题的关键是挂车车船税的税收优惠问题，即挂车按照货车税额的 50%征收，题中已经给出货车年基准税额为每吨 98 元，另外车船税的纳税义务发生时间为取得车船管理权的当月。应纳车船税税额＝15×98×3＋5×98÷12×6×50%×4＝4 900(元)

57.【答案】D

【解析】游艇以“艇身长度每米”为计税单位。

58.【答案】B

【解析】车船税的纳税地点为车船的登记地或车船税扣缴义务人所在地；依法不需要办理登记的车船，车船税的纳税地点为车船的所有人或者管理人所在地。

59.【答案】D

【解析】从事机动车第三者责任强制保险业务的保险机构为机动车车船税的扣缴义务人，应当在收取保险费时依法代收车船税，并出具代收税款凭证。

60.【答案】B

【解析】选项B，已经缴纳车船税的车船，因质量原因，车船被退回生产企业或者经销商的，纳税人可以向纳税所在地的主管税务机关申请退还自退货月份起至该纳税年度终了期间的税款。

61.【答案】A

【解析】车辆购置税实行比例税率。

62.【答案】A

【解析】车辆购置税价外征收，不转嫁税负。

63.【答案】C

【解析】车辆购置税的应税行为是指在中华人民共和国境内购置应税车辆的行为，具体来讲这种应税行为包括：购买使用行为、进口使用行为、受赠使用行为、自产自用行为、获奖使用行为和其他使用行为。选项ABD都不是自用的，所以不需要计算缴纳车辆购置税。

64.【答案】B

【解析】选项A，进口自用应税小汽车的计税价格为组成计税价格，包括关税完税价格、关税、消费税。选项C，纳税人购买自用的应税车辆，计税价格为纳税人购买应税车辆而支付给销售者的全部价款和价外费用，不包含增值税税款。选项D，进口自用应税小汽车的计税价格包括消费税。

65.【答案】C

【解析】王某应缴纳的车辆购置税税额$=(226\ 000+1\ 000)\div(1+13\%)\times10\%=$20 088.5(元)。

66.【答案】D

【解析】纳税人以受赠、获奖或者其他方式取得自用应税车辆的计税价格，按照购置应税车辆时相关凭证载明的价格确定，不包括增值税税款。该汽车公司应缴纳车辆购置税税额$=15\times8\times10\%=12$(万元)。

二、多项选择题

1.【答案】BCD

【解析】城市维护建设税以纳税人实际缴纳的增值税、消费税税额为计税依据，其实际缴纳税额不包括加收的滞纳金和罚款。

2.【答案】BCD

【解析】选项A，流动经营等无固定纳税地点的单位和个人，可按纳税人缴纳“二税”所在地的规定税率就地缴纳城市维护建设税。

3.【答案】ABC

【解析】选项D，城市维护建设税不单独规定减免税，而是随“二税”的减免而减免。

4.【答案】BCD

【解析】城市维护建设税的纳税人是在征税范围内从事工商经营，并缴纳增值税、消费税的单位和个人，而选项BCD无须缴纳增值税、消费税，选项B涉及个人所得税，选项C涉及车辆购置税，选项D涉及契税。

5.【答案】CD

【解析】进口货物的完税价格包括货物的货价、货物运抵我国境内输入地点起卸前的运输及相关费用、保险费；不包括：①向自己的采购代理人支付的购货佣金和劳务费用；②货物进口后发生的安装、运输等费用；③进口关税和进口环节海关代征的国内税；④为在境内复制进口货物而支付的复制权费用；⑤境内外技术培训及境外考察费用；⑥买方为购买进口货物而融资所产生的符合条件的利息费用。

6.【答案】BCD

【解析】下列进出口货物，免征关税：①关税税额在人民币50元以下的一票货物；②无商业价值的广告品和货样；③外国政府、国际组织无偿赠送的物资；④在海关放行前损失的货物；⑤进出境运输工具装载的途中必需的燃料、物料和饮食用品。

7.【答案】BD

【解析】纳税义务人发现多缴税款的，自缴纳税款之日起1年内，可以以书面形式要求海关退还多缴纳的税款，并加算银行同期活期存款利息。

8.【答案】ABC

【解析】我国《海关法》规定，减免进出口关税的权限属中央政府，关税的减免形式有法定减免、特定减免和临时减免。

9.【答案】ABCD

【解析】关税的征税对象是准许进出境的货物和物品。货物是指贸易性商品，物品是指入境旅客随身携带的行李物品、个人邮递物品、各种运输工具上的服务人员携带进口的自用物品、馈赠物品以及其他方式进境的个人物品。

10.【答案】AB

【解析】有下列情形之一，进出口货物的纳税义务人可以自缴纳税款之日起1年内，书面声明理由，连同原纳税收据向海关申请退税并加算银行同期活期存款利息，逾期不予受理：①因海关误征，多纳税款的；②海关核准免验进口的货物，在完税后，发现有短卸情形，经海关审查认可的；③已征出口关税的货物，因故未将其运出口，申报退关，经海关查验属实的。

11.【答案】ACD

【解析】选项B，纳税人自海关填发缴款书之日起3个月仍未缴纳税款的，经海关关长批准，海关可以采取强制扣缴和变价抵缴等强制措施。

12.【答案】BC

【解析】选项A,人造石油不属于资源税的征税范围。选项D,进口应税矿产品和盐不征收资源税,出口应税资源也不免征或退还已纳资源税。

13.【答案】ABC

【解析】选项D,资源税实行从价定率和从量定额的计征办法。

14.【答案】ABC

【解析】选项D,煤矿的资源税在开采地缴纳。

15.【答案】ACD

【解析】资源税为价内税,包含在销售额中;增值税为价外税,不包括在销售额中。优质费、延期付款利息和赔偿金属于价外费用,计入销售额中。

16.【答案】ABCD

【解析】对同时符合以下条件的运杂费用,资源税纳税人在计算应税产品计税销售额时,可予以扣减:①包含在应税产品销售收入中;②属于纳税人销售应税产品环节发生的运杂费用,具体是指运送应税产品从坑口或者洗选(加工)地到车站、码头或者购买方指定地点的运杂费用;③取得相关运杂费用发票或者其他合法有效凭据;④将运杂费用与计税销售额分别进行核算。

17.【答案】AD

【解析】选项B,经批准开山填海整治的土地和改造的废弃土地,从使用的月份起免缴土地使用税5～10年;选项C,免税单位职工家属的宿舍用地由省、自治区、直辖市税务局确定免征城镇土地使用税。

18.【答案】AB

【解析】选项A,城市的土地包括市区和郊区的土地,需要缴纳土地使用税。选项B,土地使用权未确定或权属纠纷未解决的,其实际使用人为纳税人。

19.【答案】AC

【解析】选项B,纳税人使用的土地不属于同一省、自治区、直辖市管辖的,由纳税人分别向土地所在地的税务机关缴纳土地使用税。选项D,尚未核发出土地使用证书的,应由纳税人申报土地面积,据以纳税,待核发土地使用证以后再作调整。

20.【答案】CD

【解析】选项AB,占用耕地开发果园、茶园不属于纳税人为建设建筑物、构筑物或从事非农业建设而占用耕地,所以选项AB不属于耕地占用税的征税范围。

21.【答案】ABC

【解析】选项D,农村居民在规定用地标准以内占用耕地新建自用住宅,按照当地适用税额减半征收耕地占用税。

22.【答案】BCD

【解析】选项A,免征耕地占用税。选项B,按照当地适用税额缴纳耕地占用税。选项CD,减按每平方米2元的税额征收耕地占用税。

23.【答案】ABC

【解析】选项D,耕地占用税在占用耕地环节一次性课征。

24. 【答案】CD

【解析】选项C,电网与用户之间签订的供用电合同不征印花税。选项D,订阅单位和个人之间订立的音像征订凭证不属于印花税的征税范围。

25. 【答案】ABC

【解析】选项D适用0.3‰比例税率。

26. 【答案】ACD

【解析】印花税的纳税人是指在我国境内书立、领受、使用印花税征税范围所列凭证的单位和个人,具体可分为立合同人、立账簿人、立据人和使用人,担保人、证人、鉴定人不作为纳税人。选项B,合同鉴定人不属于印花税纳税人。

27. 【答案】CD

【解析】选项A,对于由委托方提供主要原材料,受托方只提供辅助材料的加工合同,以辅助材料和加工费合计数,按承揽合同计税,对委托方提供的主要材料不计税。选项B,货物运输合同的计税依据为取得的运费收入,不包括所运货物的金额、装卸费和保险费。

28. 【答案】ABCD

【解析】选项A,出让国有土地使用权的,其计税依据为承受人为取得该土地使用权而支付的全部经济利益,其中,以协议方式出让的,其契税计税依据为成交价格。选项B,土地使用权赠与、房屋赠与,其计税依据由征收机关参照土地使用权出售、房屋买卖的市场价格核定。选项C,土地使用权交换、房屋交换,其计税依据是所交换的土地使用权、房屋的价格差额。选项D,土地使用权出售、房屋买卖,其计税依据为成交价格。

29. 【答案】AB

【解析】契税的纳税义务发生时间是纳税人签订土地、房屋权属转移合同的当天,或纳税人取得其他具有土地、房屋权属转移合同性质凭证的当天。

30. 【答案】AC

【解析】选项A,法定继承人继承土地、房屋权属不征契税,其中继承是从被继承人死亡时开始,因此范某将房屋赠与其儿子属于赠与行为,不属于继承行为,应照章征收契税。选项C,房屋的受赠人须按规定缴纳契税,因此范某将房屋赠与张某,张某须按规定缴纳契税。

31. 【答案】BD

【解析】选项A,纳税人应自纳税义务发生之日起10日内,向土地、房屋所在地的征收机关办理纳税申报。选项C,先交纳契税,再办理房屋权属变更登记。

32. 【答案】BD

【解析】选项A,将原有房产用于生产经营的,从生产经营之月起计征房产税。选项C,购置新建商品房,自房屋交付使用之次月起计征房产税。

33. 【答案】BD

【解析】房产税计征有从价计征和从租计征两种方式,计税依据分别是房产余值与房产租金收入。

34. 【答案】ABC

【解析】选项D,产权出典的房屋,承典人为纳税人。

35. 【答案】ABCD

【解析】房产税的纳税义务人是征税范围内的房屋的产权所有人，包括国家所有和集体。个人所有房屋的产权所有人、承典人、代管人或使用人；产权出典的，由承典人纳税；产权未确定和承典人不在房屋所在地的，由房产代管人或者使用人纳税。

36.【答案】ABCD

37.【答案】BC

【解析】选项A，车船税的纳税地点为车船的登记地或车船税扣缴义务人所在地。依法不需要办理登记的车船，车船税的纳税地点为车船的所有人或管理人所在地。选项D，车船税按年申报，分月计算，一次性缴纳。纳税年度为公历1月1日至12月31日。

38.【答案】AC

【解析】选项B，已办理退税的被盗抢车船，失而复得的，纳税人应当从公安机关出具相关证明的当月起计算缴纳车船税。选项D，已缴纳车船税的车船在同一纳税年度内办理转让过户的，不另纳税，也不退税。

39.【答案】BC

【解析】选项A，以"每辆"为车船税的计税单位。选项D，以"艇身长度每米"为车船税的计税单位。

40.【答案】CD

【解析】车辆购置税应税行为是指在中华人民共和国境内购置应税车辆的行为，具体包括购买自用行为、进口自用行为、受赠使用行为、自产自用行为、获奖自用行为及其他自用行为，选项A，销售应税车辆的行为不属于车辆购置税的应税行为。选项B，对外捐赠应税车辆，对于馈赠人而言，在发生财产所有权转移后，应税行为一同转移，不再是车辆购置税的纳税义务人。

41.【答案】ABCD

【解析】车辆购置税的征税范围包括汽车、有轨电车、汽车挂车、排气量超过150毫升的摩托车。

42.【答案】AC

【解析】车辆购置税就其性质而言，属于直接税的范畴；就其特定目的而言，属于中央税。

43.【答案】BD

【解析】选项A，纳税人购买自用应税车辆的，应当自购买之日起60日内申报纳税。选项C，免税车辆发生转让，但仍属于免税范围的，受让方应当自购买或取得车辆之日起60日内到主管税务机关重新申报免税。车辆购置税是在应税车辆上牌登记注册前的使用环节征收。需要办理车辆登记注册手续的纳税人，车辆购置税的纳税地点为应税车辆登记注册地。选项BD正确。

三、判断题

1.【答案】×

【解析】由受托方代收代缴消费税的，其应代收代缴的城市维护建设税应按受托方所在地的适用税率计算。

2.【答案】√

3.【答案】×

【解析】城市维护建设税以纳税人实际缴纳的增值税、消费税税额为计税依据，其实际缴纳税额不包括加收的滞纳金和罚款。

4.【答案】√

【解析】城市维护建设税的征收管理、纳税环节等事项，比照增值税、消费税有关规定办理。

5.【答案】√

【解析】一般情况下，城市维护建设税不单独加收滞纳金或罚款。但若纳税人缴纳了“二税”之后，却不按规定缴纳城市维护建设税，可对其单独罚款或加收滞纳金。

6.【答案】×

【解析】进口货物的完税价格由海关以该货物的成交价格为基础审查确定，并应包括该货物运抵中华人民共和国境内输入地点起卸前的运输及其相关费用、保险费。

7.【答案】×

【解析】运往境外加工的货物，出境时已向海关报明，并在海关规定期限内复运进境的，应以境外加工费和料件费，以及该货物复运进境的运输及其相关费用、保险费为基础审查定税价格。

8.【答案】√

9.【答案】×

【解析】由于纳税人违反海关规定造成短征关税可以进行追征。据《海关法》规定，自纳税义务人应缴纳税款之日起 3 年以内可以追征。

10.【答案】×

【解析】纳税义务人应当自海关填发税款缴款书之日起 15 日内，向指定银行缴纳税款。

11.【答案】√

【解析】有下列情形之一的纳税义务人自缴纳税款之日起 1 年内，可以申请退还关税：①已征进口关税的货物，因品质或规格原因，原状退货复运出境的；②已征出口关税的货物，因品质或规格原因，原状退货复运进境，并已重新缴纳因出口而退还的国内环节有关税收的；③已征出口关税的货物，因故未装运出口，申报退关的。

12.【答案】√

13.【答案】×

【解析】企业自营出口产品应缴纳的出口关税，借记“税金及附加”科目。

14.【答案】√

15.【答案】×

【解析】纳税人开采或生产不同税目应税产品的，应分别核算不同税目应税产品的销售额或销售量；未分别核算或不能准确提供不同税目应税产品销售额或销售量的，从高适用税率。

16.【答案】×

【解析】纳税人采取预收货款结算方式销售应税产品的，其纳税义务发生时间为发出应税产品的当天。

17.【答案】×

【解析】纳税人开采或生产应税产品过程中，因意外事故或自然灾害等原因遭受重大失的，由省、自治区、直辖市人民政府酌情决定减税或免税。

18. **【答案】**√

【解析】《资源税税目税率表》中规定可以选择实行从价计征或者从量计征的，具体计征方式由省、自治区、直辖市人民政府提出，报同级人民代表大会常务委员会决定，并报全国人民代表大会常务委员会和国务院备案。

19. **【答案】**√

20. **【答案】**×

【解析】城镇土地使用税是以国有土地为征税对象，对拥有土地使用权的单位和个人征收的一种税。

21. **【答案】**√

【解析】城镇土地使用税的纳税期限规定：城镇土地使用税按年计算，分期缴纳。缴纳期限由省、自治区、直辖市人民政府确定。各省、自治区、直辖市税务机关结合当地情况，一般分别确定按月、季、半年或1年等不同的期限缴纳，正确。

22. **【答案】**×

【解析】对免税单位无偿使用纳税单位的土地（如公安、海关等单位使用铁路、民航等单位的土地），免征城镇土地使用税；对纳税单位无偿使用免税单位的土地，纳税单位应照章缴纳城镇土地使用税。

23. **【答案】**×

【解析】纳税人购置新建商品房，自房屋交付使用之次月起，缴纳城镇土地使用税。

24. **【答案】**×

【解析】占用耕地建设农田水利设施的，不缴纳耕地占用税。

25. **【答案】**√

26. **【答案】**√

27. **【答案】**×

【解析】占用基本农田的，应当按照税法规定确定的当地适用税额，加按150%征收。

28. **【答案】**√

29. **【答案】**√

【解析】同一凭证由两方或两方以上当事人共同书立并各执一份的，各方都是印花税的纳税人，应各自就其所持凭证的计税金额全额贴花。

30. **【答案】**√

【解析】根据《印花税暂行条例》及其施行细则的规定，已缴纳印花税的凭证副本或抄本免税，以副本或抄本作为正本使用的，应另行贴花。

31. **【答案】**×

【解析】财产所有人将财产赠给政府、社会福利单位、学校所立的书据免印花税，其中，社会福利单位是指扶养孤老伤残的社会福利单位，不包括社会团体。

32. **【答案】**√

【解析】立合同人是指书立各类经济合同的当事人。当事人在两方或两方以上的，各方均为纳税人。合同的担保人、证人、鉴定人不属于印花税的纳税人。

33.【答案】√

【解析】对于由委托方提供主要材料或原料，受托方只提供辅助材料的加工合同，无论加工费和辅助材料金额是否分别记载，均以辅助材料与加工费的合计数，依照承揽合同计税贴花。对委托方提供的主要材料或原料金额不计税贴花。

甲公司应纳印花税税额＝(30＋25)×10 000×0.5‰＝275(元)。

34.【答案】×

【解析】以获奖方式取得房屋产权的，其实质是接受赠与房产，应照章缴纳契税。

35.【答案】×

【解析】对于《中华人民共和国继承法》规定的法定继承人(包括配偶、子女、父母、兄弟姐妹、祖父母、外祖父母)继承土地、房屋权属，不征契税。

36.【答案】√

37.【答案】√

38.【答案】×

【解析】在中华人民共和国境内转移土地、房屋权属，承受的单位和个人为契税的纳税义务人，包括城镇、乡村居民个人；私营组织和个体工商户；国有经济单位；华侨、港澳台同胞；外商投资企业和外国企业；外国人。

39.【答案】×

【解析】房产税有从租计征和从价计征两种方式，分别按照租金收入和房产余值计征。

40.【答案】√

【解析】纳税人将原有房产用于生产经营的，从生产经营之月起计征房产税。

41.【答案】√

42.【答案】√

43.【答案】×

【解析】纳税人对原有房屋进行改建、扩建的，要相应增加房屋的原值。

44.【答案】×

【解析】车辆的具体适用税额由省、自治区、直辖市人民政府依照《车船税税目税额表》规定的税额幅度和国务院的规定确定。

45.【答案】×

【解析】商用货车按照“整备质量每吨”为计税单位。

46.【答案】√

47.【答案】×

【解析】以车辆整备质量、净吨位、艇身长度等为计税单位，有尾数的一律按含尾数的计税单位据实计算应纳税额，计算得出的应纳税额小数点后超过两位的可四舍五入保留两位小数。

48.【答案】√

【解析】车船税是对在中华人民共和国境内属于《中华人民共和国车船税法》中《车船税税目税额表》所规定的车辆、船舶的所有人或管理人征收的一种税。

49.【答案】×

【解析】纳税人以受赠、获奖或者其他方式取得的自用应税车辆，计税价格按照购置应税车辆时相关凭证载明的价格确定，不包括增值税税款。

50. 【答案】×

【解析】车辆购置税实行统一比例税率，税率为10%。

51. 【答案】√

【解析】车辆购置税由税务机关负责征收。车辆购置税实行一车一申报制度。购置已征车辆购置税的车辆，不再征收车辆购置税。

52. 【答案】×

【解析】纳税人购置需要办理车辆登记的应税车辆的，应当向车辆登记地的主管税务机关申报缴纳车辆购置税；购置不需要办理车辆登记的应税车辆的，也应当向纳税人所在地的主管税务机关申报缴纳车辆购置税。

四、业务题

1. 【答案】

(1) 应缴纳的城市维护建设税税额＝(157－10－6＋21)×5%＝8.1(万元)

(2) 应缴纳的教育费附加＝(157－10－6＋21)×3%＝4.86(万元)

应缴纳的地方教育费附加＝(157－10－6＋21)×2%＝3.24(万元)

(3) 相关会计分录：

借：税金及附加	162 000	
贷：应交税费——应交城市维护建设税		81 000
——应交教育费附加		48 600
——应交地方教育费附加		32 400

2. 【答案】

关税完税价格＝650＋40＝690(万元)

应缴纳的关税＝690×10%＝69(万元)

应缴纳的增值税税额＝(690＋69)×13%＝98.67(万元)

进口设备成本＝500＋40＋69＝609(万元)

对外支付货款，缴纳进口关税、增值税时编制会计分录：

借：在建工程	6 090 000	
应交税费——应交增值税(进项税额)	986 700	
贷：银行存款		7 076 700

支付安装费的会计分录：

借：在建工程	150 000	
贷：银行存款		150 000

达到预定可使用状态的会计分录：

借：固定资产	6 240 000	
贷：在建工程		6 240 000

3.【答案】

应缴纳的关税税额＝(300＋15＋30＋3)×12%＝41.76(万元)

4.【答案】

纳税人将开采的原煤用于职工食堂要视同销售缴纳资源税。纳税人将其开采的原煤加工为洗选煤销售的，以洗选煤销售额乘以折算率作为应税煤炭销售额计算缴纳资源税

该企业原煤应纳资源税税额＝148 400×5%＋72 000×70%×5%＋132.5×5%

＝9 946.625(万元)

该企业天然气应纳资源税税额＝7 400×6%＝444(万元)

2020 年 3 月该企业应纳资源税税额合计＝9 946.625＋444＝10 390.625(万元)

借：税金及附加　　103 906 250

　　贷：应交税费——应交资源税　　103 906 250

5.【答案】

每季度应纳税额＝1 800×$\frac{2}{3}$×5×$\frac{1}{4}$＝1 500(元)

6.【答案】

(1) 中心店占地应纳税额＝8 200×7＝57 400(元)

(2) 一分店占地应纳税额＝3 600×5＝18 000(元)

(3) 二分店占地应纳税额＝5 800×4＝23 200(元)

(4) 仓库占地应纳税额＝6 300×1＝6 300(元)

(5) 托儿所占地免税

该购物中心全年应纳城镇土地使用税税额＝57 400＋18 000＋23 200＋6 300＝104 900(元)

计提城镇土地使用税时，编制会计分录：

借：税金及附加　　104 900

　　贷：应交税费——应交城镇土地使用税　　104 900

实际缴纳税款时，编制会计分录：

借：应交税费——应交城镇土地使用税　　104 900

　　贷：银行存款　　104 900

7.【答案】

飞机场跑道、停机坪占用耕地，减按每平方米 2 元的税额征收耕地占用税。航空公司应缴纳耕地占用税。

耕地占用税税额＝320 000×2÷10 000＋(100 000＋80 000)×12÷10 000＝280(万元)

会计分录为：

借：在建工程　　2 800 000

　　贷：银行存款　　2 800 000

8.【答案】

(1) 自2022年7月起,房屋产权证、工商营业执照、商标注册证、专利证、土地使用证均不缴纳印花税。

(2) 甲企业签订产品买卖合同应缴纳印花税税额＝400 000×0.3‰＝120(元)

(3) 甲企业签订受托加工合同应缴纳印花税税额＝(20 000＋30 000)×0.3‰＝15(元)

(4) 甲企业签订专利申请权转让合同应缴纳印花税税额＝10 000×0.3‰＝3(元)

(5) 甲企业签订土地使用权转让合同应缴纳印花税税额＝60×10 000×0.5‰＝300(元)

借:税金及附加　　300

　　贷:银行存款　　300

(6) 甲企业签订租赁合同应缴纳印花税税额＝18×2×10 000×1‰＝360(元)

借:税金及附加　　360

　　贷:银行存款　　360

9.【答案】

(1) 以房屋抵债的,应由产权承受方缴纳契税,因此业务(1)中契税纳税义务人为乙

$$乙应缴纳契税税额 = 60 \times 4\% = 2.4(万元)$$

(2) 以自有房产作股投入本人经营的企业,免征契税。

(3) 房屋交换且价格不相等的,由多支付货币的一方缴纳契税,计税依据为所交换的房屋价格的差额,因此在业务(3)中应由丙缴纳契税。

$$丙应缴纳契税税额 = 10 \times 4\% = 0.4(万元)$$

(4) 房屋的受赠人需按规定缴纳契税,因此在业务(4)中应由丁缴纳契税。

$$丁应缴纳契税税额 = 28 \times 4\% = 1.12(万元)$$

(5) 在中华人民共和国境内转移土地、房屋权属,承受的单位和个人为契税的纳税义务人,因此在业务(5)中应由甲缴纳契税。房屋买卖的契税计税依据为房屋买卖合同的总价款,买卖装修的房屋,装修费用应包括在内。

$$甲应缴纳契税税额 = 134.8 \times 4\% = 5.392(万元)$$

10.【答案】

对房地产开发企业建造的商品房,在出售之前不征收房产税。但对出售前房地产开发企业已使用或出租、出借的商品房应按规定自房屋使用或交付的次月起征收房产税。所以对于出售的7栋房产不用缴纳房产税,但针对出租的2栋和自己使用的1栋需要缴纳房产税,4月30日开始出租和自用,应分别采用从租计征和从价计征方式计算8个月的房产税。

2021年该房地产开发企业应纳房产税:

$$\begin{aligned}应纳房产税 &= 12 \div 12 \times 8 \times 12\% + 1\,500 \div 10 \times (1-30\%) \times 1.2\% \times 8 \div 12 \\ &= 0.96 + 0.84 = 1.8(万元)\end{aligned}$$

11.【答案】

(1) 非机动驳船按照机动船舶税额的50%计算车船税,挂车按货车税额的50%计征车船税。

则该公司 2021 年：

$$年应纳车船税额 = 10\times 4\ 000\times 5+4\times 200\times 3\times 50\%+20\times 5\times 20+8\times 4\times 20\times 50\% = 203\ 520(元)$$

$$月应纳税额 = 203\ 520\div 12 = 16\ 960(元)$$

(2) 每月月末，企业计算出应缴纳的车船税时，会计分录为：

借：税金及附加　　16 960

　贷：应交税费——应交车船税　　16 960

企业实际缴纳车船税时，会计分录为：

借：应交税费——应交车船税　　203 520

　贷：银行存款　　203 520

12. **【答案】**

$$计税依据 = (226\ 000+3\ 390+1\ 130)\div(1+13\%) = 204\ 000(元)$$

$$应纳税额 = 204\ 000\times 10\% = 20\ 400(元)$$

借：固定资产——小汽车　　20 400

　贷：银行存款　　20 400

13. **【答案】**

(1) 购置小轿车应纳车辆购置税$=226\ 000\div(1+13\%)\times 10\%\times 3=60\ 000$(元)

计提时：

借：固定资产——小汽车　　60 000

　贷：应交税费——应交车辆购置税　　60 000

实际缴纳时：

借：应交税费——应交车辆购置税　　60 000

　贷：银行存款　　60 000

(2) 购置载货汽车应纳车辆购置税$=67\ 800\div(1+13\%)\times 10\%\times 3=18\ 000$(元)

计提时：

借：固定资产——载货汽车　　18 000

　贷：应交税费——应交车辆购置税　　18 000

实际缴纳时：

借：应交税费——应交车辆购置税　　18 000

　贷：银行存款　　18 000

(3) 进口摩托车应纳关税税额$=7\ 000\times 6\%\times 4=1\ 680$(元)

应纳车辆购置税税额$=(7\ 000\times 4+1\ 680)\div(1-10\%)\times 10\%=3\ 297.78$(元)

该公司应缴纳的车辆购置税税额$=60\ 000+18\ 000+3\ 297.78=81\ 297.78$(元)